市场的逻辑与
中国的改革

The logic of market and
China's refom

李义平 / 著

经济科学出版社
Economic Science Press

图书在版编目（CIP）数据

市场的逻辑与中国的改革／李义平著．—北京：
经济科学出版社，2015.6
ISBN 978-7-5141-5815-1

Ⅰ.①市… Ⅱ.①李… Ⅲ.①中国经济－经济
改革－研究 Ⅳ.①F12

中国版本图书馆 CIP 数据核字（2015）第 120504 号

责任编辑：王东萍
责任校对：郑淑艳
责任印制：李　鹏

市场的逻辑与中国的改革

李义平　著

经济科学出版社出版、发行　新华书店经销
社址：北京市海淀区阜成路甲 28 号　邮编：100142
教材分社电话：010-88191344　发行部电话：010-88191522
网址：www.esp.com.cn
电子邮件：espbj3@esp.com.cn
天猫网店：经济科学出版社旗舰店
网址：http://jjkxcbs.tmall.com
北京季蜂印刷有限公司印装
710×1000　16 开　20.75 印张　280000 字
2015 年 6 月第 1 版　2015 年 6 月第 1 次印刷
ISBN 978-7-5141-5815-1　定价：48.00 元
（图书出现印装问题，本社负责调换。电话：010-88191502）
（版权所有　侵权必究　举报电话：010-88191586
电子邮箱：dbts@esp.com.cn）

世界在不断地变化,

对经济活动的思考永远不会停止!

——李义平

自序 1

当代中国经济学的历史使命

脚踏在自己的土地上，为中国人民的福祉，为中国经济健康持续发展而求索，为世界经济的发展贡献出与13亿人的大国经济发展相适应的经济理论，这就是中国经济学的当代使命。

一、为中国人民的富裕、中国经济的发展而上下求索，不懈努力

经济学是实用的，一开始就把人民富裕、国家强大作为自己的历史使命。中国人称之为经世济民，带有管理国家、经济的意思。现代经济学一经诞生，就直逼国家富裕的主题。1615年，法国重商主义的代表孟克列钦发表了《献给国王和王后的政治经济学》，认为只要实行多卖少买的重商主义政策，国家就可以富裕起来。英国重商主义的代表托马斯·孟在《英国得自对外贸易的财富》中也持同样的观点。亚当·斯密把人民富裕之路的探讨上升到了经济体制的层次。1776年，斯密在他的《国民财富的性质和原因的研究》中把"国民财富"的提升作为自己研究的历史使命，认为分工和交换，即市场经济，可以"富其君又富其民"，进而惠及人类。19世纪末年，中国维新派的代表人物严复干脆将其译为《原富》，献给清朝的光绪皇帝，但并没有引起足够的重视。与市场经济的失之交臂是后来中国经济落后的重要原因。

中国人民，包括中国经济学曾经选择了计划经济。之所以做这样的选择也是从理论上认为计划经济可以使人民富裕、国家强大。计划经济体制在实践中的低效使得中国人民开始了新的探索，并且最终选择了社会主义市场经济。中国社会对经济理论的认识和发展呈现着一种规律性的现象：经济学家先行一步，在既有认识的基础上选择一个角度提升既有认识，新的认识再经过实践的验证进而被社会认同，写入党的文件，成为全党和全社会的普遍共识。中国经济学在这一过程中一马当先。

市场经济确实能使中国富裕，围绕着建立和健全社会主义市场经济的改革使中国经济快速发展，成为世界第二大经济体。当代中国凡是经济发达的地区都是市场经济发达的地区。然而相对于中国5000年的自然经济、40年的计划经济的"历史遗产"，市场经济毕竟是一个近似于移植的制度安排。计划经济体制形成的强大的行政力量、利益惯性以及意识形态加大了旨在建立和健全社会主义市场经济体制的难度。对于健全社会主义市场经济的体制而言，我们还仅仅是万里长征走完了第一步。

中共十八届三中全会提出了"让市场在资源配置中起决定作用和更好地发挥政府职能"，这说明我们对市场经济的认识上升到了新的高度。把这一论断变成现实，当然需要相应的制度安排，需要全面的深化改革。除此之外，我们还必须：（1）普及市场经济的知识，唤起民众的市场热情，形成浓厚的市场经济的氛围，如同我国市场经济发达地区那样，使广大人民群众的创业激情充分迸发。（2）不仅是广大干部要把思想认识统一到党的十八届三中全会精神上来，尤其要从根本上把思维方式、行为方式、处理问题的方式转到市场经济的要求上,即要改变长期计划经济的"习惯",改变驾轻就熟的老一套。经济学得天独厚,应当着眼于具体的政策、案例,开展润物细无声的工作。

二、敏锐地提出问题,科学地分析问题,在不断的反思中认识经济规律,推进中国经济持续健康地发展

经济学是研究问题的,经济学研究解决了现实经济生活中必须面对的问题,既促进了经济的健康发展,也发展了经济学本身。例如,正是对1929年大危机的研究成就了凯恩斯,而后对凯恩斯主义负面效应的研究又诞生了货币主义、供给学派等。当然,做到这一切的前提是经济学家应当用自己的经济学的先进装备,像探测仪似的敏锐地发现问题,以科学的态度研究问题,而不是像马克思批评庸俗经济学那样不分青红皂白地、一味地辩护。

经济发展永远都是进行时,每一个时期都有每一个时期必须解决的问题。中国经济学应当发现和研究中国经济发展中的问题。中国经济当前面临的就是如何做强、如何持续发展的问题。我们所以能够迅速做大,是因为曾经存在着做大的条件。而一旦做大,与做大相伴随的条件也就随之消失。经济学家埃德蒙·弗尔普斯在其所著《大繁荣》中深刻指出:"活力轻弱的经济体相对位置的提升,对现代经济实现了部分'追赶',其增速将回到正常的全球平均水平,高增速会在接近目标时消退。即使有全球最快的经济增长速度,也不意味着某个经济体就具备很高的活力,更不用说高水平的活力。"中国经济已经起飞,起飞后的中国经济必须进行反减速的斗争,在反减速的过程中由大到强。

几乎所有的经济学研究都把做强的举措指向真创新而不是伪创

新，除了人们熟知的熊彼特和库兹涅茨把创新与高质量的经济发展联系起来外，埃蒙德·菲尔普斯更是认为19世纪20年代的英国和20世纪60年代的美国的经济繁荣是广泛的自主创新的结果。是从国民经济中原创的本土创意所发展起来的。经济学家索洛曾经对1909~1949年的美国经济增长进行了计算，结论是1/8归因于人均每小时资本的增加，7/8是技术进步的贡献。继而，经济学的研究同时表明，创新是来自"草根阶层"自觉的创新冲动，来自一系列相应的制度安排。如果能够解决创新的环境和土壤，中国经济学就做出了历史深远的贡献。

环境问题或曰生态文明问题是广大人民群众迫切需要解决的问题。经济学的研究不仅应当前瞻，而且有必要进行大量的有意义的反思。反思可以纠正经济学曾经存在的认识失误，反思同样可以唤起行政部门对于那些经济学曾经明确指出不合适的东西轻易地加以肯定和追求而产生的消极后果。例如对GDP认识的不全面以及不择手段的追求。在一系列的反思中可以深化对经济规律的认识。中国是后发展中国家，具有后发优势。所谓后发优势，就是借鉴先期发达国家的经验，吸取他们的教训，使自己更亮丽地展现于世界。从一定意义上讲，当代中国的经济学就是充分发现和挖掘后发优势的经济学，我们完全没有理由把别人被实践证明是不好的东西再重新演绎一遍，例如，我们不应当重蹈先污染后治理的覆辙。当前面对严重的环境问题，应当重新思考我们的发展观，发展的衡量指标以及发展的路径选择。科学的发展观就是满足人们的福祉，人们的福祉里包括美好的环境，污染了环境的GDP是背离人民福祉的。

三、脚踏在祖国的大地上，为世界经济发展贡献自己的力量

中国的经济学是舶来品，计划经济时几乎照搬了苏联的经济学体系，市场经济下又多以西方经济学为武器。然而，这些理论体系并非中国经济实践的理论概括，因而存在着部分脱节甚至完全脱节的问题，原因在于任何优秀的都是有条件的。中国经济学应当有自己的优秀。中国经济学的优秀首先是思想的优秀，思想的优秀比技术（数理模型）的优秀更重要。

后发展中国家的经济学可以借鉴，但必须更有必要脚踏在自己的土地上。当年英国蓬勃发展的时候，德国也是后发展国家，德国经济学家没有盲从，系统地提出了适合本国经济实践的经济理论。德国经济学家弗里德里希·李斯特在1841年出版的《政治经济学的国民体系》中针对斯密经济学中只有"世界"和"个人"的观点明确地提出了"国家"对一国经济发展至关重要，提出了适度的贸易保护和梯次开放的经济政策，明确宣布财富的生产力比财富本身更重要，且他所讲的生产力是近似于现代制度经济学所讲的制度安排。第二次世界大战以后，原西德的经济学界又涌现了弗赖堡学派，提出并在原西德总理艾哈德的领导下实践了社会市场经济理论。艾哈德们认为，在足球场上，裁判员只能是裁判员，球要交给运动员去踢。在现实经济生活中，应当保证市场上的充分竞争，其主体是企业，政府的责任是制定和执行经济政策，维护竞争的公平秩序，而不能直接干预经济，更不能越俎代庖。德国今天的经济成就证明了德国经济学的卓越贡献。

13亿人的中国的经济发展，为中国经济学家的研究提供了经济学研究的肥田沃土。生命之树常绿。中国经济学家只要对这种火热

的经济生活做出独到的、前瞻性的理论概括，就能够建立起自己的理论体系，就对世界经济学，特别是发展经济学做出了自己的贡献。但这需要深入火热的经济生活。中国经济学应当是一个开放的系统，像当年马克思那样，借鉴一切可以为我所用的思想和理论。中国经济学还应当是一个改革的经济学，永立潮头的经济学。

原载《人民日报》2014年3月14日

自序 2

更深刻地理解市场经济和中国经济新常态

2008年由美国次贷引发的危机爆发以来，笔者发表了大量的研究市场经济、研究宏观经济、研究经济危机、研究转变经济发展方式，以及经济学本身如何发展的文章，尤其是最近还研究了中国经济的"新常态"。现在笔者在其中选择了一些文章，以及虽然在此以前发表但却和这些问题紧密相关的几篇文章，一并结集出版。这本文集的总的精神与笔者以往出版的《体制选择分析》、《中国的经济过渡》、《来自市场经济的繁荣》一脉相承，充分论证了只有完善和健全市场经济才能使中国经济持续健康地发展，才能转变经济发展方式，并跨越中等收入陷阱。

一、市场经济是迄今为止资源配置效率最高的经济体制

文集的第一部分集中探讨了有关深化对市场经济的认识的问题。

人类经历过自然经济、计划经济和市场经济，但有目共睹的事实是市场经济是人类富裕的唯一的康庄大道，是资源配置效率最高的经济体制。市场经济为什么是资源配置效率最高的经济体制呢？

1. 市场经济符合人类本性，各种资源所有者配置资源的目的都在于效用最大，并因此而使社会的资源配置效用最大。资源配置是各种资源，如资本、土地、劳动等资源所有者的资源配置，资源的

命运就是资源所有者的命运。以商品生产为例，按照马克思的论述，商品是使用价值和价值的矛盾统一体，商品的使用价值是价值的物质承担者，只有社会需要该商品的使用价值，该商品才能实现自己的价值，商品生产者才能生存和发展。这样的资源配置才是有效率的资源配置。这是一种规律，这种规律引导着每个资源所有者的行为。在这里，资源的产权明确，即尽可能地人格化，资源的命运就是资源所有者的命运是题中应有之意。并在不知不觉中使整个社会的资源配置效用最大。

2. 各种资源在市场配置的过程中可以充分地发挥比较优势。市场配置资源是通过交换进行的，而交换以分工、以专业化为前提。当各个资源所有者都发挥自己的比较优势并彼此交换的时候，不仅各自的"蛋糕"可以比原来做得更大，而且整个社会的"蛋糕"也可以做得更大。亚当·斯密正是由此出发论述市场经济是如何富国裕民的。

3. 市场配置资源可以高效地收集和处理信息。经济运行是有成本的，计划经济的低效和市场经济的高效的差异来源于各自收集和处理信息的能力。斯密曾经指出："关于可以把资本用在什么种类的国内产业上面，其生产物能有最大价值这一问题，每一个人处在他当时的位置，显然能判断得比政治家或立法家好得多。"① 这里的"每个人处在他当时的位置"，既包括他当时所掌握的知识和信息，也包括他的身份，他和资本的关系，即财产所有权问题。多少年以后，同样推崇市场经济的哈耶克更是认为，专家和领导所掌握的知识和信息，并不等同于人们处理和解决问题的全部知识和信息，每个人都掌握着与自己从事的职业相关的，可以利用的信息，只有他适合做出相

---

① ［英］亚当·斯密：《国民财富的性质和原因的研究》（下），第 27~28 页。

应的决策，并由此而有效地分配资源。市场经济的信息传递是横向的，横向的信息传递相对真实而迅速。在计划经济体制和其特有的行政从属关系下，信息的传递是纵向的，纵向传递的信息不仅时滞而且容易失真。

4. 市场经济的资源配置是竞争状态下的资源配置。具体表现为：第一，当资源所有者将其所拥有的资源，如资本和劳动配置于某个行业或产业时，就存在着事实上的优胜劣汰。在这种情况下，创新和品牌塑造就成了某个企业的自觉行动。有时候盈利的绝对的数量并不重要，相对地领先于别人则更为重要。这个过程就像军备竞赛一样永远不会完结。第二，试图吸引各种生产要素的国家和地区同样处于竞争状态，竞争中的国家必须提供好的人文环境以使资本和人才最大限度地发挥作用，而不是补贴。人文和制度环境与吸引资本和人才的关系具有马太效应。

5. 市场经济下资源配置的主体是企业家。企业家的天职使他们会通过创新把资源配置到回报最高，从而效率最高的地方，而地方官员通常会把资源配置到最有政绩的地方。

在当代中国，很多问题都不是市场经济本身产生的，而是不像市场经济的结果。我们欲要发挥市场经济的功能，就必须通过改革，进一步完善和健全社会主义市场经济的体制。为此，我们必须清醒地认识到以下几个问题。

第一，市场经济不能"四不像"。

严复曾经说过，牛体不能马用，马体不能牛用，我们欲要获得市场经济体的功能，就必须有健全的市场经济的制度载体。须知，如果计划经济体制的基本构架不变，那是发挥不出市场经济的功能的。在当代中国，所谓改革，就是要使计划经济之体制转化为市场

3

经济之体制。如果保留了计划经济体制最核心的东西，这样的体制就会"四不像"。"四不像"的体制试图结合二者的优点，其结果可能恰恰是结合了二者的缺点。事实上，由于中国历史上是自然经济，又搞了几十年的计划经济，加之中国共产党的坚强领导，基于"路径依赖"的原理，我们根本不用担心中国市场经济的特殊性，反倒更多的应当担心中国市场经济体制像不像市场经济的问题，即市场经济的共同性。从逻辑上讲，首先是让它先是"马"，然后再是"红马"还是"黑马"的问题。各国的市场经济都有其特殊性，例如美国的市场经济是典型的自由市场经济，法国的市场经济多少有点计划指导的色彩，日本则是社团式的市场经济，德国人又把他们的市场经济叫做社会市场经济，即用市场去解决效率问题，用政府调控解决公平竞争和社会公正的问题，政府不直接干预微观主体的活动。中国人民一定会通过自己的改革寻找到市场经济的共同性和特殊性的最佳结合。

第二，转变人们特别是各级领导干部的思维习惯，使之与市场经济相适应。

美国学者查尔斯·都希格在其所著《习惯的力量》中指出，我们每天作出的大部分选择似乎都是精心考虑的决策结果，其实不然，这些选择都是习惯的结果。按照制度经济学的制度变革理论，即使正规制度发生了变化，非正规制度也会"时滞"，而如果作为非正规制度的一系列内容，其中包括习惯，如果不发生相应的变化，就会与已经变化了的正规制度发生"摩擦"，就会加大正规制度的运行成本。

习惯是长期如此的结果，长期的自然经济，以及高度集权的计划经济，使我们特别是各级干部养成了与之相适应的习惯，其集中体现在总是自觉不自觉地用行政手段干预经济，地方政府更是热衷于行政手段，用自己制定的优惠政策、用行政手段、直接上项目推动经济发展。他们所习惯的、所热衷的，恰恰是用行政手段配置资源，是与市场经济的让市场在资源配置中起决定性作用背道而驰的。

第三，欲建立和健全社会主义市场经济的体制，转变政府职能是重中之重。

计划经济高度集权，整个社会就像一个大工场，每个企业都是大工场的车间，从本质上拒绝商品货币关系，人民群众没有选择的空间和自由。社会由严格的层级构成，政府用行政手段指挥一切。由于人类本性与计划经济体制的要求存在巨大差异，也由于信息收集方面的困难，以及传递过程中的失真和时滞，致使计划经济体制严重低效。中国共产党人领导中国人民开始了改革，并且最终选择了社会主义市场经济。

市场经济的运行模式完全不同于计划经济，市场经济是市场在资源配置过程中起决定性作用的体制，是通过产权明确的微观主体之间的交易进行的，整个交易的过程在市场价格信号的诱导下自觉遵循经济规律。市场经济最容易遵循经济规律，原因在于作为分散的个体谁也不能左右市场走势，只能按照市场价格反映的趋势行动。市场经济下的经济发展，是微观层面的经济发展。基于市场经济的运行模式，市场经济体制对政府的要求完全不同于计划经济体制。市场经济下政府的基本功能是保证市场的高效、稳定运行，这就把政府的功能严格限制在提供公共服务、制定游戏规则、监督执行规则的基本层面。对于市场经济下政府的职能，亚当·斯密有着非常经典的论述。他认为，政府的功能首先是提供公共安全，斯密说："君主的义务，首先在于保护本国社会的安全，使之不受其他独立社会的暴行与侵略。"其次是法律秩序。斯密说："君主的第二个义务为，保护人民不使社会中任何人受其他人的欺辱或压迫，换言之，就是设定一个严正的司法行政机构。"最后是其他公共产品。斯密说："君主或国家的第三个义务就是建立并维持某些公共机关和公共工程。这类机关和工程，对于一个大社会当然是有很大利益的，但就其性质来说，设由个人或少数人办理，那所得的利润绝不能偿其所费。所以这种事业，不能期望个人或少数人出来创办维持。"①斯密关于市场经济下政府职能的经典论述，即使今天看来也不过时。

从计划经济体制继承下来的政府职能远远不能适应市场经济的要求，那种超越市场经济下政府职能的边界的行为，严重破坏了市场效率，政府必须转变职能，使之成为市场经济下的高效政府。然而，这种改革很难期待政府相关部门的自觉，因为这是一种利益的调整。

二、中国经济步入了"新常态"，要认识新常态，理解新常态，适应新常态

文集的第二部分探讨了中国经济的阶段性特征、"新常态"和转变经济发展方式的问题。

2013年5月20日，人民日报发表了笔者《正确认识当前经济发展的阶段性特征》的文章。2014年6月20日，笔者又在《中国经济时报》发表了《如何看待中国经济"新常态"》的论文。的确，中国经济步入了"新常态"，我们应当正确地认识新常态、理解新常态、适应新常态。

"新常态"意味着中国经济步入了一个稳健的追求经济增长速

---

① ［英］亚当·斯密：《国民财富的性质和原因的研究》（下），商务印书馆1972年版，第284页。

度、质量和效益统一的发展时期。一般来说，一个追赶型国家在追赶过程中通常会经历三个阶段。第一个阶段是快速发展时期。这个阶段所以能快速发展，是因为发展之初产业空间大，沿着先期发展国家的产业轨迹，模仿着前进就可以做大。同时由于资源环境压力不大，基数不大，增长速度会比较快。随着上述条件的不复存在，通常会进入第二个阶段，其显著特点是经济增长速度会慢下来，但更追求经济增长的质量和效益，是一个稳健的增长期。第三个阶段是进入发达国家的行列，经济增长速度不仅会慢下来，而且各发达国家的经济增长速度会趋同。

进入"新常态"是一种进步。以往单兵独进、单纯追求经济增长速度的快速的经济增长产生了一系列剧烈的摇摆和失衡，包括内需和外需的失衡，经济发展与社会事业的失衡，经济发展与生态环境的失衡。高投入、高消耗、高速度、高污染的经济发展方式使我们面临着严重的资源环境压力、社会压力。步入"新常态"后必须解决上述一系列的失衡。解决的途径是转变经济发展方式。

新的增长方式的特点是创新、内需、环保，主要由市场驱动。我们现在必须寻找新的增长点，新的增长点绝不是简单地靠房地产推动经济发展的问题，而是货真价实的实体经济的创新。熊彼特和库兹涅茨都把创新与经济发展联系起来，一个巨大的创新造就了一批产业，产生了一批企业和企业家，促进了经济较长周期的发展。

创新是一系列制度安排的结果，而不是号召的结果。诺贝尔经济学奖获得者埃德蒙·菲尔普斯认为，社会的活力是十分重要的，态度和信仰是经济活力的源泉。保护激发个性、想象力、理解力、进而自我实现的文化十分重要。当然，创新者的权利必须得到足够的保障。

转变经济发展方式更多的是微观层面的事情，是企业根据资源约束的变化和市场走向不断的调整、试探、创新和升级的过程，是在市场力量作用下的企业的自觉行为。政府需要做的是，创造公平竞争的环境而不是直接上项目。转变经济发展方式必须转变政府职能。

经济发展有结构效应和水平效应。结构效应就是通过不断创新向新的产业高度进发，并由此带动经济在新的更高层次上发展。水平效应是指平面地复制原来的产业结构，单纯地扩大规模发展经济的。用城市化带动经济发展，最多是水平效应。我们应当警惕用行政手段圈地、盖楼、赶农民进城带来的后患无穷的消极后果。

一般追赶型国家都是市场经济体制，这样的体制通常可以为创新准备必要的体制性条件，然而我们曾经创造了两位数经济增长速度的体制是政府过度介入的体制，这样的体制更有利于经济增长速度。从这个意义上讲，我们还必须通过改革，建立一个有利于创新的、有利于激发人民群众创造力的经济体制。相对于经济增长速度，能不能创新是更加考验中国人民的事情。

为了转变经济发展方式，要尽可能地减少刺激。从一定意义上讲，中国经济问题的实质并不是总量问题，而是结构问题。刺激只会重复原来的结构，加大结构调整的难度，实际上是逆经济发展规律而动，虽然暂时恢复了经济，但紧接着是再一次的产能过剩、企业亏损。刺激的边际效用急剧递减，要想达到最先开始的刺激所产生的效果，需要更大的投入，由于情急之下的刺激所上的项目通常效益是打折扣的，致使刺激成本越来越大，有时甚至得不偿失。刺激是饮鸩止渴，我们应当慎言刺激，让经济发展的规律自然地发挥作用。

三、学习经济学，提升按经济规律治理经济的能力，并在火热的实践中发展经济学

文集的第三部分探讨了学习经济学和发展经济学的问题。

人类只有自觉遵循经济规律和自然规律才能提高治理经济的能力。

人类的很多认识都是后发的，是在经历了以后的认识。我们是后发展国家，不仅在经济发展上具有后发优势，而且在经济学的学习方面同样具有后发优势。先期发展的市场经济国家其发展过程有最初的探索，有波澜壮阔的发展，有顺利、有曲折、有成功、有失败、有经验教训。作为记录、反映、归纳、总结、前瞻的现代经济学虽抽象而栩栩如生，虽具有理论特质却彰显着实践的精髓。先期发展国家的经济实践上诞生和发展的现代经济学，像数理化等自然科学的成就一样，是人类共同的宝贵的精神财富，是光照人类的。感觉到了的东西我们不能更深刻地理解它。只有理解了的东西我们才能更深刻地感觉它。我们应当学好经济学，自觉遵循经济规律和自然规律。此点对于各级干部特别重要。我们的干部并不缺少文史知识，经济学知识是其知识结构的短边。

我们不仅要学习经济学，还要发展经济学。

中国的经济学是舶来品，计划经济时几乎照搬了苏联的经济学体系，市场经济下又多以西方经济学为武器。然而，这些理论体系并非中国经济实践的理论概括，因而存在着部分脱节或完全脱节的问题，原因在于任何优秀的都是有条件的。中国经济学应当有自己的优秀。中国的经济学的优秀首先是思想的优秀，思想的优秀比技术（数理模型）的优秀更重要。

后发展中国家的经济学可以借鉴已有的经济学成果，但更要脚踏在自己的大地上发展经济学。当年英国蓬勃发展的时候德国也是后发展中国家，德国经济学家没有盲从，而是系统地提出了适合本国经济实践的经济理论。德国经济学家弗里德里希·李斯特在1841年出版的《政治经济学的国民体系》中针对斯密的经济学中只有"世界"和"个人"的观点明确提出了"国家"对一国经济发展更为重要，提出了适度的贸易保护和梯次开放的经济政策，明确宣布财富的生产力比财富本身更重要，且他所讲的生产力是近似于现代制度经济学所讲的制度安排。第二次世界大战以后，原西德又涌现出了经济学中的弗来堡学派。弗来堡学派提出了社会市场理论，主张用市场竞争去解决效率问题，用政府调控解决社会公正问题。并在弗来堡学派的代表人物，原西德总理艾哈德的领导下实践了这一理论。艾哈德们认为，在足球场上，裁判员只能是裁判员，球要交给运动员去踢，不能既是运动员又是裁判员。在现实生活中，应当保证市场上的企业的充分竞争，政府的责任是制定和执行经济政策，维护竞争的公平秩序，而不能随意干预经济，更不能越俎代庖。德国今天的经济成就，证明了德国经济学的卓越贡献。

13亿人的中国经济发展，为中国经济学家的研究提供了经济学研究的肥田沃土。生活之树常绿，中国经济学家只要对这种火热的经济生活作出独到的、前瞻性的理论概括，就能够建立起自己的理论体系，就是对经济学，特别是发展经济学做出了自己的贡献。但这需要深入火热的经济生活。中国经济学应当是一个开放的系统，像当年马克思那样，借鉴一切可以为我所用的。经济学还应当是一个改革的经济学，勇立潮头的经济学。

目　录
CONTENTS

第一部分　更深刻地认识市场经济

为什么只能是市场经济
　　——重读斯密 …………………………………………………… 3
市场经济为什么是创新的机器
　　——基于马克思《资本论》相关论述的思考 ………………… 13
市场的逻辑与中国的改革 ………………………………………… 24
为什么市场经济更容易遵循经济规律 …………………………… 33
中国市场经济不应是"四不像" …………………………………… 36
正确处理政府与市场的关系已成重中之重 ……………………… 39
由美国次贷危机引发的经济危机的经济学分析 ………………… 42
中国经济发展的战略问题 ………………………………………… 53
市场经济再认识 …………………………………………………… 65
论企业家精神及其产生的社会基础 ……………………………… 77

1

第二部分 转变经济发展方式与转变经济体制

正确认识中国经济发展的阶段性特征和新的历史任务 …………… 89

"新常态"应当有新思维 …………………………………… 95

当前为什么不能采取强刺激政策 ………………………… 99

经济增长与生态文明

  ——来自理查德·杜思韦特的《增长的困惑》启示 ………… 102

发展观、发展的衡量指标与路径 ………………………… 118

资源逼迫与经济增长模式提升 …………………………… 123

粗放经营的历史透视与现实考证

  ——评三种粗放经营模式 ……………………………… 137

论比较优势陷阱 …………………………………………… 149

论注重内需拉动的经济发展 ……………………………… 156

论中国经济发展中的失衡与校正 ………………………… 169

地方政府行为与转变经济发展方式 ……………………… 184

农业与城市化

  ——重读舒尔茨的《改造传统农业》 …………………… 196

城镇化的逻辑 ……………………………………………… 207

创新与经济发展

  ——重读熊彼特的《经济发展理论》 …………………… 210

从更深层次上认识转变经济发展方式 …………………… 220

论与转变经济发展方式相应的转变 ……………………… 226

只有破除 GDP 崇拜经济社会才能健康发展 …………… 234

第三部分　学习经济学、发展经济学，自觉遵循经济规律

提高按经济规律治理经济的能力
　　——深入学习习近平同志关于学好用好政治经济学的重要论述 …… 243
对影响中国经济的若干经济理论的评析 ……………………………… 249
论经济理论研究对经济政策设计的意义 ……………………………… 259
新中国 60 年中国经济学发展分析 …………………………………… 266
凯恩斯革命之革命 ……………………………………………………… 272
马克思经济学与西方经济学的比较优势
　　——基于比较经济学的分析 …………………………………… 280
论经济与文化的耦合与发展 …………………………………………… 292
应怎样创新政治经济学 ………………………………………………… 302

后记 ……………………………………………………………………… 307

第一部分

更深刻地认识市场经济

为什么只能是市场经济

——重读斯密

尽管市场经济对人类的经济发展做出了伟大的贡献,但当面对危机的时候,人们或多或少却发生了对市场经济的能力的怀疑。重读斯密,可以使我们更深刻地理解市场经济,更像市场经济,与市场经济和谐相处。

一、市场经济是人类富裕和谐的康庄大道

迄今为止的历史证明市场经济是人类富裕的康庄大道。斯密认为这是唯一的。

一个名叫詹姆斯·格互尼特的美国经济学家曾在其所著的《市场经济读本》中指出:"历史的记录其实就是对生存和饥荒的势均力敌的较量的写照,经济增长时期只是几次罕见的例外。英国商人的收入在1215~1798年的将近6个世纪其实并没有重大差别。正如人类在6000年前日出而作,日落而息,勉强度日一样,250年前,我们的祖先也过着相同的生活。"那么,是什么改变了人类漫长的、不发展的经济状况呢?是市场经济。

从目前的情况来看,英国、德国、日本这些发展较早的国家都是步入市场经济较早的国家。在1700年以前,即步入

市场经济之前的漫长岁月里，以英国为代表的西欧国家的经济基本上没有发展，人均收入年增长率只有 0.11%，630 年才增长 1 倍。后来，那些率先步入市场经济的国家经济得到了迅速发展。从 1820 年到 1990 年这 171 年间，人均收入增长英国翻了 10 倍，德国翻了 15 倍，美国翻了 18 倍，日本翻了 25 倍。更令人震撼的是改变了人类生产方式、生活方式、思维方式的伟大的三次工业革命都先后发生在市场经济国家。就连那些自然资源相当的国家和地区，其经济发展也大相径庭，例如韩国和朝鲜，原西德和东德等，个中的原因也在于是市场经济体制或者不是市场经济体制。对市场经济的魅力，马克思、恩格斯也有着生动的描述。在《共产党宣言》里他们指出："资产阶级在它的不到一百年的阶级统治中所创造的生产力，比过去一切时代创造全部生产力还要多，还要大。自然力的征服、机器的采用，整个大陆的开垦，河川的通航，仿佛用法术从地下唤出来的大量人口，——过去哪一个世纪能够料想到有这样的生产力潜伏在社会劳动力里呢？"马克思、恩格斯这里所讲的资本主义就是市场经济，他们把市场经济等同于资本主义。

世界经济的发展源于市场经济，当代中国经济的发展更是源于市场经济。中国的历史是自然经济的历史，5000 年自给自足的自然经济，以及建立在自给自足的基础上的自我封闭使我们落后了。邓小平很有针对性地指出，中国什么时候开放什么时候进步，什么时候封闭什么时候落后。自给自足，没有大规模生产和大规模交换的自然经济是封闭的，封闭带来了落后。我们经历了计划经济，但最终由于计划经济的低效使中国经济蹒跚前行以致到了崩溃的边缘，并由此引发了改革开放。中国大规模的经济发展是改革开放、是选择了社会主义市场经济以后的事。社会主义市场经济体制使当代中国成为世界上第二大经济体。在当代中国，凡是经济发达的地区无一不是市场经济发达的地区。中国经济发展的不平衡是经济体制的不平衡，是市场经济发展的不平衡。如果我们为自己成为世界上第二大经济体而自豪，我们就应当为社会主义市场经济体制而自豪。

二、为什么是市场经济

当俯瞰历史的时候我们深深地感到了斯密的伟大。斯密的伟大就在于200多年前就准确地预见和阐述了市场经济的魅力，使之成为市场经济无与伦比的先驱。斯密的关于市场经济是人类富裕的唯一的康庄大道的思想集中体现在他的《道德情操论》和《国民财富的性质和原因的研究》（以下简称《国富论》）中。那么，斯密是如何作出这一判断的呢？

1. "利己心"——构建市场经济的伦理学前提

人，或者说什么样的人，或者说人的本质与经济体制存在着一一对应的关系。斯密的经济理论是建立在一个基本的伦理学前提的基础之上的，此即"利己心"。熊彼特对此给予了高度的评价，他说，"正是通过斯密的著作，18世纪关于人性的思想才传到了经济学家手里"。

我们不能忘记《国富论》的作者就是《道德情操论》的作者。在《道德情操论》里，斯密认为人类行为是自然地由六种动机推动的，自爱、同情，追求自由的欲望，正义感，劳动习惯和交换——以物易物以及以此易彼的倾向。他认为"自爱"及利己心是一种美德，并因此充分地调动人的激情和创造力。他注释到，每个人生来和主要关心自己。

斯密把伦理学中的"自爱"或"利己心"应用于经济研究，合乎逻辑地选择了市场经济。在《国富论》里他进一步指出："人们追求自己的利益，往往比在真正出于本意的情况下能更有效地促进社会利益。人们的这种行为，受着一只看不见的手的指导，去尽力达到一个并非他本意要达到的目的，即公共利益。"这多少有点儿主观为自己、客观为社会的意思，亦与马克思私人劳动必须转化为社会劳动、商品要实现自己的价值就必须实现为社会所接受的惊险跳跃有着异曲同工之妙。斯密批评到，他从来没有听说过，那些假装为公众幸福而经营贸易的人做了多少好事。他举例说，你所以能吃到面包，不是面包师的大公无私，而是面包师为了自己赚钱。推而广之，法拉第、贝尔、福特、乔布斯们都是追求自我利益的，然而正是他们的这种追求，为人类做出了卓越的贡献。

把斯密的"利己心"理解为自私自利，损人利己是一种误读。斯密的"利己心"是一种追求，是一种目标，可以是物质的，也可以是精神的，是在"红绿灯"规则下、在法制的规范性下履行了企业的社会责任的追求，是有利于经济秩序和社会秩序的追求。那种弄虚作假，坑蒙拐骗是违背市场经济的基本商业伦理的。事实上，人类总是要寻找到符合人类本性的经济体制，这样的经济体制才是最能激励人的激情和创造性、运行成本最小、从而最有效的经济体制。市场经济就是符合人类本性的体制。计划经济的低效表面看在于其组织成本太大，深层次的则是其关于人们都大公无私的假设脱离了实际情况，因而需要巨大的教育投入以"校正"，然而"校正"的效果却微乎其微。

2. 分工和专业化

《国富论》的伦理学前提是"利己心"，讨论的核心问题是分工和交易，分工就是专业化，分工和交易就是市场经济。

《国富论》的第一章是"论分工"。在这一章，斯密用劳动生产力上最大的增进，以及运用劳动时所表现的更大熟练、技巧和判断力，似乎都是分工的结果开始了他的全部经济学分析。他认为分工以及由分工而来的专业化可以提高效率，并且以造针为例证明了这一点。他指出，如果10多个工序由一个缺少专门训练的工人承担，可能一天连一枚针也造不下来，更不用说20枚针了。但如果10个工序由专门工人分担，这10个工人每天可以造出4.8万枚。分工在促进了效率的同时，也推动了社会进步，社会的开化与不开化都在于分工。他说："在未开化社会中一人担任的工作，在进步社会中一般都成为几个人分担的工作。"历史蹚过了漫漫长河，自然经济所以落后，就在于没有分工，没有专业化，工业社会所以进步，则在于分工使然。他强调，分工的原则是比较优势，这一原则后来被普遍化地应用于国际贸易。发挥了比较优势的分工和交易对交易双方都是有利的。

3. 经济运行与信息的收集和处理

经济高效运行反映在经济体制运行的成本，反映在它收集和处理信息的能力。现代经济学正是从这样的角度推出市场经济的。对此，斯密亦有深刻的论述，只不过没有使用现代化经济学的概念。斯密曾经指出："关于可以把资本用在什么种类的国内产业上面，其生产物能有最大价值这一问题，每一个人处在他当地的位置，显然能判断得比政治家或立法家好得多。如果政治家企图指导私人应如何运用他们的资本，那不仅是自寻烦恼地注意最不需要注意的问题，而且是僭取一种不能放心地委托给任何个人，也不能放心地委之于任何委员会和参议员的权力。把这种权力交给一个大言不惭地、荒唐地自认为有资格的人，是再危险也没有了。"

斯密所说的"每个人处在他当地的位置"，既包括他当时掌握的知识和信息，也包括他的身份、他和资本的关系即企业的产权问题。多少年以后，同样推崇市场经济的诺贝尔经济学家获得者哈耶克认为，专家和领导所掌握的知识和信息，并不等同于人们处理解决问题的全部知识和信息，每个人都掌握着与自己从事的职业相关的可以利用的独一无二的信息，因而由这种信息决定的决策只能由个人做出，或者必须有他的积极参与才能做出相应的决策。另一位诺奖获得者西蒙也认为，由于人们、包括政府官员的理性有限，有效的经济制度安排可以弥补理性有限，这样的经济制度就是市场经济。市场经济可以最大限度地调动和利用人们掌握的全部信息。计划经济的低效，就在于其要求计划者所掌握的信息和知识，超过了计划者的能力。

4. 市场经济与自然秩序

英国学者罗杰·巴克豪斯在他的《现代经济分析史》中指出，斯密的"政治经济学体系是广泛的哲学体系的一部分……"斯密信奉自然秩序，这是那个时代时髦的哲学观点。这种观点认为，世界上存在着内在的自然秩序（不管这种秩序究竟是什么），这种秩序要比人类人为地制造出来的秩序优越得多，自然规律优于人造规律。

在斯密之前，重农学派（一个认为只有农业才真正创造财富的学派）就坚持自然秩序的观点。他们认为人类社会是自然规律所统治的，强调自然规律永远不是统治者的独断法律所能改变的。他们具体阐述了自然秩序的内容，即享受财产所得的权利，从事劳动的权利，以及享有不妨碍他人的，追求个人利益的自由。斯密与重农学派过从甚密，深受重农学派思想的影响。在《国富论》里他把自然秩序的观点发挥到了极致，认为市场经济最好地体现了自然秩序，体现了不管人们认识到还是没有认识到，冥冥之中确实存在的经济发展的内在结构和规律。萨缪尔森曾经指出，世界上80%的坏事都是好人干的，原因在于好人的知识有限，在不知不觉中违背了自然秩序。

斯密严谨的理论逻辑指向市场经济，市场经济是唯一能实现人类富裕及和谐的经济体制。

市场经济的基本构架是"看不见的手"调节经济运行，政府只要提供最基本的公共产品和公共服务就可以了，这是一个已经接受了历史考验的逻辑体系。

三、人们曾经对市场经济的功能表示怀疑，但实践再一次证明了市场经济的魅力

面对1929年开始的久久不去的危机，人们开始认为市场是有缺陷的，开始怀疑市场的自我恢复能力，从当时的美国总统胡佛开始，迫不及待地实施了政府干预。而所谓的罗斯福新政，则是在很多做法上如同胡佛一样的继往开来的政府干预。罗斯福就职以后，在处理危机的问题上，请求国会赋予它相当于发动一场战争的权利。罗斯福对经济危机进行了积极进攻，

即政府全面的积极干预。罗斯福新政的内容很多，具体包括：（1）摒弃了传统的财政平衡的做法，接受并实施财政赤字或扩张性财政政策的观点，扩大政府支出；（2）人为地扩大信贷，增加流通中的货币量，刺激私人投资；（3）向国外转嫁经济危机，包括宣布美元贬值，组织美元集团等。所有这一切的共同点就是政府推动和政府干预。对市场的怀疑导致了政府权力的扩大，危机提供了政府权力扩大的契机。

约翰·梅纳德·凯恩斯适时地出现了，1936年英国经济学家凯恩斯出版了《就业、利息和货币通论》（以下简称《通论》）。《通论》认为危机的发生是因为有效需求不足，而有效需求不足又在于危机期间信心之崩溃，靠市场力量难以恢复，必须政府出手，通过扩大政府支出、举债、多发货币等一系列的扩张性政策予以干预。

凯恩斯为政府干预提供了理论支持。凯恩斯经济政策主张一经出现，就受到了政府的普遍欢迎，并且因为该政策建议的实施，似乎促成了一个时期的经济繁荣，以至成为政府经济学的核心瑰宝，因为政府潜意识里有一种干预市场的欲望。危机给政府干预市场提供了机遇，凯恩斯经济学给政府干预提供了理论支持。

然而好景不长，实施政府干预的扩张性政策的结果是20世纪六七十年代出现了凯恩斯主义始料未及的现象——滞胀，即通货膨胀上去了，经济却没有实实在在的发展。经济学不得不重新认识凯恩斯主义，重新反思政府与市场的关系。

首先是货币主义的代表人物密尔顿·弗里德曼对凯恩斯主义的质疑。弗里德曼认为，凯恩斯主义的政府干预会造成人们的不良预期，例如，如果政府扩大货币供应量，人们会预见到价格上涨，人们为了保护自己的利益，会当即调整他们的商品价格和工资。假定政府年初宣布将提高货币供应量5%，那么，名义总产值也将增加5%。据此人们将立刻修正他们对价格水平和通货膨胀的预期。厂商认识到增加5%的名义总产值，将被成本增加5%所抵消，工人知道生活费用将增加5%，因而要求名义工资至少也要增加5%，这样，价格普遍增加了，并最终形成了通货膨胀，但却没有降低失业率。政府的干预直接导致了滞胀。弗里德曼认为正确的做法是回到亚当·斯密的传统，让市场去解决问题。政府所要做的，仅仅是按照预期增加的GDP，提供一定的货币供应。

奥地利学派更是全面反对政府干预。奥地利学派有两个著名的代表人物，一个是哈耶克，一个是冯·米塞斯。面对政府咄咄逼人的干预，他们坚定站在市场一边。冯·米塞斯认为，离开了市场价格，你将不知道资源的稀缺程度，不知道资源如何分配。随行就市的市场价格反映着资源的稀缺程度，指引着资源分配的流向。哈耶克更是认为，20世纪30年代的那场大危机，是因为扭曲了资源配置的信号，使整个社会的投资过度扩张，投资了一些原本不该投资的项目，特别是一些重工业、房地产等资金密集型产业。哈耶克反对通过宽松的货币供给人为地制造繁荣，因为政府宽松的货币供给会导致相对价格的扭曲，即价格不能反映资源的稀缺程度和供求的真实情况。在他看来，市场是会自动矫正的。面对萧条，政府所采取的任何政策效果都不会好，刺激措施会适得其反。他甚至认为，如果不是一系列的政府刺激，20世纪30年代的危机不会持续那么长时间。奥地利学派的另一位代表人物熊彼特同样反对政府干预，同样深刻地指出，对于危机只有让它自己治愈自己才是可取的，任何人为的恢复都会令那些在萧条中未能调整的剩余问题更加严重，从而又会产生新的问题，再造成另一次更严重的商业威胁。实际上凯恩斯主义的根本问题在于本来发生危机就是因为过剩，刺激政策虽然可以增加当期的需求，但却造成了进一步的产能过剩，从而会产生更复杂的问题。

除了理论上的反思，在实践上则是里根、撒切尔夫人更推崇市场经济，更相信市场的调节功能，并因此使其经济走出了滞胀，使当时的美国和英国进入一个相对良好的发展时期。人们所谓的市场的"缺陷"实际上是市场机制在发挥作用。去掉这样的"缺陷"也就没有市场机制了。

扩大政府作用的更为典型的案例是计划经济。计划经济的最初思想似乎来自马克思。马克思看到了最初的资本主义即市场经济所发生的危机，看到了发展初期的剥削及两极分化，马克思试图通过在整个社会范围内重演鲁宾孙的一切，通过"社会将有计划地分配社会劳动予各个部门"实现有计划按比例地发展。马克思描绘的蓝图在最初的社会主义国家变成了指令性的计划经济。

人们对计划经济满怀期望，然而计划经济却由于自身的组织成本太大而显示了低效。人们试图通过遵循价值规律，努力提升计划经济的效率。但因为价值规律能否发挥作用说到底是一个经济体制问题，计划经济则缺少这样的体制基础，以致自觉利用价值规律的结果恰恰是以违背价值规律而告终。中国人民在经济规律的驱使下，最终选择了社会主义市场经济，这是一个更多依赖市场而不是更多依赖政府的体制。

西方市场经济国家的经济实践和经济理论经历了一个否定之否定的过程，几乎又回到了斯密的传统：更多的市场调节，更少的政府干预。原计划经济国家也最终几乎都选择了市场经济，这就是经济规律的力量。历史无可辩驳地证明，人类迄今还没有找到比市场经济更为优越的体制。

四、市场经济制度的安排与市场经济的功能

严复曾经指出，牛体不能马用，马体不能牛用。据此，没有市场经济的制度安排是不可能有市场经济的功能的。现实经济中的种种不如意，很大程度上不是市场经济的问题，而是不像市场经济的问题。例如，（1）像有的人的"体质"容易感冒发烧、容易过敏一样，我们的"体质"容易追求速度。这其中的原因除了改革开放初期我们需要一定的经济增长速度外，还有我们特有的有着时间要求的"献礼"，任期内的"政绩"工程等，这就很难保证经济增长的质量，而在市场经济体制下是不存在这种情况的。（2）政府手里掌握着大量的资源，一些部门热衷于审批，用审批的方式分配资源，热衷于计划经济的思维方式和手段。这样做则会影响市场在配置资源

中的作用，不仅会降低资源配置的效果，而且极易寻租，产生腐败。尽管国务院三令五申要减少审批，然而当审批成为一种权利、一种利益时谁都不想放弃。（3）各种所有制经济不能依法平等使用生产要素，公平参与市场竞争，同等受到法律保护，特别是一些国有企业的垄断，扼制了平等竞争，而公平竞争恰恰是市场经济的效率之源。由于不能平等地进入还产生了大量的民间"游资"，对健康的经济秩序形成了巨大的威胁。（4）经济发展方式迟迟难以转换，很大程度上在于现行的资源环境的价格没有反映资源的稀缺程度。作为企业，什么便宜就使用什么。资源环境便宜就浪费资源和环境，热衷于低层次的拼资源、拼消耗，以致创新能力不足。（5）在市场经济下政府不能既是运动员，又是裁判员。然而好多地方政府都直接扮演了市场主体的角色，直接上项目、拼经济，欠下了大量的"地方债"，这就颠覆了市场推动经济发展的基本常识。（6）不是依靠体制的力量，而是通过人为的、过度的宏观干预。过度的宏观干预会给人以短期的信号和短期的行为，使得经济大起大落。本来经济发展过程中的周期性，特别是其危机阶段，有强制性地挤出经济快速发展时期的泡沫，强制性创新、强制性地兼并重组的作用，人为地压抑这样的作用，反而使问题变得更加复杂。

  2008年美国次贷危机以来，美国政要纷纷忙着救市，然而至今都没有达到理想的结果，相反使问题更复杂了。记得萨缪尔森曾经意味深长地指出："只有在事后很长时间之后，历史才会告诉我们——甚至在那时也不会——某一次扩大政府的权力是好的还是坏的行动。在政治上同在其他领域一样，千真万确的事实是：通向地狱的道路是用良好的动机铺成的"。回顾历史，重读斯密，我们应当相信体制的力量，坚定不移地推进旨在建立社会主义市场经济体制的改革。

原载《读书》2012年第3期

市场经济为什么是创新的机器

——基于马克思《资本论》相关论述的思考

1848年,马克思、恩格斯在《共产党宣言》里最早观察到了市场经济的创新能力和促进经济发展的无穷魅力,他们指出:"资产阶级在它的不到一百年的阶级统治中所创造的生产力,比过去一切世代所创造的生产力还要多,还要大。自然力的征服,机器的采用,化学在工业和农业中的应用,轮船的行驶,铁路的通航,电报的使用,整个整个大陆的开垦,河川的通航,仿佛用法术从地下呼唤出来的大量人口,——过去哪一个世纪能够料想到有这样的生产力潜伏在社会劳动里呢?"[①] 马克思、恩格斯当年所讲的"资本主义"在一定意义上就是市场经济。实际上,市场经济在马克思、恩格斯发表了《共产党宣言》以后的日子里,或者说迄今为止,更是展现了空前的社会生产力,三次伟大的工业革命都发生在市场经济国家,乃至美国学者威廉·鲍莫尔在其《资本主义的增长奇迹》中认定自由市场经济是创新的机器,它的成果就是创新。

马克思在《资本论》里揭示了市场经济的竞争机制,以及这种机制如何引领了创新。当前,我国经济正处在由大到强的关键时刻,由大到强的关键是创新驱动。学习马克思的

[①]《马克思恩格斯选集》第一卷,人民出版社1972年版,第256页。

《资本论》，从体制、机制的角度探讨市场经济体制何以能够创新，对于以创新和改革引领我国经济持续健康的发展，意义十分巨大。

一、交易标准：社会必要劳动时间而不是个别劳动时间

在马克思经济学里，由社会必要劳动时间确定的交易标准的强制性是企业创新重要的机制或者说杠杆。

社会必要劳动时间是马克思经济学中所阐述的价值规律的支柱性范畴。马克思认为，商品的价值是由凝结在商品中的无差别的人类劳动形成的，商品交换是以价值量为基础的等价交换。然而，虽然商品的价值量的大小是由劳动时间决定的，但并不是由个别劳动时间决定的，而是由社会必要劳动时间决定的。马克思指出："社会必要劳动时间是在现有的正常生产条件下，在社会平均的劳动熟练程度和劳动强度下制造某种使用价值所需要的劳动时间。"[①] 由于商品交换以社会必要劳动时间为交易的标准，高于社会必要时间的个别劳动时间将不被社会所承认，这样的劳动是没有效益的劳动，高于社会必要劳动时间的企业将被淘汰。低于社会必要劳动时间的个别劳动在交换中将获得超额利润。

这里所讲的劳动时间直观地看似乎仅仅是"劳动的时间"，但它却综合地体现着企业的技术、管理水平和企业文化，是一个企业的效率或效益的问题。马克思强调，按照社会必要劳动时间进行交换的价值规律具有强制作用。他指出："……作为自然形成的社会分工部分而互相全面依赖的私人劳动，不断地被化为它们的社会比例尺度，只是因为在私人劳动产品的偶然的不断交换的交换关系中，生产这些产品的社会必要劳动时间作为起调节作用的自然规律强制地为自己开辟道路，就像房屋倒在人的头上时

[①] 《马克思恩格斯全集》第 23 卷，人民出版社 1972 年版，第 52 页。

重力定律强制地为自己开辟道路一样。"① 如果某个企业不能走在社会的前列，甚至连平均水平也达不到，那就会被淘汰。马克思举例说："例如，在英国采用蒸汽织布机以后，把一定的纱织成布所需要的劳动可以比过去少一半。实际上，英国的手工织布工人把纱织成布仍旧要以以前的劳动时间，但这时他一小时的个人劳动产品只代表半小时的社会劳动，因此价值也降到了它以前的一半。"② 正是按照社会必要劳动时间而不是个别劳动时间进行交换的价值规律的强制作用，使得创新成为市场经济的常态，成为不需要号召的自觉行动。

社会必要劳动时间是在部门内部形成的，或者是在一个产业的内部形成的。社会必要劳动时间的形成需要"机制"而不是会计手段的计算，这种机制就是打破了封建行会的限制及各种垄断的公平进入，是千万次公平的交换，是整个社会市场化的经营方式。

二、超额剩余价值的驱动：一浪高过一浪的创新

马克思考察了绝对剩余价值的生产和相对剩余价值的生产，对于相对剩余价值的生产更是给予了浓墨重彩的论述，因为这是一种旨在通过创新提高劳动生产率的生产方式。

在《资本论》第一卷第四篇"相对剩余价值的生产"中，马克思用"相对剩余价值概念"、"协作"、"分工和手工业""机器和大工业"等四章，依次递进地论述了相对剩余价值及其历史发展的进程，证明了相对剩余价值是通过创新不断提高劳动生产率的生产方式，因而是一种资本密集的生产方式。亚当·斯密在《国民财富的性质和原因的研究》中以造针为例，认为分工可以提高劳动效率。马克思进一步认为，先进的造针机器比

---

① 《马克思恩格斯全集》第 23 卷，人民出版社 1972 年版，第 92 页。
② 《马克思恩格斯全集》第 23 卷，人民出版社 1972 年版，第 52 页。

技术没有变化的条件下仅靠分工形成专业化效率更高。他写道："据亚当·斯密说，在他那个时候，十个人分工合作每天能制针48000枚。但现在，一台机器在1个11小时的工作日就能制针145000枚。一个妇女或少女平均可以看4台这样的机器，因此她用机器每天可以生产近60万枚，每星期就可以生产300多万枚。"① 马克思用这样生动的案例，说明了创新是怎样提高效率的，这种创新对企业是如何的生死攸关。

相对剩余价值的生产是整个社会通过创新提高劳动生产率的生产方式，资本主义市场经济发展的趋势更多的是采用这种方式。但这不仅是技术创新，而且是社会组织方式，企业管理方式的创新，这种变革是一场革命。马克思在揭示相对剩余价值的本质的时候十分深刻地写道："必须变革劳动过程的技术条件和社会条件，从而变革生产方式本身，以求提高劳动生产力，通过提高劳动生产力来降低劳动力的价值，从而缩短再生产劳动力价值所必需的工作日。"②

马克思的上述论述十分深刻。仅仅把创新理解为技术创新是远远不够的，如果没有社会条件的变革，创新就不可能成为人们的自觉行动。例如，在一个不保护知识产权，官本位，不能为广大人民群众提供发挥比较优势、实现自我价值的广阔空间，不鼓励冒险，不鼓励打破传统，不能包容失败的社会，一个垄断现象普遍存在，从而抑制有效竞争的社会，就会极大地阻碍创新。

必须进一步指出的是，单个企业通过率先创新提高劳动生产率获得的是超额利润，但这种超额利润只是暂时的。按照产业发展的规律，一旦有新的生产方式、新的技术或者新的产业出现，其他企业就会迅速进入，超额利润随之被平均，于是在竞争压力下又有了新层次的创新。对此，马克思写道："当新的生产方式被普遍采用，因而比较便宜的生产出来的商品

---

① 《马克思恩格斯全集》第23卷，人民出版社1972年版，第504页。
② 《马克思恩格斯全集》第23卷，人民出版社1972年版，第350页。

的个别价值和它的社会价值之间的差额消失的时候，这个超额剩余价值也会消失。价值由劳动时间决定的规律，既会使采用新方法的资本家感觉到，他必须低于商品的社会价值来出售自己的商品，又会作为竞争规律，迫使他的竞争者也采用新的生产方式。"① 马克思强调："提高劳动生产力来使商品便宜，通过商品便宜来使工人本身便宜，是资本的内在冲动和经常的趋势。"② 创新打破了已有的均衡，在新的层次上又有了新的均衡，这种均衡再被打破，又有了新的均衡，这个过程永远不会完结。

现代经济学家的研究印证了马克思的论述。经济学家熊彼特和库兹涅茨继往开来地研究了创新，他们一致认为创新引领了经济的发展。据熊彼特考察，人类经济发展过程的重大创新引发了经济发展过程中的长周期，即由俄国经济学家尼古拉·康德拉季耶夫于1926年首先提出的被命名为"康德拉季耶夫周期"的周期。经济发展过程中的长周期相对人类经济生活也是一个里程碑式的改变。例如，大约从1783年到1842年，是所谓的产业革命时期，而且专指第一次产业革命；第二个长波是从1842年到1897年，是所谓的"蒸汽机和钢铁时代"；到20世纪20年代末，是电气、化学和汽车对于经济发挥重要作用的时代。西蒙·库兹涅茨在其《长期运动》中得出了几乎与熊彼特完全一致的结论，他说："在许多工业中，在某个时期，基本技术条件发生了革命性的变化时，一个时代就开始了。"③

综上所述，我们发现，各个流派的经济学家从不同的角度考察市场经济，都得出了几乎相同的结论：市场经济本身就是创新的机器，其成果就是一系列创新。

---

① 《马克思恩格斯全集》第23卷，人民出版社1972年版，第354页。
② 《马克思恩格斯全集》第23卷，人民出版社1972年版，第355页。
③ ［美］约瑟夫·熊彼特著，何畏等译：《经济发展理论》，商务印书馆1990年版，第72页。

三、平均利润：行业之间的竞争，不仅激励着创新，而且是市场经济成熟与否的标志

在《资本论》第三卷，马克思考察了剩余价值转化为平均利润。如果说此前马克思考察的是一个行业内部的竞争如何形成社会必要劳动时间，那么在第三卷，马克思则考察的是整个社会范围内的竞争如何使利润平均化，如何分配各种生产要素于各个部门，以及使资本各得其所等。

马克思用资本有机构成的高低来说明社会各个行业由于技术含量（通常资本有机构成高的部门技术含量高）的不同，因而会形成超额利润。超额利润的形成吸引其他资本进来，供求规律会淘汰过剩的产能，并把各种资本分配到各个产业，分配到社会恰恰需要的份额。马克思举例说，如果"棉织品按比例来说生产过多了，虽然在这个棉织品总产品中只体现了一定条件下为生产这个总产品所必要的劳动时间。但是，总的来说，这个特殊部门消耗的社会劳动已经过多；就是说，产品的一部分已经没有用处。因此，只有当全部产品是按照必要的比例生产时，它们才能卖出去。……为了满足社会需要，只有这样多的劳动时间才是必要的。在这里界限是通过使用价值表现出来的。社会在一定的生产条件下，只能把它的总劳动时间中这样多的劳动时间用在这样一种产品上"[1]。此即第二种含义的社会必要劳动时间。第二种含义的社会必要劳动时间和第一种含义的社会必要劳动时间的关系是，第二种含义的社会必要劳动时间反映的社会分配给某一行业的总的劳动时间，即社会需要该行业提供多少产品。在此基础上有了第一种含义的社会必要劳动时间，即在该行业内生产某件产品平均的劳动时间。

在这里，我们必须强调，资本的自由进入是形成平均利润的机制。马

---

[1] 《马克思恩格斯全集》第25卷，人民出版社1974年版，第717页。

克思极其生动地写道："不同生产部门由于投入其中的资本量的有机构成不同，会产生极不相同的利润率。但是资本会从利润率较低的部门抽走，投入利润率较高的其他部门。通过这种不断的流出和流入，总之，通过资本在不同部门之间根据利润率的升降进行的分配，供求之间就会形成一种比例，以至不同的生产部门都有相同的平均利润，因而价值也就转化为生产价格。资本主义在一个国家的社会内越是发展，也就是说，这个国家的条件越是适应资本主义生产方式，资本就越能实现这种平均化。"① "资本主义在一个国家的社会内越是发展"，可以理解为市场经济在一个国家越发展，利润就越平均化。作为这一论断的推论，我们可以得出：利润能否平均化，是市场经济体制是否成熟的标志。

马克思特别分析了利润平均化所需要的条件。马克思说："那种在不断的不平衡中不断实现的平均化，在下述两个条件下会进行的更快：（1）资本有更大的活动性，也就是说，更容易从一个部门和一个地点转移到另一个部门和另一个地点；（2）劳动力能够更迅速地从一个部门转移到另一个部门，从一个地点转移到另一个生产地点。"马克思特别强调了上述两个条件所必须具备的前提，他说："第一个条件的前提是：社会内部已有完全的商业自由，消除了自然垄断以外的一切垄断，即消除了资本主义生产方式本身造成的垄断；其次，信用制度的发展已经把大量分散的可供支配的社会资本集中起来，而不留在各个资本家手里；最后，不同的生产部门都受资本家支配。"② 针对最后一点，马克思特别指出："如果数量众多的非资本主义经营的生产部门（例如小农经营的农业）插在资本主义企业中间并与之交织在一起，这种平均化本身就会遇到更大的障碍。"③ 这里的资本主义经营就是市场经济体制，如果有大量其他经营方式的存在，如小农经营、计划经济式的经营、靠行政力量形成的垄断，就会阻碍这种平均化。马克

---

① 《马克思恩格斯全集》第 25 卷，人民出版社 1974 年版，第 218~219 页。
②③ 《马克思恩格斯全集》第 25 卷，人民出版社 1974 年版，第 219 页。

思认为，利润平均化的第二个条件，即劳动力能够更迅速地从一个部门转移到另一个部门的前提是："废除了一切妨碍工人从一个生产部门转移到另一个生产部门，或者从一个生产地点转移到另一个生产地点的法律；工人对自己劳动的内容是无所谓的；一切生产部门的劳动都已最大限度地化为简单劳动；工人抛弃了一切职业偏见；最后，特别是工人受资本主义生产方式的支配。"①

我们已经指出，平均利润的形成是市场经济成熟的标志，然而，它所需要的前提是资本的自由转移和劳动的自由转移。此点对我们极具现实意义，我们虽然选择了市场经济，但市场经济所需要的平均利润，以及形成平均利润的要素自由流动的条件却远不具备：（1）一些非自然垄断的部门基本上凭借垄断地位获得超额利润，以致抑制了创新的冲动，造成了收入分配的不公。（2）由于房地产以及虚拟经济的利润回报高，致使资本不能各得其所，等量资本不能得到等量利润，在影响了利润平均化的同时，也直接影响了创新，影响了实体经济的发展。（3）民间资本不能平等地进入国民经济的各个领域，在影响民间资本充分发挥作用的同时，也影响了整个社会资源的最佳配置。（4）劳动力不能自由转移，有些垄断部门成了世袭的利益团体，有着独特的垄断利益，造成了起始条件的不公平，并因此导致分配不公。劳动力不能自由转移，还表现在大量的农民工难以融入城市，并由此产生了大量的社会问题。（5）计划经济下的核心部门在市场经济下依然发挥着类似于计划经济的作用，其突出特点是用计划经济的思维方式和手段监管市场经济，依然热衷于审批和直接的行政干预。握有资源分配权利的审批，不仅妨碍了"看不见的手"对资源的分配，而且直接导致了大量的寻租和腐败。（6）地方政府在一定程度上扮演市场主体的角色，在造成低层次产能过剩的同时，又实行地方保护，难以在全国范围内形成统一市场，难以发挥市场优胜劣汰的功能。所有这些，都与马克思以

---

① 《马克思恩格斯全集》第25卷，人民出版社1974年版，第219页。

及现代经济学对市场经济机制的论述相去甚远,这说明我们的市场经济机制还很不成熟,也使我们的体制在激励创新方面存在着严重不足。我们必须按照党的十八大报告的要求,进一步完善社会主义市场经济的体制。

四、经济的下行期是加快创新的杠杆

经济危机是经济发展周期中的一种自然而然的现象。因为是"看不见的手",或者说价值规律在资源配置中起基础作用,生产什么、生产多少、怎样生产以及为谁生产,都是由企业家自己决定的。当一个产业能盈利的时候,大家纷纷进入,进入到一定程度,就会相对饱和,就会产能过剩,经济危机作为一种市场经济的机制,具有挤出泡沫,淘汰落后,激励创新,强制性地破产,强制性地兼并重组的功能。经济周期与市场经济是与生俱来的,人们消除不了经济周期,也就取消不了经济危机这个阶段。在市场经济下,经济的发展就是扩张、收缩、再扩张、再收缩,每一次扩张和收缩都会使经济结构上升到新的层面。对此,马克思有着极其生动的论述,他说:"工厂制度的巨大跳跃式的扩展能力和它对世界市场的依赖,必然造成热病似的生产,并随之造成市场商品充斥,而当市场收缩时,就出现瘫痪状态。工业的生命按照中常活跃、繁荣、生产过剩、危机、停滞这几个时间的顺序而不断地转换。由于工业循环的这种周期变换,机器生产使个人在就业上并从而在生活上遭遇的无保障和不稳定状态,已成为正常的现象。除了繁荣时期以外,资本家之间总是进行十分激烈的斗争,以争取各自在市场上的地位。这种地位同产品的便宜程度成正比。"[①] 为了便宜,除了压低工人的工资外还必须创新,而且创新是一条更主要的途径。

压低工人的工资可以使劳动力便宜,从而使产品便宜,但这不是长久之计,根本的出路还在于创新。据美国学者内森·罗森堡、L.E. 小伯泽尔

---

① 《马克思恩格斯全集》第23卷,人民出版社1972年版,第497页。

在《西方现代社会的经济变迁》中的考察,当代西方经济的经济发展是靠资本密集,技术创新发展的,而不是靠劳动力便宜,如果靠劳动力便宜,他们会把企业办到全世界最穷的地方去。他们写道:"在实践中,资本主义发展采取的主要方式是资本密集型生产。如果低工资为资本主义制度所固有,那么就可以预期资本家会一直从事劳动密集型生产。"①

对于经济危机在创新方面的积极作用,在《资本论》的第二卷,在讲到固定资本的更新时马克思有着精辟的论述。他写道:"劳动资料大部分因为产业进步而不断革新。因此它们不是以原来的形式,而是以革新的形式进行补偿。"② 马克思强调:"竞争,特别是在发生决定性变革的时候,又使旧的劳动资料在它们的自然寿命完结之前,用新的劳动资料来替换。迫使企业设备提前按照更大的社会规模实行更新的,主要是灾祸,危机。"我们甚至可以这样发问:假定没有一次次的经济危机,就不会有发达市场经济国家一浪高过一浪的经济发展和技术革新,答案是绝对不会有的,正是"危机"作为一种机制淘汰了落后,再一次占领市场时必须是先进的。

危机的意义如此,接受了市场经济就得接受市场经济的机制,危机就是市场经济的机制。既然危机如同人体感冒发烧一样,就应当以平常心对待危机,千万不能反应过度。感冒本来是排毒,是人体的自然调整,感冒一上来就上抗生素,表面上看好了,但深层次的矛盾却被掩盖了。不仅掩盖了深层次的矛盾,而且错失了结构调整和创新的良机。

面对 2008 年由美国次贷引发的危机,我们效法凯恩斯主义的扩张性政策,虽然有短暂的复苏和繁荣,但接下来却是经济再一次下滑,而且问题比 2008 年更为复杂。我们重蹈了凯恩斯主义政策的覆辙。凯恩斯主义的扩张性的政策是一种淡化淘汰的平面复苏,取消淘汰,靠更大规模的注入货币的复苏只能是滞涨。这种复苏是靠外力打强心剂恢复起来的,一旦停止

---

① [美] 内森·罗森堡、L. E. 小伯泽尔:《西方现代社会的经济变迁》(中译本),中信出版社 2001 年版,第 12 页。

② 《马克思恩格斯全集》第 25 卷,人民出版社 1974 年版,第 190~191 页。

宽松的货币政策，经济就会二次跌入低谷。对此，熊彼特曾经深刻地指出，对于危机只有让它自己治愈自己才是可取的，任何人为地恢复都会令那些在萧条中未能调整的剩余问题更加严重，从而又会产生新的问题，再造成另一次严重的商业威胁。

迄今为止的经济学，包括马克思经济学和西方经济学都证明，市场经济的机制是创新的机器。当前，中国经济正面临着由大到强，转变经济发展方式的关键时刻，这一切的关键又在于创新。创新不是号召出来的，创新是一定体制、机制下的自觉行为。为了中国社会的创新，我们必须继续推进旨在建立社会主义市场经济体制的改革。

在《共产党宣言》里，马克思、恩格斯在指出资本主义在发展生产力方面的伟大历史作用时，同时指出，形成这样的生产力必须以旨在建立市场经济的革命为前提。他们写道："资产阶级赖以形成的生产资料和交换手段，是在封建社会里造成的。在这些生产资料和交换手段发展的一定阶段上，封建社会的生产和交换在其中进行的关系，封建的农业和工业组织，一句话，封建的所有制关系，就不再适应已经发展的生产力了。这种关系已经在阻碍生产而不是促进生产了。它变成了束缚生产的桎梏。他必须被打破，而且果然被打破了。"[1] 我们的现有体制是在计划经济的基础上形成的，为了建立健全社会主义市场经济的体制，我们必须继续推进改革，消除一切与社会主义市场经济的体制不相适应的障碍。

原载《教学与研究》2013 年第 1 期

---

[1] 《马克思恩格斯选集》第 1 卷，人民出版社 1972 年版，第 256 页。

市场的逻辑与中国的改革

贯彻落实中共十八届三中全会的精神，必须理解市场经济，理解市场的逻辑，在此基础上全面深化旨在建设社会主义市场经济的体制的改革。

一、市场经济是资源配置效率最高的经济体制

我们可以简单地把效率分为劳动效率、生产效率、资源配置效率，其中资源配置效率是第一层次的效率，因为它提供了劳动、生产发挥作用的背景条件，制约和影响着劳动效率、生产效率。从人类已有的经济实践来看，市场经济体制是资源配置效率最高的经济体制，先期发展的国家都是实行市场经济体制的国家，三次伟大的工业革命都发生在市场经济国家。我国选择了社会主义市场经济体制后，经济迅速发展，成为世界第二大经济体。在当代中国，凡是经济发达的地区都是市场经济发达的地区。那么，为什么市场经济体制是资源配置效率最高的经济体制呢？

第一，各种资源所有者资源配置的目的都在于效用最大，并因此而使资源配置效用最大。资源配置是各种资源，例如资本、土地、劳动等所有者的资源配置，资源的命运就是资源所有者的命运。以商品生产为例。按照马克思的论述，商品是使用价值和价值的矛盾统一体，商品的使用价值是价值

的物质承担者，只有社会需要该商品的使用价值，该商品才能实现自己的价值，商品生产者才能盈利，才能生存和发展，这样的资源配置才是有效率的资源配置。这是一种规律，这种规律引导着每个资源所有者的行为。

第二，市场配置可以使各种资源尽可能地发挥自己的比较优势。市场经济下配置资源的具体途径是交换，而交换则以分工为前提，分工的原则是发挥比较优势。按照斯密的论述，这种发挥了比较优势的分工，能充分地提高各种资源乃至真个社会的效率。他举例说，某人开始既打猎又造弓箭，后来该人发现自己更擅长打猎，就把自己的资源配置到打猎上；另外一个人则擅长于造弓箭，就把自己的资源分配在造弓箭上。两个人互相交换，不仅两个人的"蛋糕"做大了，而且社会的蛋糕也更大了。

第三，市场配置资源可以高效地收集和利用各种信息。经济运行是有成本的。收集和处理信息是经济运行的主要成本。市场经济较其他经济体制，能更为准确地收集和利用信息。斯密曾经指出："关于可以把资本用在什么种类的国内产业上面，其生产物能有最大价值这一问题，每一个人处在他当时的位置，显然能判断得比政治家或立法家好得多。"[①] 这里的"每个人处在他当时的位置"，既包括他当时所掌握的知识和信息，也包括他的身份，他和资本的关系即财产的所有权问题。多少年以后，同样推崇市场经济的哈耶克更是认为，专家和领导所掌握的知识和信息，并不等同于人们处理和解决问题的全部知识和信息。每个人都掌握着与自己从事的职业相关的、可以利用的信息，只有他适合做出相应的决策，并由此而有效地分配资源。欧盟执行委员会前主席戴洛尔指出，世界上没有任何电脑能比市场更好地处理信息。原因在于信息是主观的、私人的、局部的且瞬息万变的，对它的收集和利用，更适合分散的市场主体。

第四，市场经济下的资源配置是竞争状态下的配置，具体表现在：一

[①] [英]亚当·斯密著，郭大力等译：《国民财富的性质和原因的研究》（下），商务印书馆1972年版，第27页。

是当资源所有者把其所有的资源，例如资本和劳动配置于某个行业或产业时，就存在着事实上的优胜劣汰。于是，创新和品牌塑造就成了每个企业的自觉行动。马克思论述过超额剩余价值或超额社会回报的形成。某一企业由于率先创新而获得超额回报，这种超额回报随着其他企业的跟进而迅速地平均化，于是又有了新的创新。市场经济下企业更多地追求自己的回报相对地高于别的企业，"相对"比"绝对"更为重要，这个过程就像军备竞赛一样永远不会完结。二是试图吸引各种生产要素的国家和地区同样处于竞争状态，他们必须提供好的社会人文环境，以使资本和人才最大限度地发挥作用。环境与吸引资本和人才的关系具有马太效应。

第五，市场经济下资源配置的主体是企业家。这首先在于企业家的追求不同于政府官员，他们通常通过把企业做好，实现自己的社会价值，具体途径是通过创新引领资源配置。熊彼特论述了创新的五种情况：（1）采用一种新的产品，即消费者还不熟悉的产品；（2）采用一种新的生产方法；（3）开辟一个新的市场；（4）掠取或控制原材料或产品的一种新的信息来源；（5）创造出一种新的企业组织形式。这五种情况都是一种资源配置。奥地利学派更是十分推崇企业家精神，认为企业家精神的精髓就是去发现、去看、去感知、去认识、去行动、去捕获。我国经济发达地区的经济发展是因为有千千万万的企业家，而不是依赖资源丰富。

如果政府在资源配置中起主导作用，其结果会是低效的。计划经济是政府在资源配置中起绝对主导作用的典型案例。计划经济体制因其低效而被淘汰。低效的原因在于：（1）信息的收集和处理是有成本的，计划经济下的信息是纵向传递（市场经济下的信息是横向传递）不仅时滞，而且失真；（2）现代经济学中的公共选择学派的研究证明，政治企业家也会在给定的条件下选择最有利于自己的方案。于是我们看到，在目前的制度安排下，一些地方政府的官员更愿意把资源配置到最有政绩的地方去，而不是最有效率的地方。

当然，市场也不是万能的，最好的选择就是把市场在资源配置中起决定作用和更好地发挥政府职能结合起来。

二、市场配置资源是通过价格机制实现的

市场经济下的价格机制是一个并非人们有意创造的，而是自然形成的、叹为观止的制度安排。市场经济下的价格是市场上自由选择，自发形成的价格，是供给和需求曲线的美丽的十字交叉，是供给和需求的均衡情况下的价格，不是计划经济下人为的标价。

市场经济下在反复的交易中形成的价格完成着社会核算的功能，体现并传递着经济活动中的瞬息万变、无比丰富的信息。市场经济下的价格反映着资源的稀缺程度，指引着资源的合理流向，引导着生产者最有效率的生产，消费者最节约的消费。在现实经济生活中，如果某种资源稀缺，价格就会上扬。于是，人们要么节约使用，要么寻找替代品，包括通过创新、创造出新的替代品。如果某种资源投向某个地区、某个产业回报高，包括预期即将诞生的产业回报高，就会吸引新的资源流向这些地区、这些产业。而那些回报低，或者投资相对饱和的地区或行业，资本自然就会被抽走，经济结构由此得到调整，产业升级也因此而实现。亚当·斯密把这种通过价格机制配置资源命名为"看不见的手"，马克思则表述为价值规律的作用。冯·米塞斯更是断言离开了市场价格人们将不知道资源的稀缺程度，不知道资源如何分配才能效用最大。

靠价格机制配置资源、调节经济运行的市场经济极易遵循经济规律。在市场经济下分散的个体无力左右经济大势，只能顺应、只能在市场价格的诱导下，根据投入和产出的比较，各种要素价格的比较，进行经济活动。这自然地推动了产业结构的调整和升级，并在冥冥之中符合了经济规律。在市场经济中，经济规律是强大的，是处于支配地位的。对此，马克思在《资本论》中生动地写道："在交换者看来，他们本身的社会运动具有物的运动形式。不是他们控制这一运动，而是他们受这一运动控制。在私人劳

动产品的偶然的不断变动的交换关系中,生产这些产品的社会必要劳动时间作为调节作用的自然规律强制地为自己开辟道路,就像房屋倒在人的头上时重力定律强制地为自己开辟道路一样。"①

在计划经济体制下,行政力量居于支配地位,计划者的意志和强制无处不在。即使在所谓的自觉利用价值规律时,也只是把价格当作手段,通过人为地标价,支持或抑制某个产业,达到某种特定的目的。这种"价格"只是反映着计划者的意志,并没有反映和传达市场的经济信息,甚至恰恰和真实的经济信息相反。计划经济体制为知识有限的政府提供了支配一切的基础,正是这种随心所欲的支配,在扭曲价格的同时,也违背了经济规律。

由于计划经济的惯性和"遗产",大力推进社会主义市场经济体制改革的今天,一些部门和一些地方政府还在有意无意地干预价格。例如,(1)限制价格。例如农产品的价格一上涨就用行政手段加以限制。农产品的价格上扬通常是因为农产品短缺,反映这种短缺的价格可以传递信息、刺激生产、平抑短缺。抑制价格则传达了相反的信号,只会更为短缺。(2)各种补贴。补贴也是干预价格,特别是补贴不当时更是如此,例如家电下乡。家电行业产能本来就过剩,补贴不仅会形成不公平,而且使产能更加过剩,错失结构调整之良机。(3)通货膨胀。通货膨胀有时可以是一种宏观经济政策的结果。通货膨胀就是流通中货币发行过多,过多的货币发行使得价格信号混沌不清。由于担心货币贬值,人们会把资本更多地投向不动产,导致不动产泡沫,严重干扰经济秩序。如果我们真的期望发挥市场经济的功能,我们就应认真地纠正这些自觉或不自觉扭曲价格的行为和做法。

---

① 《马克思恩格斯全集》第23卷,人民出版社1972年版,第95页。

三、欲发挥市场的功能，必须有相应的制度安排

欲要发挥市场经济的功能，必须有健全的市场经济体制。我国维新派的代表人物严复当年就说过，牛体不能马用，马体不能牛用。这就是说，我们不可能在计划经济体制最核心的构件不变的情况下把市场经济"接"上去，于是有了改革的必要和改革的方向。

那么，什么是市场经济的基本制度安排呢？

（1）产权必须明确，即在正常情况下必须人格化。在《资本论》第一卷第二章"交换过程"中，马克思集中论述了人格化的产权对商品交换的意义。他指出："商品不能自己到市场上去，不能自己去交换，因此，我们必须找寻它的监护人，商品所有者。"① 没有明确的产权，就没有交换，商品的命运就不可能是商品生产者的命运，就没有商品生产者对商品的充分投入和充分关心，就没有市场经济的应有效益。

（2）必须有完善的市场体系，包括各种要素市场，如劳动力、土地、金融、各种产品和劳务市场。这种市场体系必须是开放的。

（3）平等进入的规则。市场经济的魅力在于竞争，竞争的前提条件是大家必须公平进入。马克思在讲到平均利润的形成时，特别指出资本和劳动的自由流动是形成平均利润的前提条件。

（4）法制。市场经济下的法是旨在界定人们的行为，保护人们的利益，维护经济秩序和社会秩序，凌驾于一切力量之上的法，是法制精神的充分体现，不是什么法都是市场经济下的法。显然，我们不能把大清皇上的法律等同于市场经济的法律。大清皇上的法律是体现统治者的意志，维持统治者认可的秩序的法。这样的法律与市场经济格格不入。

（5）诚信或契约精神。如果上述各项属于制度经济学所讲的正规制度

---

① 《马克思恩格斯全集》第 23 卷，人民出版社 1972 年版，第 102 页。

安排的话，那么，诚信或契约精神就是与之相适应的非正规制度安排。如果缺少诚信，就会增大交易费用，就没有高效的市场运行。

（6）在一系列制度安排中对我们而言极具现实意义的是正确处理政府与市场的关系。在市场经济下，政府与市场的最基本的功能是政府提供社会经济运行所必需的，企业又不愿意干的，政府具有比较优势的公共产品，而资源配置则是市场的天职。亚当·斯密在《国富论》中指出："关于可以把资本用在什么种类的国内产业上，其生产能力有最大价值这一问题，每一个人处在他当时的地位，显然比政治家或立法家的判断要好得多。如果政治家企图指导别人应如何运用他们的资本，那不仅是自寻烦恼地注意最不需要注意的问题，而且是僭取一种不能放心地委托给任何人，也不能放心地委之于任何委员会或参议员的权力。把这种权力交给一个大言不惭的、荒唐的、自认为有资格的人，是最危险不过了。"① 亚当·斯密还具体论述了政府的职能，即第一是提供公共安全。斯密说："君主的义务，首先在于保护本国社会安全，使之不受其他独立社会的暴行与侵略。"② 第二是提供法律秩序和社会公正。斯密说："君主的第二个义务是保护人民，不使社会中任何人受其他人的欺辱或压迫，换言之，就是建立一个严正的司法行政机构。"③ 第三是提供其他公共产品。斯密说："君主或国家的第三义务是建立并维持某些公共机关和公共工程。这类机关和工程，对于一个社会当然是有很大利益的，但就其性质来说，如果由个人或少数人办理，那所得利润绝不能偿其所费，所以这种事业不能期望个人或少数人出来创办或维持。"④ 斯密这里所讲的，实际上就是现在人们所讲的公共产品。

对于政府与市场的关系，现代经济学进行了继往开来的研究，基本上没有超越亚当·斯密的论述。而成熟市场经济国家的政府也基本上遵守了

---

① [英]亚当·斯密著，郭大力等译：《国民财富的性质和原因的研究》（下），商务印书馆1972年版，第27~28页。

②③④ [英]亚当·斯密著，郭大力等译：《国民财富的性质和原因的研究》（下），商务印书馆1972年版，第272页。

市场经济对政府职能的要求。我们看不到成熟市场经济的国家用政府手段干预经济，也看不到这些国家的地方政府直接扮演市场主体的角色，更看不到这些国家唯 GDP 马首是瞻。正因为政府扮演了它应当扮演的角色，这样的体制才是高效的。

以上阐述了市场经济的基本制度安排，由这样的逻辑出发，我们必须通过对传统的计划经济体制的改革才能建立市场经济体制。当前改革的重点，一是通过明确产权，确立市场经济的微观主体。二是建立平等进入的规则，让各种资本平等地享有实现自我价值的空间。三是正确处理政府与市场的关系，使政府职能和政府结构与市场经济的要求相适应。这是断腕之痛，是一种利益调整，是当前改革的重中之重。

四、切实把思维方式、行为方式转到市场经济的轨道上

习惯是一种力量。习惯是长期重复某一种思维方式和行为方式而形成的近似于条件反射的下意识的行为。美国学者查尔斯·都希格在其所著的《习惯的力量》中指出："我们每天作出的大部分选择似乎都是精心考虑的结果。其实不然。这些都是习惯的结果。"习惯表现为驾轻就熟地重复过去的行为，是对"习惯"所包含的"知识"的深层的默认。习惯是非正规制度安排，有时比正规制度的变革还难。

在落实中共十八届三中全会的精神，建立和健全社会主义市场经济的今天，我们依然在不知不觉中受着计划经济体制的积攒的"习惯"的干扰。表现为：（1）一些地方依然热衷于靠行政手段推进的、不计成本、不计后果的大手笔项目，例如，市场经济下所讲的一体化是通过产业的纽带，通过交易形成的有机的一体化。然而，一些地区却用盖房子连接两座城市的方式盲目推进所谓的"一体化"。（2）把转变经济增长方式理解为就是用行政手段上新的项目。实际上，计划经济与市场经济体制的区别并不在于上什么项目、上多高技术层次的项目，而在于谁来选择项目，承担项目

成功和失败主体是谁。市场经济下的投资主体应当是企业。(3) 用行政手段,用地方财政支持某个产业、某个项目,凡此等等。现实经济生活中我们看到了太多的有心栽花花不开,无心插柳柳成荫的现象。原因是在无心插柳的情况下插柳者不能左右市场,只有顺应市场,因而也就顺应了经济规律。而栽花者则特别强大,强大到无所不能的程度,于是就在无所不能中违背了经济规律。

以上的思维方式和行为方式一出手就背离了市场经济的要旨,市场经济下的政府、社会的努力的着力点在于造就强烈而普遍的市场经济的或曰商业的氛围,充分调动人民群众,或者说"草根阶层"的创业、创新激情,使他们更容易创办企业,资本和人才可以更容易地流动,包容冒险、遐想和失败,社会更推崇和尊敬普通的自主的创业者。在现实生活中,这种情景就如同先期发展的市场经济国家,也如同我国经济发达的地区那样,政府在服务,人民在创业,企业在搏击,各司其职,各尽所能,生机勃勃。

德国学者埃克哈特·施里特在其所著《习俗与经济》中曾经举例说,1989年德国统一后,尽管大量的行政规则从西德扩展到了东德,但东德的行政管理人员还是习惯于老一套,期间经历了长期的艰难磨合。要建立和健全社会主义市场经济,使其正规制度安排和非正规制度安排尽量的契合,我们必须主动地、自觉地把思维方式和行为方式转到市场经济的要求上,而不是叶公好龙。

原载《中国行政学院学报》2014年第3期

为什么市场经济更容易遵循经济规律

一部世界的、包括中国的经济发展史告诉我们,人类什么时候遵循经济规律,其行为符合经济规律的要求,什么时候经济就健康持续地发展;什么时候违背规律,或迟或早的肯定会遭到规律的惩罚,几乎毫无例外。规律对违背规律的惩罚像规律本身一样带有必然性。进一步观察还可以发现,遵循规律的程度和经济体制之间存在着非常紧密的联系,市场经济体制更容易遵循经济规律、体现规律的要求。

市场经济体制更容易遵循经济规律,计划经济体制更易违背经济规律,原因在于规律本身的特点使之更容易与市场经济体制相协调,不容易与计划经济体制相协调。

这首先在于规律本身的特点。规律深藏在现象的背后,在无数偶然中展示着必然,在无序中潜藏着有序。经济学中所讲的价值规律的"自发"作用一语中的,没有"自发"就没有价值规律的作用,去掉"自发"就阉割了价值规律最基本的东西。从逻辑上讲,人们一开始认识的只是事物的现象,只有在事后才能感觉到规律的存在,特别是在遭到规律的惩罚的时候。我们的经济史生动地证明了这一判断。

市场经济体制为遵循规律提供了很好的体制基础。所以叫作市场经济,就是因为市场在资源配置中发挥着基础性的作用。市场配置就是"看不见的手"在配置资源,就是市场价格反映着资源的稀缺程度,指引着资源的流向。市场经济下不存在涵盖一切的、强有力的行政力量,作为分散的个体无力左右经济大势和改变经济大势。这种不能"支配"使其只能顺应、只能在市场价格的诱导下,遵循投入和产出的比较,各种要素价格的比较,进行产业结构调整和升级的选择,于是在冥冥之中符合了经济规律。在市场经济中,规律是强大的,是处于支配地位的。对此,马克思在《资本论》第一卷第一章中曾经生动地写道:"在交换者看来,他们本身的社会运动具有物的运动形式。不是他们控制这一运动,而是他们受这一运动控制。要有十分发达的商品生产,才能从经验本身得出科学的认识,理解到彼此独立进行的、但作为自然形成的社会分工部分而互相全面依赖的私人劳动,不断地被化为它们的社会的比例尺度,这是因为在私人劳动产品的偶然的不断变动的交换关系中,生产这些产品的社会必要劳动时间作为起调节作用的自然规律强制地为自己开辟道路,就像房屋倒在人的头上时重力定律强制地为自己开辟道路一样。"

计划经济体制与市场经济体制恰恰相反,在计划经济体制下行政力量居于支配地位,这就使得计划者的意志和计划无处不在。在市场经济下作为个体无法控制的,在这里则因为计划者的强大变成了支配和控制一切,规律似乎可以被任意利用。然而从实践来看,计划者还是力不从心。哈耶克认为这是由于计划者的知识和信息有限,而计划者通常又高估甚至错估自己的能力。哈耶克曾经批评计划者似乎有知识,并且指出计划者并不具备市场主体的实践的、瞬时的知识。面对计划经济体制的低效,计划者也曾经提出自觉利用价值规律。然而从自觉利用到主观唯心主义仅仅是一步之遥。所谓自觉利用就是把价值规律作为手段,就是要人为地设定价格支持某个产业,或抑制某个产业,达到某种设定的目的,这种做法从一开始就违背了价值规律,从而就违背了最基本的经济规律。计划经济体制特有的行政权力,又为"知识有限者"提供了支配一切的体制基础。从实践来看,正是因为这事无巨细的支配,压制或扭曲了规律发挥作用的空间。40多年自觉利用价值规律的结果是恰恰以违背价值规律而告终,这实在是一场历史的悲剧。计划经济体制被淘汰，就是因为违背规律低效而被淘汰。

我们现行的体制是从计划经济体制向社会主义市场经济的体制过渡，或者说正在建设和完善社会主义市场经济的体制，由于"路径依赖"，计划经济的思维和行为依然存在。例如，有的人依然看不上市场的"自发"，依然试图取消市场机制"不好"的东西。然而，当把所谓的"无序"，所谓的"危机"去掉的时候，市场经济体制本身的活力和固有的有序就不存在了。当然，还存在着这种违背规律的思维发挥作用的基础。于是有了对市场的频繁的行政干预，有了时而宽松、时而从紧的魔幻般的货币政策。有了太多人为的亮点工程，甚至有了不遵循市场规律的产业结构调整，有了靠一些地方政府推动的、没有产业支持的、浮躁的盖房子的城市化。在中国区域经济发展的诸多响亮的口号中，人们看到了太多的"有心栽花花不开、无心插柳柳成荫"的现象。我国珠江三角洲经济区，长江三角洲经济区，没有人把它作为一个响亮的口号，甚至也没有多少行政力量的推动，而是靠市场的力量、产业的纽带，自然而然形成的。而那些靠行政力量推动的"一体化"，大多数收效甚微，原因在于前者冥冥之中符合经济规律，后者则在不知不觉中违背了经济规律。

规律是伟大而强大的，违背规律必然要受到规律的惩罚，规律还会惩罚人类的狂傲。遵循规律应当成为我们自觉的行动。既然市场经济体制更容易遵循规律，我们就应当坚定不移地推动旨在建设和完善社会主义市场经济体制的改革。

原载《人民日报》2013 年 8 月 7 日

中国市场经济不应是"四不像"

中国经济的发展处在一个至关重要的关键时期,能否持续健康、稳定、高质量发展取决于以下诸问题的解决,取决于进一步旨在建立健全市场经济体制的改革。

30年来,中国虽然经济快速发展,但经济发展质量不高,基本上是拼资源、拼环境、拼廉价劳动,产品附加值很低,自主品牌很少,创新能力严重不足,过度依赖外需拉动经济发展。当今世界早已是三维产业的生产了,即一维是物质产品的生产;一维是科技产品的生产;一维是文化产品的生产。我国在对外贸易中处于顺差的仅仅是物质层面的产品,而且就品质和层次而言远远处在产业链的低端。

然而就是这种粗放的低层次发展模式也难以为继,因为当下一系列条件已发生了变化,资源、环境压力很大,国际贸易格局发生了变化,劳动力成本也在上升。一味追求GDP,对人民群众福祉而言也存在负效应。这就要求必须转变经济发展方式,转到主要依赖创新和高附加值的发展方式上。只有转变经济发展方式才能跨越中等收入陷阱。不能反映经济增长的质量,也不能反映人们的福祉,更不能反映社会的公平正义。然而为求政绩,地方政府之间存在着一种GDP竞赛,于是就有了各种大项目、亮点工程、招商引资,伴之以圈地强拆。发达国家的地方政府不管经济,不管微观主体的活动,不比拼GDP,不是有的也发展得很好吗!

所谓城市化有两种：一种是有产业聚集、需求拉动的、市场推动的、循序渐进的城市化，这通常是经济发达地区的城市化；另一种是简单的取消农民身份，让农民进城，上楼的城市化。这种城市化建立在一个错误的假定上面：农业是落后的，工业是先进的。历史早就颠覆了这种错误的假定，在美国、西欧、日本，农业都是亮丽的增长点。实际上我们可以尝试把乡村变成城镇，而不是消灭农村，这样可以成本更小，更符合中国社会的实际情况。

消除认识误区的同时，我们还应消除对市场经济的质疑。尽管市场经济被证明在全世界都是成功的，然而由美国次贷引发的危机还是给人们提供了怀疑市场经济体制的契机，特别是在中国这样有着计划经济传统的国家。现在的问题是虽然接受了市场经济，但一遇到所谓的问题，政府就出手遏制市场。每一次所谓的成功都使政府增强了"自信"，从而又加大了进一步的干预。凯恩斯主义在中国恐怕有点"借尸还魂"，计划经济的种种做法时常会有闪现。发改委的背景是原来的计划经济委员会，习惯于用计划经济的手段调控经济。我们不能把尚在健全过程中的体制先天的不足归结于市场经济本身。我们的市场经济体制是割裂的、零碎的，有的地方甚至是"四不像"，这种"四不像"当然发挥不了健全的市场经济的应有功能。第二，我们不应过分强调特殊性，在我国这样有着集权历史和计划经济体制的国家，由于"路径依赖"，根本不用担心其特殊性。过分强调特殊性就会搞成"四不像"。历史已经证明，人们愈是想集中两种体制的优点，结果可能恰恰集中了其缺点。我们的当务之急是按照市场经济的基本要件构建市场经济。目前的模式是速度型的模式，因为地方政府之间的竞赛主要是竞赛速度，只有市场经济体制才会遵循基本的经济规律，才是质量效益型的。

市场经济能否完善，在很大程度上也将依赖于文化建设。文化是一种上层建筑，是建立在一定的经济基础之上的，反映着一定经济基础的要求，并且服务于特定的经济基础。经济体制不是单纯的经济体制，明确的产权，正确的政府功能定位只是市场经济的硬件，与之相适应的文化则是市场经济体制的软件，它们是有机地联系在一起的。从自然经济、计划经济到市场经济，一定程度上存在着文化冲突。文化建设不是在故纸堆里找死人，让死人活起来，而是要以市场经济为标准。市场经济的文化首推自由和平等，要求正确对待财富，在红绿灯规制下成为富人是一个人的社会责任。要求社会为人们提供广阔的、能够发挥比较优势的、实现自我价值的空间，而不再是一个官本位的社会。要求诚信、节俭、创新、遵守职业道德，履行必要的社会责任。中国历史悠久，人们思维容易回到遥远的过去，建设与市场经济相适应的文化任重而道远。与此同时，市场经济也必须有与之相适应的政治上层建筑，没有政治体制改革，进一步的经济体制改革最终是走不下去的。

原载《环球时报》2012 年 5 月 10 日

正确处理政府与市场的关系已成重中之重

市场经济体制建设本身是一个不断博弈的过程,在博弈中不断完善和成熟,这个过程永远没有完结。

尽管市场经济有着无穷魅力,在全世界都被证明是成功的,然而由2008年美国次贷引发的危机还是给人们提供了怀疑市场经济的契机,特别是在中国这样有着计划经济传统的国家,一个明显的倾向是虽然接受了市场经济,但一遇到所谓的问题,政府就出手遏制市场。每一次所谓的成功都使政府增强了"自信",从而又加大了进一步地干预。凯恩斯主义在中国也借尸还魂,发改委的背景就是原来的计划经济委员会,习惯于用计划经济的手段调控经济。

人们习惯于抽象地谈论经济的体制、机制,其实,危机、竞争、兼并重组和破产本身就是市场经济自发调节的过程。去掉危机、竞争、兼并重组和破产,市场经济体制、机制就成了一个空壳。必须明白,通常是经济快速发展破坏了经济秩序和经济结构,暴露了经济制度方面的漏洞,危机不过是必要的调整和修理。对于"危机"的认识,我们必须从传统的思维方式中解放出来,彻底地重新认识。进而我们还必须认识到市场经济体制建设本身是一个不断博弈的过程,在博弈中不断完善和成熟,这个过程永远没有完结。

在计划经济传统深厚的国家搞市场经济，最关键的是正确处理政府与市场的关系

正确处理政府与市场的关系，已经成为旨在建设社会主义市场经济体制改革的重中之重。

世界上计划经济体制曾经存在过的地方，历史上基本上都是被马克思称为"亚细亚社会"的集权社会，这些国家一旦选择了市场经济，由于历史的、认识方面的原因，通常难以正确地处理政府与市场的关系。具体到我国而言，正确处理政府与市场的关系，已经成为旨在建设社会主义市场经济体制改革的重中之重。为此：

第一，我们不能把正在建设中的市场经济体制的先天不足归结于市场经济本身，把由于市场经济不健全而产生的问题归结于市场经济体制，并以此为借口干预经济。我们的市场经济是正在建设的，有的地方是割裂的、零碎的，甚至存在着"四不像"问题，这种"四不像"当然发挥不了健全的市场经济的应有功能。

第二，我们不应过分强调特殊性。在我国这样有着集权历史和计划经济体制的国家，由于"路径依赖"或者"遗传"，人们根本不用担心其特殊性，过分强调特殊性会搞成"四不像"。这种"四不像"在现实生活中的表现是：（1）过分强调和保护国有企业的地位和作用，使民营企业不能和国有企业平等竞争。（2）过多或过于频繁地干预市场，并因此诱发人们的短期行为和经济波动。（3）政府，特别是地方政府不适当地扮演了市场主体的角色，直接上项目，"血拼"GDP，甚至和污染企业站在一起，忽略了其本身应当承担的社会公共目标的职能。（4）在强调特殊性的情况下，政府通常有更大权力，掌握着更多资源，当把政府掌握的资源和市场经济自由结合起来的时候就更容易产生腐败。基于这些原因，我们首先应当考虑市场经济的共同性，努力寻求特殊性和共同性的最佳契合点。

第三，我们不应当怀疑经典经济学关于政府与市场关系的论述，应当积极借鉴成熟市场经济国家在这一方面积累的宝贵经验。

在市场经济下，政府与市场的最基本功能是政府提供社会经济运行所必需的，企业又不愿意干的，政府具有比较优势的公共产品，而资源配置则是市场的天职。亚当·斯密在《国富论》中指出："关于可以把资本用在什么种类的国内产业上，其生产能力有最大价值这一问题，每一个人处在他当时的地位，显然比政治家或立法家的判断要好得多。如果政治家企图指导别人应如何运用他们的资本，那不仅是自寻烦恼地注意最不需要注意的问题，而且是僭取一种不能放心地委托给任何人，也不能放心地委之于任何委员会或参议员的权力。把这种权力交给一个大言不惭的、荒唐的、自认为有资格的人，是再危险不过了。"亚当·斯密具体论述了政府的职能，即第一是提供公共安全。斯密说，"君主的义务，首先在于保护本国社会安全，使之不受其他独立社会的暴行与侵略。"第二是提供法律秩序和社会公正。斯密说，"君主的第二个义务是保护人民，不使社会中任何人受其他人的欺辱或压迫，换言之，就是建立一个严正的司法行政机构。"第三是提供其他公共产品。斯密说，"君主或国家的第三种义务是建立并维持某些公共机关和公共工程。这类机关和工程，对于一个社会当然是有很大利益的，但就其性质来说，如果由个人或少数人办理，那所得利润绝不能偿其所费，所以这种事业不能期望个人或少数人出来创办或维持。"斯密这里所讲的，实际上就是现在人们所讲的公共产品。对于政府与市场的关系，现代经济学进行了继往开来的研究，在大致框架的划分上，基本上没有超越亚当·斯密的论述。而成熟市场经济国家的政府也基本上遵守了市场经济对政府职能的要求。我们看不到成熟市场经济国家的政府频繁地用行政手段干预经济，也看不到这些国家的地方政府直接扮演市场主体的角色，更看不到这些国家唯 GDP 马首是瞻。正因为政府扮演了它应当扮演的角色，这样的体制才是高效的。

原载《中国经济时报》2013 年 10 月 11 日

由美国次贷危机引发的经济危机的经济学分析

对由美国次贷危机引发的金融危机,再到波及我国实体经济的下滑进行细致的经济学分析,有利于我们更好地把握未来的经济走势,科学地制定经济政策。

一、实体经济是一国经济的基础,金融创新应当服从于实体经济的发展

在马克思经济学看来,实体经济是一国经济的基础,是真正创造社会财富的经济形态。马克思指出:"不论财富的社会形式如何,使用价值总是构成财富的物质内容。"[①] 马克思这里所讲的使用价值是作为物质产品的商品的使用价值。由这样的前提出发,马克思认为,生产物质产品的劳动才是生产性劳动,其他的劳动都是非生产性劳动。在资本主义社会生产性劳动不仅要生产物质产品,而且是要生产剩余价值的劳动。马克思经济学中社会总产品的概念是与实体经济相关联的概念,具体指一个生产周期内两大部类所生产的全部产品的总和。马克思经济学中的国民收入被严格地限制在物质生产部门,即在总产品的价值中,扣除掉一年内消耗掉的

[①] 《马克思恩格斯全集》第 23 卷,人民出版社 1972 年版,第 48 页。

生产资料的价值后余下的那部分价值,亦即当年创造的新价值,可分为V+M两个部分。其中作为V的部分是物质生产部门的劳动者为自己的消费创造的价值,作为M的部分是物质生产部门的劳动者为社会创造的价值,是要在社会所需要的非生产部门重新分配的。马克思所研究的资本循环、资本周转、社会总资本的再生产,都是对实体经济运行的探讨。

马克思把现实资本的所有权证书即纸质复本叫作虚拟资本。虚拟资本的运行就是我们今天所讲的大部分的金融活动。纸质复本一旦作为相对独立的形态,就有了相对独立的运行。马克思指出:"作为纸质复本,这些证券只是幻想的,它们的价值的涨落和它们有权代表的现实资本价值变动完全无关,尽管它们可以作为资本价值来流通。"①

马克思观察到,作为虚拟资本的运行并非像实体经济那样清晰和简单,而是因为"虚拟"而带有赌博的性质。他说:"由这种所有权证书的价格变动而造成的盈亏,以及这种证书在铁路大王等人手里的集中,就其本质来说越来越成为赌博的结果。赌博已经代替劳动,并且也代替了直接的暴力,而表现为夺取资本财产的原始方法。"② 虚拟资本构成了银行和私人资本的相当部分。

市场经济离不开信用,信用为综合利用社会资源提供了有力的杠杆。然而,信用的膨胀会使信用的功能适得其反。信用的膨胀使信用失去了扎实的实体经济的基础,并且把想象中的实体经济不断放大,最终在某一个环节突然断裂,危机随之爆发。

那么,虚拟资本是如何借助于信用迅速膨胀的呢?信用是在以为有"信用",即"信用"的基础是扎实的基础上膨胀的,在反复的存贷中膨胀的。马克思以一张500磅的银行券为例生动地描述了这个过程:"A今天在兑付汇票时把这张银行券交给B;B在同一天把它存到他的银行家那里;

---

① 《马克思恩格斯全集》第25卷,人民出版社1974年版,第540~541页。
② 《马克思恩格斯全集》第25卷,人民出版社1974年版,第541页。

这个银行家在同一天用它来为 C 的汇票贴现；C 把它支付给他的银行，这个银行再把它贷给汇票经纪人等等。"① 然而，在这无数的既存又贷的链条上，一个支付行为是以另外一个支付行为的确实无疑的进行为前提的，只要其中的一个环节出了问题，整个支付行为就会中断，就会产生经济危机。

如果仅仅是虚拟资本相对独立的运行，在这个领域的损益及运行情况，一般不代表资本市场的损益及运行情况。马克思说："只要这种证券的贬值或增值同它们所代表的现实资本的价值变动无关，一国的财富在这种贬值或增值以后，和在此以前是一样的。"他强调："只要这种贬值不表示生产亦即运河运输的实际停滞，不表示已开始经营企业的倒闭，不表示资本在毫无价值的企业的白白浪费，一个国家就决不会因为名义货币这种肥皂泡的破灭减少分文。"② 但是，如果支付环节断裂那就必然影响到实体经济——实体经济中的资本循环从商品到货币阶段就不能完成。

当前的经济危机就是由美国过度的"金融创新"脱离实体经济，天马行空而产生的。马克思的经济学分析告诉我们：（1）一定要扎实地抓好实体经济，只要实体经济结构合理、健康发展，就会增加国家的社会财富，就会在任何条件下都有了抗衡危机的基础。（2）金融创新或金融衍生产品一定要从服务于实体经济出发，一定不能脱离实体经济，一定要在可控范围之内。

二、内需应当成为我国经济发展的自然状态，而不仅仅是情急之下的启动

从一定意义上讲，由美国次贷危机引发的我国经济的下滑是内需不足使然。

---

① 《马克思恩格斯全集》第 25 卷，人民出版社 1974 年版，第 590 页。
② 《马克思恩格斯全集》第 25 卷，人民出版社 1974 年版，第 531 页。

我国的经济发展曾经严重依赖外需。原因在于改革开放初期我国资本缺乏，必须通过对外贸易解决最初的资本积累。虽然资本积累的问题得到了解决，与之相关的一系列问题却随之产生：（1）经济发展受世界经济波动的影响甚大。例如，2004～2007年，世界经济处于一个较快的发展时期，对我国产品有着较大的需求，中国经济也就会同样处于一个较快的发展时期。一旦世界经济萧条，减少了对中国产品的需求，中国经济也就会萧条，这就是我国当前的情况。（2）在严重依赖外需的情况下，由于原材料在外和产品销售在外，上游产品特别是原材料价格上涨会导致国内产品价格的上扬，形成输入性经济波动。这就是2008年上半年我国经济的状况。（3）在国际贸易中处于逆差的国家会要求保持顺差的国家货币升值，以缓解本国的经济压力。如美国会一方面使美元贬值；另一方面则要求人民币升值，进一步加大了我国产品出口的难度。这些分析说明，严重依赖对外贸易的、曾经对我国经济发展起过积极作用的经济发展模式，在变化了的态势下遇到了的挑战。

经济学的研究证明，大国的经济发展模式是应当不同于小国的。亚当·斯密在《国民财富的性质和原因的研究》中特别写道："中国幅员辽阔，居民那么多，气候是多种多样，因此各地方有各种各样的产物，各省间的水运交通大部分又是极其便利，所以单单这个广大的国内市场，就能支持巨大的制造业，并且容许很可观的分工程度……假如能在国内市场之外，再加上世界其余各地的市场，那么更广大的国外贸易，必能大大增加中国制造品，大大改进其制造业的生产力。"[①] 霍利斯·钱纳里在其著名的《结构变化与发展政策》中进行了大国发展模式与小国的发展模式的比较。钱纳里根据大量的实证考察得出的结论是："大国发展型式的主要的特征是较低的国际贸易水平。国家越大，且政策的内向性越强，它的经济就越

---

① ［英］亚当·斯密著，王亚南等译：《国民财富的性质和原因的研究》，商务印书馆1972年版，第247页。

趋于封闭经济的情形。在整个转变时期，典型的大国型式具有占国民生产总值12%的出口额，假想的半开放国家的出口额占6%。"① 小国的经济发展模式不同于大国，"那些在大国中导致有限贸易和平衡增长的因素在小国中产生了相反的影响。后者具有较少多样性的资源和较小的市场，这就使对外贸易的利益增加了，对大多数小国而言，外资也更容易得到"②。斯密和钱纳里的这些论述，为我们提供了理解大国经济增长模式的基础。我国幅员辽阔、国内市场广大，忽视内需、过分依赖于外需拉动经济，不仅不符合我国的实际情况，而且外需一旦出现问题，我国的经济发展立刻就遇到了麻烦。这就是我国当前经济下滑的原因。如果说我们在改革开放的初期因为资本的缺乏，应当更多地依赖对外贸易。那么，在已经有了一定数量的资本积累，且国际经济形势发生了变化的情况下，应当不失时机地转换经济增长模式，注重内需的拉动。

　　以内需拉动经济应当是战略性的调整，应当是一种自然状态。笔者这里所讲的自然状态指的是经济发展的常态，是本来应当如此的意思，是相对于启动内需而言的。启动内需是在经济发展出现下滑时借助于行政力量发动的，以提升国内需求阻止经济下滑，带动经济发展的政策举措，通常带有应急的性质。在我国特定的行政从属关系下，中央政府期望的措施和目标被认为是衡量干部的标准而放大，于是会产生形象工程和政绩工程，会造成不必要的浪费。而内需作为促进经济发展的自然状态，背后的力量是市场、是消费者，产品完成了生产、分配、流通、消费的全过程，最终得到了社会的承认，这样的经济增长是有质量的。

　　以上的论述都丝毫不否定在目前情况下启动内需的积极意义，只是说从长远来看、从战略层面来看，内需应当成为带动我国经济发展的自然状

---

① ［美］霍利斯·钱纳里著，朱东海等译：《结构变化与发展政策》，经济科学出版社1991年版，第87页。

② ［美］霍利斯·钱纳里著，朱东海等译：《结构变化与发展政策》，经济科学出版社1991年版，第91页。

态。启动内需就像汽车重新发动一样耗油巨大。

内需成为拉动经济的主导力量是一个系统工程。首先，重视内需在拉动经济发展中的作用必须提高人民收入。马克思在分析资本主义经济危机时曾经指出，这个社会一方面在提高剩余价值率的同时，生产了很多的产品，另一方面拼命地压低工人的工资，由于工人既是生产者，又是消费者，压低工资收入的结果是生产出来的东西卖不出去，于是发生了生产过剩的危机。马克思这里揭示的是市场经济的一般规律，对理解当前的经济下滑具有启发意义。目前内需拉动所以有限，是因为人民群众的收入水平低。有关数据显示，截至2008年8月末，我国居民储蓄存款大约为20亿万元，但按全国13.2亿人口平均，每人仅1.5美元。扣除收入不均等因素，这些钱也不足以支付教育、医疗、养老等方面的支出。另一组数据则说明，一个时期以来，分配一直向国家税收转移。2008年上半年城镇人均可支配收入为8065元，同比增长14.4%，扣除价格因素实际增长为6.3%；上半年农民人均收入2528元，同比增长19.8%，扣除价格因素，实际增长10%，2008年上半年同比增长30.5%。这样的分配格局显然不利于以内需拉动经济的发展。

国民收入分配适当向劳动转移，不仅是启动内需的需要，也是经济发展的一般规律使然。发展中国家在经济发展的初期阶段，通常资本比较稀缺，收入分配会向资本倾斜。但经济发展意味着资本的积累，资本的不断充裕会使资本的价格下降，相比之下，劳动会相对短缺，其价格自然会上升。此外，按照马克思的经济学说，劳动力价值所包含的生活资料的范围会扩展，这也会促使劳动力价格上扬，这说明国民收入向劳动的转移是有其必然性的。

把内需作为经济发展的自然状态，分配不仅应当向劳动转移，更应当适当向收入低的人群转移。凯恩斯认为，能不能把收入转化为消费，关键在于边际消费倾向的高低。所谓边际消费倾向是指最末一个收入单位中用来消费的比例。他指出，富人的边际消费倾向通常低于穷人的边际消费倾向，应当通过向低收入群体倾斜的重新分配，提高总体的消费倾向，使得一个较小的投资量就可以维持一个较高的就业率，具体可以采取税收和转移支付等。庇古在其著名的《福利经济学》中也认为，财富的分配适当向穷人转移，可以提高整个社会的福利指数。他说："一个人越是富有，他可能消费的收入占其总收入的比重就会越少。如果假设他的总收入是某个穷人总收入的 20 倍，则其消费的收入可能是穷人的 5 倍。无论如何，非常明显的是，收入从相对富有者向相对贫困者的任何转移，是以牺牲较不急迫的愿望为代价的，使得比较急迫的愿望得到了满足。因此，他一定会使满意感的总和有所增加。"① 收入分配适当地向低收入群体转移，不仅是一个再分配问题，而且在初次分配中也应当给劳动者的权利以充分的保护。

基于我国特殊的国情，要使内需成为一种拉动经济发展的自然状态，必须重视农民收入的提高，重视农民社会保障制度的建立。就人口比例来说，农民占中国人口的 80%，应当有广阔的需求。然而，经济学上所讲的需求能力不是看人口的多少，而是看货币购买力。从现实来看，虽然我国经济在长足发展，由于各种生产要素都流向回报高的地区，特别是流向回报高的产业（这样的产业显然不是农业），农民增收十分有限。政府的政策一直把农民增收作为重点，特别是党的十七届三中全会作出的关于"三农"问题的一系列决策，恰恰说明农民增收的问题依然没有得到有效的解决。农民增收除了政府补贴，还应当让农产品价格真正反映市场的供求状况。应当明确，在供求规律驱使下的农产品价格上涨，是解决农民增收的有效途径。因农产品价格上扬而产生的对城市收入群体的生活影响的问题，应当通过另外的途径，诸如补贴的途径去解决。此外，还应当一视同仁地解决好农民的医保、社保问题，使农民敢于消费。不仅收入分配要向农民倾斜，而且国家投资也应当如此。庇古认为，只有各领域的投资边际效率相等，资本的效益和社会福利才会最大化。

---

① [英] 庇古著，金镝译：《福利经济学》，华夏出版社 2007 年版，第 69~70 页。

三、在经济政策的取向上，要始终把经济发展放在首位，宁肯选择有轻度通胀的充分就业和经济发展，也不选择经济紧缩和严重失业

菲利普斯曲线揭示了失业和通货膨胀之间的替代关系。具体而言，即经济发展通常伴随着物价上升（可以理解为通货膨胀或者轻度通货膨胀）、充分就业相伴。而与经济紧缩相伴的则是物价指数下降和失业增加。凯恩斯的经济学分析和经济政策主张就是以二者的可以互相替代为前提的。

基本的经济学分析证明，只要经济在高速发展，就难以避免物价上涨。这是因为在经济发展时，因为对生产要素的需求多，各种生产要素都相对稀缺并被充分地利用，供求关系会自动拉动价格上扬。但此时因为生产要素的充分利用，产品会源源不断地生产出来，源源不断地供给产品，又会反制价格上扬。这是一种积极的价格上扬，从本质上区别于由于经济不景气，供给短缺所形成的消极的价格上扬。同时，在这种状态下，工资水平也在上涨，只要工资水平与价格指数同步上涨，或者比物价指数上涨的更快，就不用担心物价上涨。弗里德曼证明，人们并不是担心物价上涨，而是担心在政府干预下不可预期的忽高忽低。

另外一种状况是经济紧缩。经济紧缩期间各种生产要素都存在着不同状态的指数下降，失业增加。此时虽然物价指数下降了，但由于失业严重，这种物价指数的下降是没有意义的。此时人们收入更低，或者预期收入更低而不敢消费，过低价格的商品反倒没有经济快速发展时较高价格的商品易于销售，这就是我们目前的状况。

保罗·克鲁格曼曾经以一个互助性质的保姆公司的运行说明了萧条状态下的尴尬和应当采取的政策举措。这个保姆公司通过印制票券来解决运行问题：每做一个小时的保姆工作（即照顾别人孩子）可以得到一个单位的票券。这套制度设计得很科学，它可以自动保证每对夫妇照顾别人孩子

的时间与别人照顾自己孩子的时间刚好相等。然而在运行中人们发现事情并不那么简单,没有外出计划的夫妇总是想多替别人照看孩子,多积蓄票券,以便较长时间的外出时用。这样的现象发展到一定时期,流通中的票券就不够用了,少到无法应对日常运行,保姆公司的活动进入了衰退(可以类比于社会经济的衰退)。唯一的出路是更多地印制票券。于是保姆公司的运行又回到了正常运行和发展的轨道。这个案例起码说明,第一,保姆公司高效地运行要有与之相适应的票券投入。第二,只是简单地印制钞票就可以治理衰退。

事实上,一个国家如果长期实行紧缩政策,一旦遇到经济萧条将会极大地增加启动的难度,这是因为过度地紧缩政策可能破坏了曾经有的、正常的经济运行,企业经营、人员组成等实体经济的内在联系,如紧缩到连订单都没有了、紧缩到人员走散了、紧缩到机器由于没有使用而锈损了,再一次恢复起来将会很难。一个国家选择紧缩政策一定要慎之又慎。

总结以上的分析,我们应当区别和把握的是:(1)积极的价格上扬和消极的价格上扬。积极的价格上扬是因为经济发展,各种生产要素多被充分利用时的上扬。消极的价格上扬是因为经济不景气、产品短缺而产生的价格上扬。积极的价格上扬是经济发展的常态。(2)由于经济发展时工资同时上涨,人们更易于接受经济发展时的价格上扬,而不是经济紧缩时的价格下降。(3)一国积极政策的设计宁肯选择经济发展、充分就业、轻度价格上扬,而不是价格下降,经济紧缩和严重失业。政策的惯性要求我们在选择紧缩政策时要慎之又慎。

四、在遵循经济规律的基础上刺激经济

市场经济有它内在的发展规律和特有的调节机制。经济周期就是市场经济不可避免的现象,这就如同一年四季、春夏秋冬一样。经济萧条,甚或经济危机本身就是市场经济的一种内在调节机制:借助萧条,可以强制

性地挤出快速发展时的经济泡沫，萧条期间的强制性淘汰，可以激励创新和调整产品、产业结构。试想，如果没有这种强制性的淘汰，会有市场经济国家经济的长远发展吗！马克思曾经深刻地指出："迫使企业设备提前按照更大的社会规律实行更新的，主要是灾祸、危机。"① 换言之，固定资本的更新，即创新和经济结构调整，是一国经济走出萧条和危机的契机。

既然经济萧条或者经济危机有如此的积极作用，那么，过度的刺激只能是适得其反。以美国为例，美国这次金融危机与2001年互联网泡沫破灭不无关系。当时泡沫破灭，美国经济就会陷入衰退，但那次衰退的时间却很短，实际上只有一个季度的衰退，因为美联储用降息来刺激房地产经济。房地产市场被刺激起来，很成功地避免了经济衰退，但代价是房地产泡沫是更大的泡沫，这就是次贷危机。事实上，凯恩斯的经济政策建议执行到后来，也产生了如同上述的效果：滞胀。原因在于：第一，人们会通过理性预期保护自己的利益；第二，市场确实存在着失灵，但政府同样存在着失灵。政府的决策受其组织者知识结构、信息来源和信息质量，价值取向和价值判断的影响。如果政府不把政府的功能限制在具有比较优势的范围内，政府失灵造成的后果比市场失灵造成的后果更严重。

熊彼特以他的长期观察和敏锐的洞察力对于如何治理萧条说过一段十分有意义的话。他说："只有让它自己治愈自己才是可取的，任何人为刺激带来的复苏，都会令那些在萧条中未能完成调整的剩余问题更加严重，从中又会产生出新问题，再造成另一次更严重的商业危机的威胁"。②

当然，所有这些论述并不是说我们不应当刺激经济，而是说我们在刺激经济时必须遵循经济规律，把刺激经济和调整经济结构、产业升级和科学发展结合起来。

更深层次的问题是面对萧条，我们还要不要相信市场经济。答案是我

---

① 《马克思恩格斯全集》第24卷，人民出版社1972年版，第191页。
② 转引自［美］保罗·克鲁格曼：《萧条经济学的回归》，中国人民大学出版社1999年版，第17页。

们必须始终不渝地相信市场经济。人类历史已经证明市场经济在动力源泉、信息传达、知识利用、资源配置方面都优于其他经济体制。对于我们来说首先还是通过改革，建设完善的市场经济体制，让其真正地、充分地发挥功能。其次才是在此基础上的宏观调节。

原载《学术研究》2009 年第 5 期

中国经济发展的战略问题

面对始于美国次贷危机引发的金融危机以及金融海啸对我国经济的影响，有必要从深层次的、经济学理论的层面思考中国经济发展的若干战略层面的问题。

一、农业革命是工业革命的基础，农业本身可以成为亮丽的经济增长点，在农业内部解决"三农"问题比在农业外部解决"三农"问题可能更为有效

30年前的改革是从农村开始的，是因为长期的计划经济使得农业成了中国经济发展的"瓶颈"，30年后党中央又专门讨论"三农"问题，说明"瓶颈"的问题并没有解决，有必要从战略层面重新审视发展农业的思路问题。

农业在国民经济中的基础性地位，再一次为世界粮价的上涨所证明。农业在任何时候都是国民经济中的基础，农产品具有其他部门产品所不具备的功能，是不能被替代的。之所以把农业部门称为第一产业，也是强调农业的基础性地位。有了农业领域劳动生产率的提高，才会有第二产业，有了第一、第二产业的蓬勃发展，才会有进一步的分工和专业化，才会有第三产业。这个序列是不能颠倒和跳跃的，拔苗助长式的跳跃只会受到经济规律的惩罚。

几十年的计划经济以及孕育其中的靠农业支援工业的发

展战略使得农业成了整个国民经济发展的"瓶颈",中国的改革被迫从农村开始。在如何发展农业,如何实现工业化的问题上,我们深受发展经济学中二元经济理论的影响。二元经济理论的提出者刘易斯认为,在发展中国家的发展初期,存在着二元经济:一元是传统的、仅能维持生计的农业部门,另一元是现代的、市场化的工业部门。刘易斯认为,在传统的农业部门存在着无限供给的剩余劳动力,即当传统部门的劳动力价格仅能维持最低生活水平的时候,按照这种价格提供的劳动力是无限的。由于这种无限的劳动力供给的存在,即使在经济发展中出现了新的工业部门或经济的巨大发展,也不会缺少不熟练的劳动力。由这样的逻辑出发,发展就被理解为不断地向现代部门转移无限供给的农村剩余劳动力。

在二元经济理论的影响下,我们囫囵吞枣地认为农村有着无限供给的剩余劳动力,试图通过拔苗助长的城市化迅速转移农村剩余劳动力,并由此诱发了一系列消极后果。有必要澄清在此问题上的一系列误解:

1. 刘易斯"二元经济"理论的着重点在于解决农村剩余劳动力的就业问题

该理论假定农村存在着无限供给的剩余劳动力,且劳动力的价格仅能维持最低生活水平,按照这样工资水平的劳动供给是无限的。在这种情况下,新的工业部门可以成立,旧的工业部门可以扩张,农村剩余劳动力可以转移。

当农村相对封闭时,各种生产要素是各尽所能,各取所得。舒尔茨称此为有效率的贫困,即由于技术水平没有发生变化和提升,农民在生产时已经在给定的条件下实现了各种生产要素的最佳组合,各种生产要素都最大限度地发挥了应有的作用。这是一种在封闭条件下的均衡。一旦打破封闭,封闭状态下的均衡也随之被打破,各种生产要素会在一个开放的空间通过流动寻求新的均衡。在通常情况下,城市的福利和工资高于农村,于是在比较利益的驱使下劳动力会流向城市。刘易斯指出:"当农民的实际收入保持不变时,城市的工资却大幅度上升。这种对传统均衡的破坏导致更多的人进城或去矿区。"① 这就是我们今天的写照:青壮劳动力成批地涌向了城市,农村几乎成了空壳。这是一种新的均衡,它只是意味着劳动力被配置到了效率更高的地方,并不意味着农业问题的解决,农业的发展更难了,在这种情况下,一些地方的土地被撂荒,耕作更粗放。除非农业具有新的吸引能力,劳动力才会重新返回。

那么,农村是否真的存在无限供给的非熟练劳动力呢?在专事研究农业问题的经济学家舒尔茨的逻辑里其实是不存在过剩的劳动力的。舒尔茨认为,在给定的技术水平下,农民已经实现了各种生产要素的最佳配置。最大限度地实现了其效用。如果不改变技术水平,任何生产要素的流失,都会使剩下的生产要素按短边组合,降低农业生产效率。当前我国由于农村粗放劳动力的转移、耕地撂荒、影响了农业发展的现状,是支持舒尔茨的论断的。笔者的判断是农村存在着一定数量的剩余劳动力,但决不是无限供给。

2. 对城市化的误解以及城市化的泡沫

按照对二元经济理论的理解,要转移农村剩余劳动力,就必须加快城市化的步伐。于是有了现实经济生活中的两种城市化:一种是有着产业支持,有着众多企业,为了聚集企业发挥产业集群效应自然形成的城市化。这种城市化可以货真价实地吸纳一部分农村剩余劳动力。另一种是为了简单地消灭农民身份,没有产业支持和需求拉动的城市化,是带有"政绩工程"色彩的城市化,一方面是漂亮的广场和豪华的办公楼拔地而起,一方面是城市化的泡沫和资源的浪费,这其中被占用的土地却是粮食生产不可替代的要素。

---

① [美]阿瑟·刘易斯著,施炜等译:《二元经济》,北京经济学院出版社1989年版,第92页。

3. 农业的发展是工业革命的前提，是整个经济发展的前提。农业不发展，工业和整个经济都很难发展

罗斯托指出："农业生产要素的革命性变化是成功的经济起飞的基本条件。"① 美国学者杰拉尔德·M·梅尔、詹姆斯·E·劳赫在其主编的《经济发展的前沿问题》中认为，"每个人都知道如果没有工业革命之前的农业革命，壮观的工业革命就不可能发生"几乎成为一种共识。他们生动地写道："工业部门的大小取决于农业的生产率，农业能为工业部门提供需要消耗剩余的食物和原材料，农民的富裕状态使他们形成工业产品的市场。"② 18 世纪末以来，工业革命几乎都是在率先进行了农业革命的国家发展起来的。就连刘易斯本人也认为："除非农业生产也同时得到增加，否则生产日益增多的工业品是无利的。这是工业与农业革命同时进行的原因，是农业停滞的经济中看不出工业发展的原因。"③

为什么农业的欠发展会成为整个经济发展的"瓶颈"呢？首先，农业不发展导致的粮食短缺会推动整个社会工资水平的上升；其次，农业的不发展使农民收入十分有限，有限的农民收入会影响到一国的国内需求。当一国实行启动内需的政策时，这种影响将会凸显。

理论的分析和现实的证明都说明我们必须从新的角度审视农业的发展，实际上农业完全可以成为亮丽的经济增长点。在 1964 年出版的《改造传统农业》一书中，舒尔茨列举了大量的这一方面的例证。他说，西欧农业生产取得了巨大的成就。西欧是一个古老而拥挤的工场，人口密度比亚洲大得多，而且农田也很贫瘠，但它仅在 20 年前以出人意料的速度发展了农业生产。例如，意大利和希腊的人均可耕地比印度少，而且农田比印度的贫

---

① ［美］杰拉尔德·M·梅尔，詹姆斯·E·劳赫著，黄仁伟等译：《经济发展的前沿问题》，上海人民出版社 2004 年版，第 123 页。

② ［美］杰拉尔德·M·梅尔，詹姆斯·E·劳赫著，黄仁伟等译：《经济发展的前沿问题》，上海人民出版社 2004 年版，第 116 页。

③ ［美］阿瑟·刘易斯著，施炜等译：《二元经济》，北京经济学院出版社 1989 年版，第 31 页。

瘠，但它们分别以每年 3.3%、5.7% 的增长率发展了农业生产，而印度的增长率每年只有 2.1%。1950 年，西北欧的农业就业人数减少了 20%，而农业劳动生产率却提高了 50%。舒尔茨的结论是，农业劳动生产率的提高，是农村劳动力转移的条件。

美国的农业是美国经济的亮丽的增长点。舒尔茨写道："美国农业生产的成功戏剧性地表现为生产过剩，大量出口以及提出各种减少产量的政府计划。尽管这样，1940~1961 年，农业产量仍然增加了 56%，而耕种的土地大约减少了 10%，在农业中的劳动力减少了大约 2/5，因此，农业生产率的提高几乎是工业的 3 倍。目前还看不到美国农业的终点。"[①] 在我国不少省份，农业同样是经济发展的重要驱动力，如山东、海南、内蒙古等省和自治区的农业产业化与市场化等。

那么，到底应当如何促进农业的发展呢？舒尔茨的结论是通过改造传统农业，使其成为现代农业。为此必须加强对农业中人力资本的投资，不要人为地压抑地租和粮价，让价格准确地反映资源的稀缺程度，激励对农业的市场化投资和农民种粮的积极性，使农业像工业一样成为经济增长的重要推动力量。杰拉尔德·M·梅尔，詹姆斯·E·劳赫在《经济发展的前沿问题》里曾深刻地分析了城乡发展失衡的原因，阐述了进一步的解决思路，他们指出："城市被迫竭尽全力扩展公共设施——水、公共交通、学校、医院等——这将耗去大量资金，可以用于农村的资金所剩无几。因此，城乡在生活福利设施方面就愈发扩大，移民潮流由此增加。城市失业的问题无法通过为城市花费更多的钱来解决。基本的解决办法应该是让乡村具有经济上的生存能力，拥有更多的耕作地，农业生产率不断提高，建设更多的乡村工业，以及更好的社会公益设施。"[②]

从以上的经典论述可以得出，解决农业问题的正确思路是：（1）力

[①] [美] 西奥多·W·舒尔茨著，梁小民译：《改造传统农业》，商务印书馆 1987 年版，第 17 页。
[②] [美] 杰拉尔德·M·梅尔、詹姆斯·E·劳赫著，黄仁伟等译：《经济发展的前沿问题》，上海人民出版社 2004 年版，第 368 页。

争在农业内部解决农业问题，通过农业产业化，农村工业的形式解决农业问题。（2）不要人为压抑农产品价格，让价格反映资源的稀缺程度，指引资源的流向，把更多的资源吸引到农业生产领域。（3）加强对农业的人力资本投入，加强对农业的基础设施，包括道路、交通、通讯、教育等的投入。投资于城市会边际效应递减，投资于农村可以使总体投资效用最大化。

二、大国的经济发展模式不同于小国，内需对大国的经济发展至关重要

改革开放以来，我国经济发展的显著特点是融入世界经济一体化。在经济发展的起始阶段，我们像众多发展伊始的国家一样，奉行着古老的重商主义政策，形成了比较大的外贸顺差，积累了较多的外汇储备，提高了综合国力和国际地位。

然而一旦对外贸易成为拉动经济发展的主要力量，随之而来的是与之相伴的各种问题：（1）经济发展受世界经济波动的影响甚大。例如，2004～2007年，世界经济处于一个较快的发展时期，对中国产品有着较大需求，我国经济就会同样处于一个较快的发展时期。当前，以美国次贷危机为契机，世界经济发展普遍放缓，对我国经济发展影响甚大。由于国际上对我国产品需求大大减少，致使我国政府不得不采取有力的救助措施。（2）在以外需为主要拉动经济发展模式的情况下，由于原材料在外和产品销售在外，上游产品特别是原材料价格的上涨会影响国内的经济发展。这是通胀的输入。输入性通胀会加大国内通货膨胀的压力。这就是2008年上半年我国经济的状态。（3）把当前由于美国次贷危机引发的世界性的经济萧条存而不论，在通常情况下巨额的贸易顺差所形成的流动性过剩也会加大通货膨胀的压力。（4）在国际贸易中处于逆差的国家会要求保持顺差的国家货币升值，以缓解本国的经济压力。比如美国会一方面使美元贬值，另一

面则要求人民币升值,进一步加大了我国产品出口的难度。这些分析说明,把经济发展的主要推动力放在外需上的模式,在当前,特别是在金融海啸的冲击下遇到了种种挑战,使我们很难独善其身。

面对当前的经济形势,重新阅读经典的经济学论述,我们发现大国的经济发展模式应当不同于中小国家。亚当·斯密在《国民财富的性质和原因的研究》中特别针对中国的情况写道:"中国幅员辽阔,居民那么多,气候是各种各样,因此各地方有各种各样的产物,各省间的水运交通大部分又是极其便利,所以单单这个广大的国内市场,就能支持巨大的制造业,并且容许很可观的分工程度……假如能在国内市场之外,再加上世界其余各地的市场,那么,更广大的国外贸易,必能大大增加中国制造品,大大改进其制造业的生产力。"① 霍利斯·钱纳里在其著名的《结构变化与发展政策》中进行了大国发展模式与小国的发展模式的比较。钱纳里根据大量的实证考察得出的结论是:"大国发展型式的主要的特征是较低的国际贸易水平。国家越大,且政策的内向性越强,它的经济就越趋于封闭经济的情性。在整个转变时期,典型的大国型式具有占国民生产总值12%的出口额,假想的半开放国家的出口额占6%。"② 小国的经济发展模式不同于大国。"那些在大国中导致有限贸易和平衡增长的因素在小国中产生了相反的影响。后者具有较少多样性的资源和较小的市场,这就使对外贸易的利益增加了,对大多数小国而言,外资也更容易得到。"③ 钱纳里和斯密的论述对我国极具现实意义。我们并不否认对外贸易对于拉动我国经济发展的重要作用,但我们更应当重视内需对于经济发展的作用。我国幅员辽阔,国内市场广大,忽视内需、过分依赖于外需拉动经济,不仅不符合我国的

---

① [英]亚当·斯密著,王亚南等译:《国民财富的性质和原因的研究》,商务印书馆1972年版,第247页。
② [美]霍利斯·钱纳里著,朱东海等译:《结构变化与发展政策》,经济科学出版社1991年版,第87页。
③ [美]霍利斯·钱纳里著,朱东海等译:《结构变化与发展政策》,经济科学出版社1991年版,第91页。

实际情况，而且在面对世界性的经济萧条时会非常被动。如果说我们在改革开放的初期因为资本的缺乏应当更多地依赖对外贸易，那么，在已经有了一定数量的资本积累，且国际经济形势发生了变化的情况下，应当不失时机地转换经济增长模式，注重内需的拉动。

内需对于我国经济的发展意义十分重要：首先，内需拉动的经济增长模式有利于提高人民生活水平，缩小城乡差距。重视内需在拉动经济发展中的作用，必须增加人民收入。目前内需拉动所以有限，是因为人民群众的收入水平低。有关数据显示，截至2008年8月末，我国居民储蓄存款大约为20万亿元。扣除收入不均的因素，这些也不足以支付教育、医疗、养老等方面的支出。另一组数据则说明分配向国家税收转移。2008年上半年，城镇人均可支配收入为8065元，同比增长14.4%，扣除价格因素实际增长为6.3%，上半年农民人均收入2528元，同比增长19.8%，扣除价格因素，实际增长10.3%。而从税收情况来看，2007年，全国税收合计增长31.3%，2008年上半年同比增长30.5%。从这些数据来看，老百姓收入的比重还是比较低的。为了启动内需，必须增加人民群众的收入。

为了有效启动内需，国民收入应当适当向劳动转移，这不仅是当前经济形势的需要，也是经济发展的一般规律使然。发展中国家在经济发展的起始阶段，通常资本比较稀缺，收入分配会向资本倾斜。但经济发展意味着资本的积累，资本的不断充裕会使资本的价格下降，相比之下，劳动会相对短缺，其价格自然会上升。此外，按照马克思的经济学说，劳动力价值所包含的生活资料的范围会扩展，这也会促使劳动力价格上涨。这说明国民收入向劳动的转移是有其必然性的。其次，在财政政策上可以考虑适当的减税。减税是里根政府曾经实践过的行之有效的办法。通过减税，藏富于企业和消费者，让企业有更多的钱用来发展经济，让老百姓有更多的钱可以消费。建立和健全社会保障制度，让老百姓无后顾之忧，敢于消费。

启动内需有两条基本的路径：消费拉动和投资推动。消费拉动和消费需求是最终需求，是真正代表了市场走向的需求，因而是有效率的需求，投资推动并非最终需求，如果不能转换为最终需求就是无效投资，就是资源的浪费。消费需求背后的主体是消费者，是市场力量作用的结果，投资推动在我国特定的条件下很大程度上是政府，是行政力量作用的结果。作为个体的消费这和政府的偏好是不同的，一个偏好于效率，挑剔的消费者可以激励企业的成熟；另一个偏好于辉煌，有时倾情于政绩。以政府为主体靠投资拉动经济发展，是计划经济体制的惯常做法。这种做法在一个转型尚未完成的国家存在着"路径依赖"，在市场经济下的非常时期政府也会采取以行政力量取得主导的投资启动需求，如罗斯福新政时的一些举措，但应当有科学而严格的程序。以消费拉动启动内需，则是市场经济的一般法则，我们应当向这个方向转变。

三、应当适时提升经济增长模式的技术含量而不是陶醉于劳动密集型增长模式

发展中国家在发展的初期，通常采取劳动密集型的经济增长模式，发挥斯密意义上的比较优势。中国也是如此。

劳动密集型的经济增长模式，通常以人口众多而不是以人的素质的提高为前提，是一种着重于经济增长总量而并非提升经济增长的技术含量和人均增长量的经济增长模式，而且其总量的增加也是靠更多的劳动投入量而不是创新，即生产力的质的突破。它的缺陷与它的优点同样显而易见。其优点是：可以安排大量的劳动力就业，可以用劳动力代替稀缺的资本，产品价格便宜，劳动力便宜，在产业链的低端拥有竞争力。缺点是：由于劳动者素质不高，通常缺少创新、缺少核心技术，缺少品牌，处于产业链的低端，挣少许的加工层面的利润，受国际形势的波动影响极大。迈克尔·波特曾经认为，劳动密集型产业少得可怜的利润取决于国际经济形势的波动。在世界经济紧缩期间，其各种缺陷会集中显现。这就是我国目前的状况，且多少有点儿像1997年的亚洲金融风暴。亚洲金融风暴的原因尽

管是多方面的，但有一点是肯定的：这些国家虽然出口依存度在增加，出口产品的技术含量也在提升，但真正属于自己的核心技术的东西并不多，是发达国家出口平台政策的应用。发达国家把成熟的技术转移出去，以核心技术获取高额利润，发展中国家只能获得加工层面的廉价劳动力的报酬。

一个国家在经济发展的起始阶段可以采取劳动密集型的经济增长模式，但如果长期如此，将会失去发展的机会，历史和现实都证明了这一判断的准确性。据美国历史学家彭慕兰的研究，直至1750年前后，东亚和西欧的经济发展模式均为劳动密集型，是燃料和新大陆的发现和利用，使得西欧的土地和燃料并不稀缺，稀缺的是劳动力，如此的资源约束迫使西欧更多地考虑劳动节约，走上了一条资本密集和技术密集的发展道路。"这个独一无二的西欧需要减少昂贵的劳动力的使用，于是历史前进了，最后导致了机器和现代化工厂的出现，以及人均生产力与生活水平的巨大改善，而同时其他社会更感兴趣寻找能节约土地、资本及某些具体的稀缺资源的创新。所以，欧洲人并不更有创造力，而高工资成本促使他们走上了一个真正变革的方向。"① 中国历史上后来的落后，从一定意义上讲可以说是经济增长模式的落后。中国历史上劳动力很便宜，便宜到人们没有任何改变劳动密集型经济增长模式的冲动。黄宗智曾经指出："这种收入带动家庭满足了或多或少固定的消费需求，但付出了极大的代价：低利润和接近于零的绝对工资结合在一起，使投资于节约劳动的机器失去了意义，把人们栓死在低效率的工作上，只给维持生计必需的产品留下一个小市场。在这种情况下，农村工业能够发展，但劳动生产率不能提高。"②

日本的成功给我们昭示了及时扬弃劳动密集型经济增长模式的现代案例。迈克尔·波特在《国家竞争优势》中考察了日本经济发展模式的及时调整。波特指出："企业要创造出更有持久的竞争优势，必须在初级条件有

---

① [美] 彭慕兰著，史建云译：《大分流——欧洲、中国及现代世界的发展》，江苏人民出版社2004年版，第44页。

② [美] 迈克尔·波特著，李明轩译：《国家竞争优势》，华夏出版社2002年版，第567页。

优势的情况下就主动割舍。日本企业能够在许多产业中保持竞争优势，是因为日本在人工成本相对较低的情况下就开始发展自动化，并在低价位，标准化产品还很成功时，便进入到差异化的产品领域。"① 于是有了许多拥有自有技术，自主品牌的驰名世界的产品，提升了日本的产业竞争力。日本的经验给我们的启示是：面对复杂多变的国际形势，特别是生产成本提高、本国货币升值、国际形势波动，企业必须积极主动地扬弃原有的经济增长模式。

那么，陶醉于或者陷入劳动密集型经济增长模式的国家会怎样呢？据波特的研究，"以劳动成本或天然资源为优势的产业，往往是资金周转率低的产业。这类产业的进入障碍不高，所以是许多国家优先考虑的产业发展项目，同时也引来了许多竞争者（以及过多的产能投入）。当越来越多的新手被这类产业吸引时，它们随即会发现，除了优势不断消失之外，还因为资产的投入而被套牢。"② 这就是我们今天看到的情况：我们的劳动力便宜，还有我们劳动力便宜的国家和地区，随之而来的是压低价格的恶性竞争。

发展经济学对于人力资本在经济发展中的作用做过深入的研究。杰拉尔德·M·梅尔、詹姆斯·E·劳赫在《经济发展的前沿问题》中引用了马歇尔和克拉克对此的精辟论述。马歇尔强调"自然"在生产中的作用可以归结为收益递减，但"人"的作用则是收益递增的。J. M. 克拉克也曾经说过：知识是生产工具中唯一不满足收益递减规律的。梅尔和劳赫更为现代的研究认为，对于欠发达国家来说，新增长理论揭示，要更加重视人力资本，甚至超过对物质资本的重视程度。③ 舒尔茨则通过对美国农业为什么发展快，以及第二次世界大战之后的战败国，例如原西德，日本为什么

---

① [美] 迈克尔·波特著，李明轩译：《国家竞争优势》，华夏出版社2002年版，第567页。
② [美] 迈克尔·波特著，李明轩译：《国家竞争优势》，华夏出版社2002年版，第14页。
③ [美] 杰拉尔德·M·梅尔，詹姆斯·E·劳赫著，黄仁伟等译：《经济发展的前沿问题》，上海人民出版社2004年版，第88、89页。

经济恢复的快的观察，提出了人力资本的概念，认为是丰厚的人力资本发挥作用的结果，进而提出改造传统农业的根本出路是加大人力资本投资。迈克尔·波特更是认为，18~19世纪产业粗糙，是低级生产要素在起作用，是静态的竞争优势。在当代，由于科学技术的发展，人力资本等高级生产要素在发挥着巨大作用，是动态的竞争优势。

历史的经验、现实的案例以及大量经济学研究的成果都告诉我们，必须及时转变经济增长模式，努力向产业链的高端推移，不能陶醉于劳动密集型经济增长模式。

人们担心，转变经济增长模式会产生机器排挤工人的现象。从发达国家的实践来看，迄今也没有发生过这样的现象，这是因为通常随着新的机器，新的生产方式的诞生，会随之产生新的产业、新的就业岗位，所需要的只是要不断学习。此外，提升经济增长模式，可以反过来刺激学习，刺激教育，甚至可以节制人口的生长——因为教育本身是最好的节育措施。如果迁就于人口众多而不改变经济增长模式，那就只会人口越来越多。

我国幅员辽阔，各地经济发展不平衡，经济发达地区应当借助当前的经济压力，率先转变经济增长模式，既有的生产模式可以向内地实行梯度转移。

原载《经济学家》2009年第4期

市场经济再认识

改革开放使我们选择了社会主义市场经济，随着经济实践的深入发展，特别是面对由美国次贷危机引发的种种问题以及转变发展方式的要求的时候，有必要对市场经济进行更为深刻的认识。

一、经济增长与社会事业必须协调发展，应当严格区别经济政策与社会政策，不能简单地把社会事业推向市场

一个时期以来，由于对市场经济的误解，以及片面地追求经济增长速度，我们把社会事业和公共服务不加分析地推向市场，产生了许多消极后果，以致经济发展与社会发展严重失衡。其生动表现是虽然经济在迅速发展，但社会保障、医疗、教育、住房等欠账过多，虽然从数字上看人民群众的收入在提高，但由于上述方面欠账太多，经济增长并没有给人民群众带来应有的实惠。

改革开放以前的社会保障、医疗、教育、住房等基本上是由政府提供的，即使从市场经济的角度审视，这样的格局似乎也没有太大的不对，因为即使在资本主义那种经济高度发达的国家，像社会保障、医疗、教育甚至包括住房等具有高度社会性的领域，政府不仅对私人投资严格限制，而且这

些领域也是政府投资最多的领域。当年罗斯福新政的主要内容就是建立和健全社会保障体系。然而改革开放以来，特别是在改革高歌猛进的年代，不分青红皂白地把即使在市场经济下也不由市场解决的问题推向了市场，推向市场的实质是由人民群众负担。当即使在市场经济下也应当由政府提供的社会保障和公共事业由人民群众自己负担的时候，本身就是对人民群众基本生活资源的一种掠夺。此点在经济危机中表现十分明显，为了自己给自己保障，民间消费能力十分有限。由此可见，经济发展是以社会服务的相对短缺为代价的，人民群众以个人承担社会服务和公共事业的形式为经济发展减轻了成本。

在市场经济下，政府与市场有着明确的分工，经济政策和社会政策有着严格的区别。据此，用市场化的政策去推动社会领域的改革是不合适的。经济政策适合于应当市场化的领域，社会政策适合于近乎公共产品的领域，二者的混淆会导致经济生活和社会生活极度混乱。以教育为例，马克思主义经典作家曾经把全民义务教育当作一项重要的社会革命目标。各国历史表明，教育事业作为一项公益事业，作为一项事关民族振兴的枢纽性事业是不可能靠市场机制发展起来的。教育本身虽不以赚钱为目的，但教育投资却是政府投资效益最高的。在未来的经济发展中，教育和科学技术的决定性作用越来越大，未来的竞争是高层次的人力资本的竞争。如果把教育推向市场，那就会像现在这样出现重点大学农村学生越来越少的现象，更多的学生会上不起学，社会就不能有效地吸纳来自社会下层的优秀人才。把教育推向市场的另一副作用是卖文凭，卖给有钱的或者当官的人，表面上看拥有高等文凭的人越来越多，实际文凭的含金量在下降。

目前房地产问题的尴尬是把社会问题简单地等同于经济问题的又一生动案例。20世纪90年代的住房制度改革把住房问题完全推向了市场，让市场去解决所有人的住房。经济学的基本道理告诉我们，市场是嫌贫爱富的。经济学开宗明义地指出，在市场经济下生产什么，为谁生产，怎样生产都是基于市场价格的。生产什么，什么能带来丰厚的回报就生产什么；

为谁生产，谁出的价格高就为谁生产；怎样生产，动力便宜就用劳动力生产，机器便宜就用机器生产，这是基于投入和产出的比较的结果。据此，在供给有限的情况下市场更适合解决高收入群体的住房。至于中低收入群体的住房，在世界上任何国家都离不开政府的援助，甚至本身就是政府必须承担的责任。然而，在目前的制度安排下，特别是1994年的财权上移、事权下移的财税体制改革，使得急于寻求财源的地方政府显然不能让地价卖得过低。于是我们看到，一方面，地方政府对于保障性住房明显缺乏兴趣；另一方面，如果房价跌落，地方政府则特别着急，有的地方政府甚至不惜动用人民群众的纳税钱千方百计地托市。

在把社会公共服务推向市场的同时，却特有地保持了一块市场化过程中的"绿洲"，这就是公务员的福利体系。他们可以最大限度地享受市场经济带来的好处，而却不必忍受市场之痛，致使每年"国考"人员不断增加，人们对稳定而有尊严的公务员职业趋之若鹜，吃皇粮的人越来越多。所有市场经济国家都是非常精简的政府，而我们的政府机构却依然庞大。

健康的经济秩序要求经济与社会协调发展，社会事业和公共服务的滞后会影响到高速前进的经济列车的稳定性，会产生诸多的社会问题。健康有序的经济发展是经济发展与社会公共服务相协调的，是政府解决自己应当解决且具有比较优势的问题，市场解决市场应当解决且具有比较优势的问题，经济发展应当是市场化行为，提供公共产品和社会服务则是政府职能所在，二者不能混淆和越界。

二、地方政府不宜扮演市场主体的角色

市场主体不应当是一级政府。市场主体应当是人格化的财产主体，其约束是硬的。市场主体的命运就是其向社会提供的产品和服务的命运。马克思说：商品交换是一种惊险的跳跃，如果跳不过去，摔坏的不是商品，而是商品生产者自己。地方政府不是人格化的财产主体，约束是软的，不

具有承担市场主体责任的能力。然而既有的改革措施使得地方政府不得不拼经济，且各地方政府互相竞赛、攀比，在不知不觉中在很多方面直接扮演了市场主体的角色，并由此产生了许多消极后果。

第一，简单地追求 GDP，不惜重复建设和环境污染。地方政府眼睛看着上级政府而不是看着市场。既然以 GDP 作为考核的主要目标，地方政府自然会不择手段，不怕环境污染，不怕重复建设地追求 GDP——尽管 GDP 并不能反映经济增长的质量。一些地方政府所以对污染企业网开一面，是因为污染对 GDP 的增加是正的效应。尽管转变经济发展方式要求调整产业结构，消除低层次的产能过剩，然而在很多情况下地方政府的行为却加剧了重复建设和产能过剩。为了 GDP 的增长和当地的税收，地方政府不怕重复建设，他们用行政手段发文件，规定只准买本地的产品，不许买外地的产品。地方政府的这种行为，妨碍了全国统一市场的建设，妨碍了市场的优胜劣汰功能的发挥。地方政府所以能如此而为，则在于它的行政权力，本来意义上的市场主体是没有这样的权力的。

第二，不惜成本地追求亮点和辉煌。在给定的条件下，地方政府存在着事实上的竞争和攀比。地方政府总是追求最大、最亮、最辉煌，以吸引各方眼球，于是有了"鬼城"，有了穷县举债建新城，有了各种各样的世界之最。刘易斯曾经指出："公共投资中声誉的因素是众所周知的。浪费的现象在大量已成为现实的事物中昭然若揭，它导致了资本利用率的不足——如对需求的期望所建的工厂，每小时仅有几辆车行驶的高速公路，大型机场和航空集散地的低效利用等。这些都是普遍的现象，我们总是被告知这些国家资本短缺，可同时资本的低效利用和浪费却是这些国家非常明显的特征。"[①]

第三，不怕举债。地方政府有着强烈的举债冲动。一是现行的财税格

[①] ［美］刘易斯著，施炜等译：《发展中国家的失业》，载《二元经济论》中译本，北京经济学院出版社1989年版，第66页。

局使地方政府收支失衡，资金缺口不断加大，以致形成了"少米或无米下锅"的局面，举债是筹措资金的一种办法。二是任期制使得地方政府必须在任期内具有辉煌的政绩。三是地方政府不存在破产之忧，一任政府用完几届政府的资金，债务转嫁给下届政府。科尔奈曾经指出，"投资或是不投资，这是资本主义企业最大的难题之一。如果风险太大，即使这个企业暂时已得到必要的金融保证，他也可能放弃另做打算。"[1] 然而对于给定的条件下的地方政府而言，却缺少这种机制。当前的制度安排对于地方政府只有顺向刺激，而无逆向扼制，是一个激励扩张的制度安排。

地方政府的扩张冲动已成惯性。在转方式调结构的今天，不少地方政府把转变经济发展方式理解为上新的项目，提出无项目就不能转变经济发展方式。实际上，只要还是只讲速度，不讲质量和效益，即使上的项目技术含量再高，也不意味着经济发展方式的转变。此外中央希望能够保持经济增长的合理速度，以调整结构，又好又快，但地方政府显然对放慢速度积极性不大，依然保持着高速前进的态势。

为了有效地转变经济发展方式，作为一级政府的地方政府的功能定位必须与市场经济相一致，大致包括：（1）切实承担起政府在公共产品以及准公共产品领域的责任，把一切工作的出发点和归宿点都确定为保障和改善民生。具体内容为社会保障，医疗卫生、教育、环保、城市公用事业，以及为中低收入阶层解决住房等问题，并且努力做到公共服务均等化，维持社会的公平正义。（2）努力精简政府机构，切实提高政府服务的质量和效率。（3）创造良好的发展环境。良好的发展环境可以吸引投资，吸引人才，鼓励创新，是一个地区的软实力。（4）努力为社会保持良好的自然环境，以提高人民群众的生活质量。

---

[1] ［葡］亚诺什·科尔奈：《短缺经济学》（中译本）（上），经济科学出版社1986年版，第201页。

三、正确认识和对待经济危机

我们所以选择了市场经济，是因为市场经济的体制机制具有推动经济发展的作用，而且这种作用至今尚无替代。

那么什么是市场经济的体制或机制呢？市场经济的体制或机制除了包括价值规律作用下的平等竞争，还应当包括经济周期。所谓经济周期就是一个发展阶段之后通常会有一个相对萧条的阶段。在马克思的经济学里，经济周期通常表现为危机、萧条、复苏、高涨四个阶段。这几个阶段是周而复始的，所不同的是有时候周期长一点，有时候周期短一点。有时候这个阶段长一点，另外的阶段短一点。当然，人们都希望高涨阶段越长越好，最好永远是高涨阶段更好。然而正如一年四季不可能永远都是夏天一样，经济发展也不可能永远都是高潮。

事实上危机本身就是市场经济的机制。市场经济下经济快速发展的时期，那些引领快速发展的产业或领域通常会吸引大量的投资，人们高歌猛进，危机就是为快速前进的经济列车踩刹车，就是把快速发展时期积攒的问题集中地、一次性地加以解决，就是强制性地挤出泡沫，强制性地淘汰落后，强制性地激励创新。马克思曾经指出，固定资本的更新是资本主义走出危机的契机，讲的正是这个意思。从一定意义上讲，没有经济周期中危机阶段的强制性淘汰，或许不会有成熟市场经济国家科学技术、经济社会的不断发展、创新的不断提升。

更多的时候人们把危机当作不好的事情，马克思曾经以鲁宾孙的一切在社会范围内的重演，以社会将有计划地分配社会劳动予各个部门的取消市场经济的设想消除经济危机。然而实践中由于计划者的知识和信息有限，加之特别强烈的主观价值取向，结果人为地制造了更大的危机，人们所以最终通过几十年的计划经济实践的比较选择了市场经济，就是因为相比较而言，市场经济的社会运行组织成本更小。

凯恩斯试图在市场经济的框架内解决经济危机。他认为经济危机与资本主义制度无关，是有效需求不足造成的，主张政府通过扩张性的政策刺激经济，甚至认为财政部把钞票装在瓦罐里，埋在废弃的煤矿里，让资本家雇人去挖也可以启动经济。凯恩斯主义一经诞生，就受到了政府的青睐，因为他为政府干预提供了理论依据。不仅如此，自从凯恩斯主义诞生以后，西方国家的政府再也不用担心由于经济萧条导致本届政府的下台了，他们完全可以花钱制造一次"繁荣"。然而，历史证明，伴随着这种人为制造的繁荣的通常是滞胀。因为经济萧条是市场自身调整的必然过程，在于释放经济发展中积攒起来的各种问题。人为地刺激并没有从根本上解决问题，只是掩盖了问题，甚至制造了更多的问题。为了解决凯恩斯主义经济政策带来的滞胀问题，继往开来地有了供给学派、现代货币主义理论、有了里根和撒切尔夫人的经济政策实践。面对1929年发生的经济危机，如果不是胡佛政府通过扩大公共投资，限制工资下调，颁布贸易保护主义法令等进行干预，那次经济危机或许不会持续那么长的时间。对于经济危机，熊彼特曾经非常深刻地指出，只有让它自己治愈自己才是可取的，任何人为恢复都会令那些在危机中未能完成调整的剩余问题更加严重，从而又会产生出新的问题，再造成另一次更严重的商业威胁。

面对本次由美国次贷引发的危机，我国政府在宏观经济政策上多少有点反映过度，以特别宽松的货币政策启动经济，虽然保持了一定速度的经济增长，但却掩盖了经济发展中的结构问题、失衡问题，而且使重复建设、产能过剩、环境污染等方面的问题更加严重，以至于刚刚启动内需，紧接着又治理通货膨胀。这种大幅度政策摇摆所造成的问题是不亚于经济周期本身所产生的问题的。我们既然选择了市场经济，就要认识到市场经济的基本规律是不可抗拒的，应当以平常心态对待经济危机和经济周期。以平常心对待经济危机，应当正确地认识宏观调控。市场经济下的宏观调控是二次调控，是针对市场的所谓缺陷而言的。如果市场的一次调节，即"看不见的手"的调节能够把资源配置得很好，配置到经济社会协调发展的程度，二次调节就可以"束之高阁"了。市场经济的宏观调控是第二次的，不应当太"积极"、太"主动"，太积极太主动的宏观调控会给人不确定的信号，反倒引起经济的大起大落。特别是极具针对性的宏观调控，说白了就是头痛则医头、脚痛则医脚，按了葫芦起来瓢。

从计划经济体制向市场经济过渡，要特别注意"抵制"计划经济体制的"路径依赖"。"路径依赖"是一种惯性，通常会以计划经济的方式对待宏观调控，会下意识地复归行政指令及计划经济的种种做法，并将其认为为优越性。计划经济体制的失败就是计划经济种种做法的失败，我们不能在选择了社会主义市场经济的今天，还非常怀念计划经济体制的种种做法。怀念计划经济体制的种种具体做法并借口宏观调控加以实施，既有认识方面的问题，更有利益方面的问题。从计划经济体制向市场经济体制过渡，应当努力建设和健全市场经济，相信制度而不是知识和信息有限的计划者的公正和能力。

四、市场经济必须坚持平等竞争，没有平等竞争就没有市场经济的魅力之源

平等竞争是市场经济的真谛。对此，经济学有着十分经典的论述。马克思说，商品是天生的平等派，它随时准备不仅用自己灵魂而且用自己的肉体去同任何别的商品交换。[1] 亚当·斯密也深刻地指出："关于可以把资本用在什么种类的国内产业上，其生产能力有最大价值这一问题，每一个人处在他当时的地位，显然能判断的比政治家好得多。"[2] 他批评欧洲的政策，"妨碍劳动和资本的自由活动，使不能由一职业转移到其他职业，由一地方转移到其他地方，从而使劳动和资本的不同用途所有利害有时会出现

---

[1] 《马克思恩格斯全集》第 23 卷，人民出版社 1972 年版，第 103 页。
[2] [英] 亚当·斯密著，郭大力、王亚南译：《国民财富的性质和原因的研究》（下），商务印书馆 1972 年版，第 27~28 页。

令人非常不愉快的不均等。"① 第二次世界大战后原西德经济恢复得很快，领导了原西德经济恢复的总理艾哈德把其总结西德经济恢复的专著命名为《来自竞争的繁荣》，并且开宗明义地指出："西德并没有采用什么秘密科学。我在事实上不过实践了发展西方各国的现代经济学原理，在漫无限制的自由与残酷无情的政府管制两者之间寻找一条健全的中间道路。"② 他认为，政府只能当裁判员，不能当运动员。政府在市场经济中的责任是制定和执行经济政策，在精神上和物质上给私人企业家以指导和支援，而不是直接干预经济事务。

为什么平等竞争是市场经济的真谛呢？（1）只有平等进入、平等竞争，才能够在价值规律的作用下，把各种资源配置到能够最大限度地发挥作用的领域，当所有投资的资本的边际收益相等的时候，资本总体上的投资收益才会最大。如果在制度安排上阻隔资本的自由流动，就会从总体上降低资本的利用效率，甚至会使一部分资本不能有效地进入相关产业而成为"盲流"。我国当前的情况就是由于可投资的产业种类少，加之国有企业的垄断，致使一部分民间资本成为盲流。（2）只有平等进入，才谈得上竞争。有了竞争，价值规律才会发挥优胜劣汰的作用，才会有优胜劣汰和资源重组。（3）只有平等进入，才能在制度上保障初次分配的公平性。行业之间收入分配的差距是我国当前的收入分配差距的重要成因。行业之间收入分配差距的根本原因是劳动和资本的不能平等进入。当劳动不能平等进入的时候就会产生如同斯密所讲的，由于劳动不能自由流动而出现非常不愉快的不均等。当资本不能自由流动的时候，就难以形成平均利润。在马克思《资本论》里，平均利润是资本各得其所，从而保证各种产业投资的最佳比例。然而，平均利润的形成是以资本在产业之间的自由流动为前

---

① [英]亚当·斯密著，郭大力，王亚南译：《国民财富的性质和原因的研究》（下），商务印书馆1972年版，第27~28页。
② [德]路德维希·艾哈德著，祝世康等译：《来自竞争的繁荣》，商务印书馆1983年版，第8页。

提的，没有资本在各产业之间的自由流动，就没有平均利润，就会形成目前情况下虽然央企有着丰厚的利润回报，但却由于它的垄断造成了总体资本的低效利用。(4) 没有平等进入和平等竞争，就谈不上公平正义。平等进入和平等竞争是一种最基本的经济权利保障，没有这种最基本的权利保障，就没有公平正义可言。(5) 当一国缺少平等竞争的环境的时候，资本就会流动到其他环境相对好的国家和地区。

从一定意义上讲，市场经济的全部魅力在于平等竞争。然而在我国当前的情况下，却由于国有企业以行政力量为依托的垄断，使得民间资本难以平等进入。中央政府虽然出台了一系列力推民间资本平等进入的文件，但由于利益集团的掣肘，至今落实效果不佳。为了使市场经济充分显示它的最佳利益，中央政府应当力推平等进入。

五、关于由计划经济体制向市场经济体制过渡期间的腐败问题

当前的腐败问题似乎比典型的计划经济体制和典型的市场经济体制下发生的都要多。腐败的发生与腐败者手中掌握的权利和各种资源形成正比例关系，与监督的力度成反比例关系。计划经济体制下腐败现象所以少，在于有关官员手里虽然掌握着比较多的资源和权利，但监督的力度比较大，如明确规定了打酱油的钱不能买醋，加之长期的廉洁教育，连绵不断的政治运动以及对腐败者严厉的打击。在典型的市场经济体制下，产权是私有的，政府手里没有掌握多少可资分配的资源，也几乎没有伴随着可分配资源的审批制度。加之典型市场经济国家都是小政府，行政环节少，寻租和腐败的机会相对少。此外，成熟市场经济国家对政府工作人员的监督力度大，不仅有来自内部的规章制度的监督，而且还有来自整个社会的监督，例如反对党和新闻媒体的监督，有力的监督以及权力运行过程中的透明性大大地减少了腐败。

我国过渡时期相对增多的腐败产生的根本原因在于：第一，对于市场

经济的误读。由于误读而把两种原本不同的东西扭合在一起。我们虽然选择了市场经济，但却把计划经济体制下最核心的东西没有多少改变的保留下来，并将其与市场经济的自由相结合。于是在市场经济下本来不应进入市场的公权堂而皇之地进入了市场，例如各种各样的指定性购买，乱收费，乱罚款，用公权为个人或部门谋取利益等。其次是权力与某个特殊利益集团的结合，产生了更为可怕的腐败，野蛮拆迁当属一例。最后是一些地方政府不适当地直接扮演了市场主体的角色，靠行政背景与真正的市场主体进行不平等的竞争，以获得高额回报。

第二，向社会主义市场经济过渡过程中产生腐败的另一个原因是较之于计划经济体制政府手中的权力不仅没有减少多少，反而可能有所增加。例如，我们虽然选择了社会主义市场经济，但依然延续了计划经济下的任命制，且人民群众在干部选拔问题上的发言权并没有增加多少。此外是延续了计划经济体制下的审批制度。审批制度的功能有二：一是直接地分配资源，包括各种项目、指标、资金、配额等；二是规定进入的门槛。明确谁能进入谁不能进入，包括什么样的所有制可以进入，什么样的所有制不能进入。人们通常有一种权力之恋，谁都不想放弃手中的权力。赛缪尔·P·亨廷顿曾经指出："现代化，特别是处于后期现代化之中国家里的现代化，涉及政府权威的扩大和各种各样受制于政府活动的增加。"[1] 然而对于权力的监督并没有随着权力所管事情的增加而增加，诸多腐败由此而生。

第三，政府职能没有切实地转化为服务型政府。政府部门的设计是与政府职能相适应的。如果是服务型政府，政府职能部门的设计就会一切为了经济社会的发展而有利于提高办事效率，这样的政府应当是精简的政府。反之则会臃肿庞大，环节过多。环节过多寻租和腐败的机会就多。秘鲁经济学家赫尔南多·德·索托曾经在秘鲁和埃及做过实验：在秘鲁要注册一

---

[1] [美]赛缪尔·P·亨廷顿著，王冠华等译：《变化社会中的政治秩序》，生活·读书·新知三联书店1989年版，第56~57页。

家小型企业，每天工作 6 小时，要花 289 天。尽管这家工厂只要一个工人就可以运转起来，但办理合法的注册成本却花了 1231 美元，这是工人最低月薪的 31 倍。在埃及，一个人要想在国有沙漠上获得并合法注册一块土地，他至少要完成 77 道官僚程序，与 31 个国家或私人机构打交道，这可能要花去 5～14 年的时间。索托认为，行政环节多，寻租机会多，是这些国家腐败和落后的根本原因。

真正解决腐败问题的不是说教，腐败者什么道理都知道。解决腐败问题一是靠有效的制度安排，这种制度安排的核心是减少政府管理资源的审批权力，加大社会监督的力度。减少政府管理资源和审批的权力，既可以减少受贿的机会，也可以减少行贿的冲动，对双方都是一种保护。二是要增大腐败的成本，腐败也有投入和产出的计算，按照加利·贝克尔的研究，犯罪是一个人根据犯罪的收益进行计算的结果。影响犯罪收益的因素有：逮捕和定罪的可能性、惩罚的严厉程度，在合法职业中选择职位的可能性等。我国学者林语堂先生也曾经非常深刻地指出："中国今天（指旧中国，笔者注）所需要的并不是对政治家进行道德教化，而是给他们多准备一些监狱，在那些贪官污吏们可以大模大样地订购去横滨或者西雅图的一等舱时，谈论建立什么廉洁政府，纯粹是白费力气。中国现在所需要的既不是仁慈，也不是正直或荣誉，而是简单的法律政治，或者说是将那些既不仁慈，也不正直，也不荣誉的官员拉出去枪毙的勇气。唯一使官员们保持廉洁的办法是威胁说一旦劣迹揭露就要处以死刑。"[①] 二是大力度地加强对权利的监督，加强权力制衡。权力制衡原则是人类经过数千年积累下来的经验总结，进一步的改革必须在权力制衡上下功夫。

原载《学术研究》2011 年第 5 期

发表时题目为《发展方式转变与市场经济理论创新》

---

① 林语堂：《中国人》，学林出版社 1994 年版，第 215 页。

论企业家精神及其产生的社会基础

企业家是市场经济的脊梁。为了造就更多的企业家,有必要从更深的层次弄清什么是真正的企业家、企业家精神,以及企业家产生的社会基础。

一、什么是企业家精神

对于我们这个历史上是自然经济,又搞了几十年计划经济,很少产生企业家和企业家精神的社会,有必要认真地探索到底什么是企业家及企业家精神。成熟市场经济国家的学者,对于什么是企业家及企业家精神,曾经从不同角度作出了深刻的论述。我们试图通过这些论述,分析和总结出企业家的一般特征。

关于企业家问题最广为人知的论述是美国经济学家熊彼特认为,企业家是实现创新,进行新组合的见解。熊彼特在他的《经济发展理论》中把创新概括为企业家的典型特征。那么,什么是熊彼特所讲的创新呢?熊彼特所讲的创新指的是生产函数的变动,而这种函数是不能分解为无限的步骤的。例如你可以把许许多多的邮车加起来,加到你想要加的地步,但你却不能因此而得到一条铁路。他具体将创新分为5种情况:(1)采用一种新的产品,即消费者还不熟悉的产品;(2)采用一种新的生产方法;(3)开辟一个新的市场,不管这个市场以前是否存在过；（4）掠夺或控制原材料或成品的一种新的供应来源，也不问这种原料是否已经存在，还是第一次创造出来；（5）创造出一种新的企业组织形式。熊彼特认为只有这样的创新者才是企业家。进而，他区别了企业家和管理者，不仅认为企业家必须是创新者，是实现新组合的人，而且认为一个人只有在实现创新和新组合时才是企业家，而一旦不创新了，执行日常的管理职能，那就只是一个管理者了。熊彼特还区别了资本家和企业家，认为资本家是单纯提供资本的人。早期的资本家和企业家是合二为一的，发展到后来，大概就成了单纯的资本家（投资者）和单纯的企业家。

这里特别值得一提的是熊彼特的一个发现。熊彼特经过观察指出，新组合并不一定要由控制创新过程所代替的旧商号的人去执行，虽然这种情况也可能发生。相反，新组合通常可以说是体现在新的商号中的，他们不是在旧商号里产生的。熊彼特再一次使用了铁路代替驿路马车的例子，说明是新兴的企业家去建铁路，而不是驿路马车主去建铁路。熊彼特这一见解的意义是十分深远的。

专事研究发展经济学的艾伯特·赫希曼，对于熊彼特关于创新是企业家的基本特征的论述给予了充分的肯定，认为这是非常重要的，但同时指出，熊彼特把极其重要的其他要素，即合作忽略了。他说："其他要素包括对生产方法的发明者、合股人、资本家、零件与劳务提供者、批发商等利益相关者的协调能力；对今天不发达国家非常重要的还有与政府官员在关税、执照、外汇管制等方面取得密切合作的能力；以及把一批有能力的人组织起来，授予其权利，激励其忠诚，成功处理劳工关系，具有其他管理才干等。"① 这些要素可以一言以蔽之地概括为"合作"。他指出，美国各大公司的实业领袖都有一种合作精神，在重要决策中，实行集体行动，而非个人行动。按照这种逻辑，如果没有合作，企业就很难做大。赫希曼进

---

① [美]艾伯特·赫希曼：《经济发展战略》，经济科学出版社 1991 年版，第 15 页。

而认为，很多不发达国家其实并不缺乏创业型人才，缺乏的恰恰是合作精神。当然，赫希曼也认为，作为企业家精神的两个同等重要的因素——"合作"与"创新"之间要保持平衡，是一件艰难的任务，高明的企业家应能够找到和把握二者的最佳平衡点。

早期研究企业问题、撰写了《企业论》的经济学家凡勃伦，认为企业家是根据盈利的目的、市场的状态组织创新和生产的，机械创新只有符合经济原则时才会被采用。他指出，企业家对于工业的进步是考虑在后的，考虑的态度主要是消极的。他以企业家的立场创新，并不是创造性地从事于机械操作的研究改进工作，使手头的工具转向新的、更大的用途。这些是掌握机械操作的设计和监督事宜的一些人的工作。关于那些新的、更加有效的方法和相互关系，必须先由工业中专业人士提供机械上的可能性，然后才由企业家来观察时机，作出必要的企业布置，并付诸实施，提出总括的指示[1]。说得明白一点，凡勃伦所讲的，就是企业家是根据市场的需求，根据最小投入、最大盈利的原则组合现有资源，这是企业家的功能。企业家看重的是经济的技术，而不仅仅是技术。他还认为，企业家非常重视包括诚信在内的商誉，认为"巨大的企业战略，是大企业家最值得惊叹的特色，他们凭着势力和识见，支配着人类文明的命运"[2]。

那么，什么是企业家非精力殚尽，而不会退出历史舞台，一往无前的奋斗精神的源泉呢？熊彼特指出："一是寻找一种梦想和意志，要去找到一个私人王国，或者一个王朝。对于没有其他机会获得名望的人来说，他的引诱力是特别强烈的。二是存有征服的意志，战斗的冲动，求得成功不是为了成功的果实，而是为了成功本身。最后，存在有创造的欢乐，把事情办成的欢乐，或者只是施展个人的能力和智谋的欢乐"[3]。

对于企业家奋斗精神的源泉，著名社会学家马克斯·韦伯在他的《新

---

[1] ［美］凡勃伦：《企业论》，商务印书馆1959年版，第24页。
[2] ［美］凡勃伦：《企业论》，商务印书馆1959年版，第16页。
[3] ［美］熊彼特：《经济发展理论》，商务印书馆2011年版，第123页。

教伦理与资本主义精神》中作出了与熊彼特的看法几乎相同的论述："这种需要人们不停地工作的事业成为他们生活中不可或缺的组成部分了。事实上，这是唯一可能的动机。但与此同时，从个人幸福的观点来看，它表述了这类生活是如此的不合理：在生活中，一个人是为了他的事业才生存，而不是为他的生存才经营事业。"① 韦伯描述了这些人的特点：他们理性节俭、勤奋、谨慎、讲究信誉。不同于行会师父和投机家。继韦伯之后，许多经济史学家和社会学家继续研究了上述命题，证明韦伯等人的判断是正确的，证明某些信念，态度、价值体系，社会舆论及性格倾向，对事业心和首创精神具有积极的意义。

根据以上的经典论述，我们可以把企业家的功能或者企业家精神作出如下概括：（1）创新与合作。这里所讲的创新，起码包括如下两个方面的内容：一是他们尽可能地学习现代经济知识、现代管理知识，尽可能地节约管理成本，提高管理效率；二是他们能够跟踪现代科学技术的发展，积极主动地提升产业结构和企业发展的质量。这里所讲的合作，就是能协调好各方面的关系，利用好各种社会资源。（2）他们对于市场是敏感的，根据市场的变化，及时、最经济地组织各种资源。（3）他们是理性的，功于计算的，投资也好，兼并也好，其目的都在于盈利，或者降低运行成本。（4）他们讲究诚信，具有基本的市场经济的道德准则，因为只有这样才能形成他们的品牌和商誉。当然，他们诚信的目的是功利的，因为如果不如此就会被淘汰出局。（5）出类拔萃的大企业家具有战略眼光，对总的经济态势，产业发展态势把握较好。（6）对事业的追求是他们永不枯竭的动力，货币只是事业成功的标志。

由以上的论述出发，在我们现实生活中通常被认为是企业家的一些人，实际上不是，或者说如果不脱胎换骨，上升到一个新的层次就很难成为真

---

① [德] 马克斯·韦伯：《新教伦理与资本主义精神》，生活·读书·新知三联书店1987年版，第51页。

正的企业家。首先是那些依然是小农经济思维方式,自觉不自觉地信奉"30亩地1头牛,老婆娃娃热炕头",很容易满足的人,是难以成为真正的企业家的;国有企业的领导,如果不发生身份转换,并且真正从干部的思维方式和干部的行为模式中脱胎换骨,那就只能是干部,而不是真正的企业家;大学中成批培养的MBA,其中绝大部分充其量只不过是一般的管理人员,因为创新与MBA之间并无必然联系。

二、企业家或企业家精神产生的社会基础

企业家是社会的脊梁,是推动社会经济发展的中坚力量。如此重要的社会力量为什么大量产生在成熟市场经济国家而不是有着几千年文明史的中国。显然,这其中有着深刻的社会经济背景。弄清企业家产生的社会经济背景,有利于造就千千万万的优秀企业家。

据笔者之研究,使企业家或企业家精神脱颖而出的社会经济条件如下。

1. 经济或体制基础

经济或体制基础会制约对企业家精神的供给。例如在自然经济下不可能产生企业家。自然经济的基本特征是自给自足,是对使用价值的追求,而不是对价值的追求,因为,仅有的、偶然的剩余交换,使得生产的规模和各种生产要素的技术含量长期处于停滞状态。计划经济下也不会产生企业家。计划经济是靠层级制管理的职位经济,企业领导人也只是一级干部,且可以与政府的干部互换。他们的行为方式是墨守成规和依指令行事,追求的是完成任务和职务升迁而不是盈利,加之计划经济是一种短缺经济,基本上没有创新的压力。即使在计划经济下工业相当发达的上海,虽然制造业很发达,但由于是成熟的技术,成熟的工业,批量的生产,只要按部就班地完成任务就行了。企业家只能在市场经济下产生。原因在于这是一个企业以追求更多的利润为己任的时代,为了追求更多的利润而产生的激

烈竞争，以及市场瞬息之间就使一切变得过剩的态势，使得从事企业经营的人们不得不迅速的创新。加之社会对企业家职业的推崇，所有这一切，无异是催生企业家的温床，经验也可以证明上述的判断。市场经济越是成熟，越是能够产生成熟的、理性的、热情而冷静的大企业家。

2. 社会文化氛围

社会文化氛围是一定的经济体制的有机组成部分，是新制度经济学所讲的非正规制度安排。然而，正是这种非正式的制度安排、产生了体制选择的"路径依赖"，并且在制约和影响着人们的思维方式和行为方式，甚至会使人们近似于条件反射地知道应当干什么，不应当干什么。能使企业家或者企业家精神不断涌现的社会文化氛围，首先是积极向上的社会评价体系，社会价值体系或者诱导信号，这是社会公认的对不同部门、不同领域、不同个人的评价标准所组成的有机体系，它是与特定的社会经济体制相适应的，并且在潜移默化地规范着人们的行为，促使人们各司其职、各司其职。奋发向上的价值评价体系，既为一个健康的社会所必需，也是一个社会是否健康的重要标志。如果一个社会需要大量的企业家，那么这个社会就应当使企业家感到光荣，真正受人尊重和扬眉吐气。有了这样的评价体系，比较优势原则和价值规律就可以在广阔的领域和空间发挥作用，人们就会自觉地发挥比较优势以追求效用更大，即适合干什么就干什么，而不是趋之若鹜地走仕途升迁之道。使企业家或者企业家精神不断涌现的社会文化氛围的另一个特征是能宽容和激励创新。这是因为创新者有一种特有的素质，有一种敢于幻想的浪漫主义精神。新经济或者知识经济所以产生在美国，就是因为美国人很容易接受自主、自我改造，乃至自我革新的精神。并把这种精神带到商业领域。正是这种精神及与之相适应的规则，极大地激发了人们的创造性。这种激励创新和宽容的文化氛围，有利于企业家脱颖而出。相反，如果这个社会极度推崇"官本位"，使得无论什么样的人都把做官作为始终不渝的追求，只有做官才成了正果，即使最擅长做企业的人，或者企业做得再好的人都要皈依于仕途，那是断然产生不了企业家或者企业家精神的。此外，如果这个社会的深层心理沉淀是保守、推崇"中庸"，压抑创新，那也是产生不了企业家的。

3. 财产权和财产保护制度

所有权原则是企业得以成立、存在和发展的基本原则。对此，凡勃伦在《企业论》里，给予了充分的强调。他说："在近代后期，对所有权赋予的界限，是商业经营的要求的结果，是在货币经济下盛行着买进与卖出的结果。由于这类要求和普遍存在、反复发生的买进和卖出，不得不产生一种思想习惯，这种思想习惯决定所有权必须是自然的、正常的绝对所有权，即对于所有事物的使用和处理，必须具有自由的、不受限制的决定权"[1]。原因在于没有绝对明确和绝对自由的所有权，连企业都不可能发生，更不可能有充分的经营权。说企业是企业的，在逻辑上属于循环推理，是不可能成立的。

亚当·斯密在论述市场经济的制度框架时，也曾经把保护私人财产神圣不可侵犯作为市场经济的逻辑前提。今天看来，公民个人的财产神圣不可侵犯，依然应当成为市场经济下公理性的逻辑前提，因为这是企业家追求企业规模、追求利润最大化的法律基础，也是企业家不断进行创新的内在动力源泉。如果公民的个人财产得不到保护，那就会导致如下的后果：企业家要么不敢把"蛋糕"做大，要么就会在开放的条件下把资金转移到安全的地方去。

作为财产权的延伸，还必须保护发明创造的知识产权。如果发明创造的权利得不到保护，可以被任意模仿、侵犯，就会大大降低创新的积极性。道格拉斯·诺思在《西方世界的兴起》里，认为创新对于社会经济发展有着极其重要的积极作用。他说："付给数学家酬谢和提供资金是刺激努力

---

[1] [美] 凡勃伦：《企业论》，商务印书馆1959年版，第43页。

出成果的人为办法，而一项专为包括新思想、发明创造在内的知识所有权而制定的法律则可提供更为经常的刺激。没有这种所有权，便没有人会为社会利益拿私人财产冒险"①。

4. 制度安排的稳定性和连续性

制度安排的稳定性和连续性，可使人们有长期稳定的预期，有一个长期的行为。诺贝尔经济学奖得主郝伯特·西蒙教授，在谈到稳定的制度安排对人们未来选择的影响时曾经指出，"我们所有的人，在如何完整地筹划我们的行动上，在复杂的世界里所能达到的理性上，都受到极大的限制。而制度则为我们提供了一种稳定的环境，使我们能可靠地预料到，如果朝某个方向走上一程，就可以找到一家食品店，并且他明天还会在那个地方。靠着制度环境的这种稳定性，以及其他许多没有什么疑问的稳定性，我们就可能对自己的行动后果进行合理而稳定的规划了"②。如果西蒙所讲的"食品店"的地址和方位每天一变，人们将不知如何是好。制度安排的稳定性，包括宪法与法制制度，经济政策的稳定性，国家战略目标的一致，能够使公民和企业相对准确地去预期自己的经济行为的未来风险与收益，从而确定自己的风险边界。也就是确定投资范围，规模和时间跨度，从而有一个相对理性和稳定的行为。在一个朝令夕改，人们无法有一个稳定预期的情况下，人们必然选择短期行为，如此，又何以产生企业家呢？

5. 降低企业家进入壁垒，造就企业家市场

企业家的造就和涌现不是朝夕之功，是一个长期的平等竞争、大浪淘沙、优胜劣汰的过程。综观市场经济之运行，可以发现，有一个广阔的基础，有一个优胜劣汰的平等竞争过程，是一切名牌脱颖而出的规律。在我

---

① ［美］道格拉斯·诺思：《西方世界的兴起》，上海三联出版社1994年版，第4页。
② ［美］郝伯特·西蒙：《社会义务上的理性过程》，载《现代决策理论的基石》，北京经济学院出版社1989年版，第162～163页。

国，如果没有当初很多彩电厂家的激烈竞争，也不会有今天的彩电名牌。

据此，我国要想有大批的企业家脱颖而出，首先必须有更多的人从事创建和发展企业的工作。为此，我们一方面要淡化身份色彩；另一方面必须降低人们进入企业家之列的门槛，使公民创业变得相对容易，花很少的钱就可以使自己尝试成为一个优秀的企业家。巴西所以是世界足球的王国，一个重要的原因在于从事足球运动的人很多。"很多"就有了选拔的基础。

毋庸讳言，我们现在进入创业的门槛还是比较高的，这里包括进入过程的资本准备较高，政府人为设置的门槛也比较高，漫长而烦琐的程序及寻租现象让人望而生畏。如果我们这一方面的手续简单再简单，再加之公开、透明、公正，我们就具备了大量的企业家脱颖而出的先决条件。

企业家也是一种需要，在市场经济下这种要素也需要流动起来。因此，我们必须建立和完善企业家市场。

企业家市场的功能在于：（1）传递信息。市场越是发达，信息的真实性就越强，传递速度越快，成本越低。如果没有规范而发达的企业家市场，在企业家的需求和供给之间就会存在严重的信息不对程，就会增加需求的费用。（2）企业家市场对企业家可以形成权威的评价机制。通常企业家的自我评价相当于一种会计评估，就好像资产出售一方的评估一样。只有进入市场，才能给企业家能力以科学权威的标价。（3）企业家市场本身在对企业家的行为是一种约束，是一种市场选择的过程。如果企业家经营不善，没有信誉，没有品牌，就会一蹶不振。企业家所以自律，是因为有市场的他律。

本文为我们提供了企业家或企业家精神及其产生条件的基本参照系，是我们造就更多的企业家的努力方向。

原载《管理世界》2002年第7期

第二部分

转变经济发展方式与转变经济体制

正确认识中国经济发展的阶段性特征和新的历史任务

改革开放以来,中国经济快速增长,成为世界第二大经济体。即使在世界经济还没有摆脱由美国次贷引发的危机的阴影的情况下,2012年国内生产总值依然保持了7.8%的增长率,明显好于世界其他发达国家和地区,也好于"金砖四国"中的其他国家。客观地、实事求是地讲,中国经济虽然依然保持着较为理想的增长速度,但也存在着不少应当清醒认识的问题。最突出的是,发展中的不平衡、不协调、不可持续的问题依然突出,资源环境压力空前加大,创新不足。科学辩证地认识这些问题,必须准确把握中国经济所处的新的阶段性特征。

一、历经30年的快速发展,中国经济发展进入了一个新的历史阶段,理解中国经济,就要理解当前中国经济的阶段性特征

1. 经济发展具有周期性,世界经济还没有最终走出由美国次贷引发的危机的阴影

经济发展史证明,人类经济发展是呈现周期性的,是通过一个一个周期实现的。周期中有快速发展的阶段,有相对

调整的阶段，甚至有危机的阶段。引领经济周期的因素可能很多，但主要是巨大的里程碑式的技术创新，产生了巨大的具有带动作用的新兴产业。西蒙·库兹涅茨在其《长期运动》中指出："在许多工业中，在某个时期，基本技术条件发生了革命性变化。当这种根本性的变化发生时，一个时代就开始了。在制造部门，这个时期就是机器加工首先在很大程度上代替了手工劳动的时期。在采掘业，这个时期或者是发现了一种商品的来源和用途（如石油）的时期，或者说是找到了迄今为止尚未利用的商品的新的和广泛的应用。作为这种时期的具体的例子，我们可以举出很多，如18世纪80年代英国的棉纺织业和生铁生产，19世纪美国钢的生产，19世纪30年代的无烟煤生产和20世纪40年代的烟煤生产，19世纪20年代的炼铁（比利时），19世纪60年代的石油和19世纪70年代的铅（美国）。在所有这些事例中，我们观察到一个革命性的发明和发现被用于工业的过程。于是这个过程就成为主要的生产方法。"并因此有了一个快速发展的时期。新近一轮的经济增长，主要是由于被称为知识经济的信息技术和网络技术的发展形成的巨大引领作用。此次由美国次贷引发的危机所以迟迟没有走出危机的阴影，原因尽管是多方面的，但迄今没有发生具有经济价值的重大创新无疑是其重要原因。

世界经济的态势直接制约着我国经济的发展。这一方面是因为当代世界经济越来越紧密地联系在一起，在你中有我、我中有你的情况下，一个国家很难独善其身。另一方面是我国既有的发展模式本来就对外需有着特别的依赖。理解上述所论，就不难理解我们现阶段的发展速度和发展状况。

2. 中国经济已经走过了产业空间很大的阶段，进入了一个产业空间相对饱和、资源环境压力很大、不创新就难以发展的时代

中国经济所以会有30年的快速发展，在于改革开放之初我国经济落后，产业发展空间很大。改革开放使我们了解了世界的经济发展，很多产业，如家电、汽车、服装等等，我们只要按照已有的产业发展轨迹照着做

就行了，搞什么都容易发展，加上最初的发展基本上没有资源环境的压力，有着丰厚的劳动力红利。初期 GDP 盘子小，很容易显现经济增长率。我们发挥了后发优势，就这样做到了世界第二大经济体。

中国经济发展到今天，资源环境压力非常之大，劳动力红利正在消失，各种产业相对饱和，跟在人家后边做的时代相对过去，历史把中国经济发展推到了创新的前沿，已经到了不创新就没有新的产业兴奋点，不创新就难以发展的程度。

虽然我们的产业相对饱和，但产业层次提升的空间很大，我们当前的经济规模虽然做大了，但却是大而不强，我们当前面临的主要任务是由大到强。

我们可以从一个国家经济发展的角度，从纯粹经济学的角度把一国经济发展分为三个阶段：即模仿—创新—世界知名品牌。我们很多产业还处于第一阶段，自主创新不够，世界性的知名品牌不多。我们还可以从一个好产业发展的逻辑顺序分作三个阶段：第一阶段是研发，第二阶段是制造，第三阶段是品牌经营。我们相当多的产业仍处在制造阶段，有实质性突破的知识产权产品不多。就 GDP 的构成与发达国家进行比较，我们的知识产权产品不多，第三产业，特别是生产性现代服务业占比较低，大量的是制造业，相当多的还处于附加值不高的低端。而发达国家的 GDP 构成中知识产权产品占比很高，还包括文化产品、现代服务业以及精细制造业等。

与"大"相比，强的标准是：一是在一些产业可以提升到产业链的高端，有品牌、有核心技术、有产业话语权；二是能够靠自己的力量解决我国经济发展的关键问题，例如各方面装备的有效解决；三是能够摆脱资源依赖；四是产业结构更为科学合理，在遵循效率原则的前提下较大幅度地提高现代服务业的比重；五是实现生态文明，持续发展。

由大到强是当前中国经济发展中必须解决的主要问题。由大到强必须创新驱动，坚持质量、效益与速度的统一，应当寻求通过更高的质量、更好的效益推动经济发展。

实际上不少先行发展的国家也都进行过这样的调整。第二次世界大战后，日本经济曾经有一个较好的发展时期，20 世纪 70 年代的石油危机后也进行了调整。韩国亚洲经济危机后也进行了类似的调整。美国 20 世纪 80 年代通过对传统产业的调整，调整出了后来的新经济。总的看，调整的结果是质量上去了，经济发展更成熟了。这是一个必需的阶段，我们应当摆脱单纯的"速度情结"，积极面对必须进行的调整。

3. 中国经济正处在转变经济发展方式的关键时刻

既有的速度型模式使得中国经济快速增长，但却带来了一系列的失衡，例如内需和外需的失衡，产业结构的失衡，农业成了相对薄弱的环节，经济增长与社会事业的失衡。在变化了的条件下，既有的增长模式实在难以为继。

经过 30 年的发展，人民群众对经济发展有了更高的要求；我们必须转变经济发展方式。新的经济发展方式应当是：（1）虽然毫不放弃外需，但要特别重视内需。（2）立足于内需中的消费性需求，投资应当服从于消费。（3）立足于创新驱动，特别是市场行为的创新驱动。（4）立足于公平正义，使经济发展的成果公平地惠及于普通老百姓，提升人民群众的幸福感和凝聚力。（5）立足于生态文明，绿色发展。（6）更多地立足于市场的推动和调整。

按照新的经济发展方式的需求，推动中国经济进一步发展的增长极应当是：（1）提升产业、产品的档次，使制造业精细化。精细化是工业文明的精髓，由此实现由大到强的跨越。（2）改变农业相对薄弱的地位，力促农业成为亮丽的经济增长点。舒尔茨曾经以美国、以色列等国的农业发展的案例，充分论证了这一点。（3）科学的城镇化。发展经济学证明，"摊大饼"式的、靠盖房子拉动的、没有产业支持的城市化会产生十分严重的社会问题。20 世纪拉美国家片面转移农业人口的城市化造成了严重的社会问题的教训应当吸取。刘易斯曾经指出，相当经济的办法是发展大批农村小城镇，每一个小城镇都拥有一些工厂、电站、中等学校、医院以及其他吸引居民的设施，使人们更乐于居住在这样的城镇。我们应当全面科学地思考城镇化问题。如很多农民工选择了就近打工、就近就业就是上述判断的证明。

总结以上中国经济特定发展阶段特征的论述，我们的结论是中国经济已经进入了一个长期的保持在7%~9%的中速增长时期，我们应当适时转换单纯追求经济增长速度的思维方式，在质量、效益、速度的统一上、在提高经济发展的档次上下功夫。

二、改革是中国经济发展永远的红利，只有通过改革，进一步完善社会主义市场经济的体制，才能实现中国经济发展中速度、质量与效益的统一

中国经济长时间的高速增长，来自党的十一届三中全会以后的思想解放和一系列的改革，特别是1992年开始的、旨在建设社会主义市场经济的改革目标。那时改革的直接诱因是因为十年文化大革命使中国经济面临着崩溃的边缘。这说明压力往往可以转化为改革的动力。当前，中国经济的发展再一次到了关键时刻，不改革就难以转变经济发展方式，不改革经济就难以持续稳定健康地发展。

要完成中国经济新的阶段的历史任务，必须通过改革进一步完善社会主义市场经济的体制。一部世界经济史与经济学的研究证明，只有市场经济才是创新的机器，它的产品就是创新的成果。这首先在于创新不同于发明，创新要实际应用，是一种市场行为，要接受市场的检验，要遵循投入和产出的规律。"两弹一星"是创新，市场经济下创新是不同于"两弹一星"的创新。市场经济下创新的机制在于激烈的竞争和短暂的超额利润使得企业不得不率先创新，不创新就难以生存。率先创新者固然可以获得超额利润，但这种超额利润会随着众多加入者的涌进被迅速平均化，于是又

有了下一轮的创新。一股不为自己所左右的力量在冥冥之中推动着一浪高过一浪的创新。创新的主体是企业和企业家。只有市场经济才能最大限度地调动人民的激情。只有市场经济的价格机制和淘汰、重组机制才能最佳地配置资源，才能对经济的运行做出合乎"自然秩序"的调整，使之平稳健康地发展，违背这种自然秩序的过度的宏观调控只会使经济大起大落。市场经济要发挥上述功能，必须有健全的制度载体。

完善社会主义市场经济的体制，构建健全的市场经济体制，就要正确处理政府与市场的关系，充分尊重市场规律。我国历史上是集权社会，又搞了几十年的计划经济，强调尊重市场规律意义更加重大。当前的情况是在政府与市场的关系上存在着诸多的先天不足：（1）政府与市场的关系严重错位，一些地方政府直接扮演了市场主体的角色，不择手段地拼GDP，不惜环境污染、资源浪费、寅吃卯粮。（2）一些地方政府不惜举债搞亮点工程、形象工程。放任地方政府以各种"宏伟的计划"，以各种低效甚至是无效的项目刺激经济，其潜在危害等同于隐形炮弹。（3）依然故我的"审批"。审批是计划经济的要件，因为计划经济不仅要计划，而且是国家投资。市场经济是市场配置资源，企业是投资的主体，他们会自然地遵循投入和产出定律作出选择，否则就会使自己遭受投资失败的重大损失。政府需要审批的是国家投资的领域，而且要谁审批谁负责，且终身负责。（4）现行体制最大弊端是不能平等进入，只有平等进入才能平等竞争，才能有市场经济的魅力。

我们必须认识到，中国经济已经超越了靠速度型模式推进的历史阶段，在速度型模式中政府、特别是地方政府发挥着重要作用。而要创新，要把质量、效益、速度统一起来，适合中国经济新阶段的历史任务，必须让企业更多地试、更多地创，政府要做的是为企业的活动创造良好的环境，为人们提供良好的公共产品，维护好子孙万代的环境和资源。转变经济发展方式首先要转变政府职能，这是我国经济发展新的历史发展阶段的要求。

原载《人民日报》2013年5月20日

"新常态"应当有新思维

中国经济步入了"新常态"。"新常态"下的中国经济面临的任务、环境、条件，以及解决问题的途径都与既有的快速发展的30年不同。既有的思维方式、行为方式、解决问题的政策和举措解决不了"新常态"下面临的新问题。"新常态"应当有新思维。

正确地理解"新常态"，就是要正确地认识我国经济发展的阶段性特征，准确地抓住在这一历史阶段所要解决的关键或"瓶颈"性问题，如不能有效地解决该问题，经济就难以稳健地发展。

那么，"新常态"下的关键任务是什么呢？我们可以从认识一国经济发展的阶段性特征出发来把握这一问题。一般说来，一个后发展国家的追赶型经济发展，大致经历三个阶段。发展之初的第一阶段通常会有较快的增长速度。其原因在于产业空间大，可以模仿式的亦步亦趋地发展，资源环境压力不大，有充裕而便宜的劳动力，GDP的基数小。在我国，还特别应当强调的是改革开放对生产力的解放。进入第二个阶段，快速发展的条件不复存在，例如产业空间相对饱和，模仿式的发展边际效用迅速递减，资源环境压力加大，人民群众对美好环境的渴望急剧提升，劳动力成本提高，经济规模增大，经济增长速度势必慢下来。但这不是退步，而是一种进步，是步入了一个稳健的增长期。鉴于模仿的边际效用急剧递减，这个时期面临的关键任务是通过大众创新寻求新的经济增长点，是追求速度、质量和效益的统一，而且重点在质量和效益。第三个阶段，进入发达国家的行列，此时不仅经济发展速度放慢，而且各发达国家的经济增长速度基本趋同。原因在于在这个阶段，经济规模增大，每个增长的百分点都对应着巨量的GDP规模，而且发达国家的产业精细，超越了发展之初的产业比较粗糙时的自然资源的比较优势，主要靠人力资本和科学技术，是新的层次的比较优势。根据以上分析，中国经济进入了第二阶段，步入了"新常态"，面临的主要任务是通过创新探寻新的增长点。

我国经济步入了"新常态"，步入了以创新为核心的稳健的增长期。然而创新和稳健的增长是需要条件的。与追赶成功的国家的对比分析可以发现其所需条件。从这些国家的实践来看，他们一开始就是市场经济，就是通过市场经济体制激发起人民群众的创业、创新的激情，因为经济发展说到底是微观层面的事，是企业家和民众不断探索的结果。美国经济学家、诺贝尔经济学奖获得者埃德蒙·菲尔普斯在其《大繁荣——大众创新如何带来国家繁荣》中总结性地写道："国家层面的繁荣源自民众对创新过程的普遍参与。它涉及新工艺和新产品的构思，是深入草根阶层的自主创新。"市场经济体制可以激发创新，在市场经济背景下追赶的国家为创新准备了相对充分的条件，这就是公平竞争的市场经济体制。我们既有的追赶过程是市场体制不断完善的过程，政府特别是地方政府在竞赛式的发展中发挥着重要作用。例如以GDP为核心的招商引资、上项目、制定某种保护性的政策，甚至包括地方保护以及保护落后产能。这样的体制结构似乎更利于把增长速度作为主打目标的快速发展时期，而不利于创新，不利于"新常态"所要求的增长速度、质量和效益的统一。与追赶成功的国家的比对证明，我们必须通过全面贯彻党的十八届三中全会、十八届四中全会精神的改革，改革出有利于创新的制度安排。只有如此，我们才能有效地解决"新常态"面临的新问题。

据上分析，"新常态"必须有新思维。新思维的核心是同旧的习惯决裂，围绕"新常态"下所要解决的重点任务，从市场经济的要求出发思考问题、解决问题。我们每天作出的大量选择，似乎都是深思熟虑的结果，其实不然。这些选择都是习惯使然。习惯是反复如此的结果，习惯是下意识的，是从来不需要记起、永远也不会忘记的，是条件反射，是不自觉的。长期的计划经济和30年快速发展的实践的"历史惯性"，使我们即使面对着"新常态"下的新问题，依然会轻车熟路地重复原来的思维方式和行为模式，以及解决问题的举措。例如，只要经济增速稍微放缓，就情不自禁地刺激。凯恩斯主义的刺激虽然当下可以促进经济增长，但接下来的则是滞胀。刺激保护了落后产能，延误了创新。更如，一些地方政府面对"新常态"考虑发展的思路依然是上项目，以及对一些项目、产业、人才的计划式的偏袒和支持。一些人表面是"新常态"，但说的还是原来的话，做的还是原来的事。已有的思维方式和行为方式的核心是过分相信行政力量。这种深厚的习惯有时会使人们根本认识不到它是一种与新任务不相适应的旧习惯。

鉴于模仿的边际效用递减，大众式创新是企业、民众不断探索和摸索的结果，"新常态"下工作的着重点应当在于给企业、给人们以公平而充分的竞争环境和空间，让市场经济体制全面充分地发挥作用，而不是政府直接选择产业。对此，2014年中央经济工作会议十分深刻地指出："使市场在资源配置中起决定作用，主要靠市场发现和培育新的增长点。"会议强调"政策要宽，营造有利于大众创业，市场主体创新的政策环境和制度环境，培育市场化的创新机制……"这里讲的就是"新常态"下的新思维。从这样的"新思维"出发，政府应当切实按照市场经济的要求转变职能，从市场经济的要求出发思考问题、解决问题。政府转变职能应当有时间表。

通常认为以往的发展靠劳动力红利的说法是不全面的。如果说劳动力便宜就可以带来红利，那比我们劳动力便宜的国家多的是，为什么没有劳动红利。准确的阐释是改革开放激发了深藏在广大人民群众中的生产力。

如果这一判断是正确的，那么"新常态"下面对的创新的历史重任，就必须通过进一步的改革，激发起人民群众创新的激情。这种激情是深藏在人民群众中的，而且永远不会枯竭，但它需要全面贯彻党的十八届三中全会、十八届四中全会精神的改革。

原载《人民日报》2015年1月13日

当前为什么不能采取强刺激政策

法国经济学家巴师夏说过一段十分耐人寻味的话："在经济领域，一个行动、一种习惯、一项制度或一部法律，可能会产生不止一种效果，而是会带来一系列后果。在这些后果中，有些是当时能看到的、它在原因发生之后立刻就出现了，人们能注意到它，而有些后果则得过一段时间才能表现出来。它们总是不被人注意到，如果我们能够预知它们，我们就很幸运了。"对于刺激性政策人们通常则看到了它的积极作用，而对于它的消极作用则远远缺少充分而足够的认识。鉴于其消极作用有时十分严重，更鉴于2014年中央经济工作会议指出的"全面刺激政策的边际效果明显递减"，以及我们正处于"新常态"下的结构调整，经济发展要从中低端迈向中高端的关键时刻，有必要对于刺激性政策进行充分的经济学层面的辨析。

首先，刺激性政策对于经济发展的内在规律，对于市场经济体制、机制，以及如何发挥作用缺少必要的理解。经济发展可以分为水平效应和结构效应。所谓水平效应，就是平面地扩展已有的产业结构、有利于扩张和做大。而所谓结构效应，则是通过提升产业、产品结构，寻找和创造新的经济增长点，在提升结构即变化中把规模做大，更着重于质量和效益。我国经济当前面临的问题显然不是总量问题，而是结构问题，是通过调整结构和寻找新的经济增长点的问题。在市场经济下，经济结构的调整主要靠市场机制，而不是政府号召。经济下行或者萧条阶段正是调整和提升结构的机制型杠杆。通常并不是经济发展的萧条阶段破坏了经济秩序和经济结构，而是快速的发展使人们在不知所投为何物的情况下形成了产能过剩和泡沫，破坏了经济结构。而萧条阶段正是市场的自我调整和修整，是强制性地挤出泡沫，淘汰落后产能，刺激创新，再一次占领市场时必须是先进的，这就是市场经济下调整结构的一般过程。刺激性政策逆经济发展趋势而动，通常会贻误结构调整和创新。

其次，刺激性的宽松的货币政策不但会侵蚀普通老百姓的利益，而且还会鼓励投机。我们可以这样发问，按照马克思的货币理论，是否应当实行宽松的货币政策，正确的答案是不应当。所谓马克思的货币理论，就是一双鞋子换8个面包，8个面包既是货币又是财富，所以不会发生通货膨胀之类的问题。后来有了纸币，需要把8个面包换成8元钱，再用8元钱买一双鞋子，8元钱代表着8个面包，只是一个交换的媒介，也不会发生什么。现在想要两双鞋子，但只有8个面包，于是银行又多发了8元钱，让造鞋的人用这16元钱生产两双鞋子，造鞋的人会发现第一个8元钱用完了第二个8元钱买不到东西了。更可恶的是水涨了船涨的人占便宜，水涨了船没有涨的人吃亏。通常是广大老百姓水涨了船没有涨，他们存到银行的防老养老的钱会随着货币注水而贬值。

宽松的货币政策就是降息。利息是资本的价格，资本的价格同样是要素的市场价格，是不能任意干预的。大量的注入货币会使资本的价格即利息迅速下降，亦即资本变得便宜。便宜的资本会误导投资，加剧投机。马克思在《资本论》第三卷里，曾经借用一个撰写过《银行业的历史和原理》的名叫吉尔巴特的人的话深刻地指出："资本便宜会助长投机，就像牛肉和啤酒便宜会鼓励人们贪食嗜酒一样。"便宜的资本会助长本不该上的项目上马，这些项目通常近期内并无受益，或者长远地看经济价值不大，实属资源浪费。这些不该上的项目虽然近期内会增加就业，但由于结构调整的效果不明显，会造成进一步的产能过剩，紧接着是再一次的失业。

再次，2014年中央经济工作会议明确指出："全面刺激政策的边际效果明显递减。"这就是说，一开始用宽松的政策刺激经济，似乎还起一些作用。但因为刺激性政策不仅没有解决经济下行期本来要解决的结构问题，反而使结构问题更严峻了。再要用刺激性政策解决速度问题，那就需要更大的货币注入。这就像使用抗生素一样，表面上看解决了问题，实际上并没有从根本上解决问题，下一次就要使用更大剂量的抗生素。西方国家长期实行凯恩斯政策的结果是滞胀，学界曾经评论这样的政策实际上是饮鸩止渴。

最后，长期实行刺激性政策其成本会越来越大。很少有人想过刺激经济还要有成本，事实上从来没有免费的午餐。市场经济下最基本的规则就是投入和产出的规则，按照这样的规则干什么事，制定什么政策，都要计算是否划算。刺激性政策是需要成本的，4万亿元就是成本。4万亿元从何而来？无非是收税和多发货币。收税会减少企业基于市场需求的各种投入，会减少一般老百姓的消费冲动，这是投入方面。就产出方面而言，情急之下的刺激政策所支持的项目相当部分都是不能当下受益的，甚至有的从长远看也未必是高收益。须知，当宽阔的高速公路仅有几辆汽车行驶的时候，这同样是产能过剩，当把100年之后的事情放在现在来办的时候，同样是资源浪费。

刺激性政策实际上是政府在配置资源。我们应当回到让市场在资源配置中起决定性作用的思路上，在健全市场机制和市场体制上下功夫，在调结构上下功夫。靠市场发现和培育新的增长点。我们并不绝对地拒绝其适度的刺激。但我们要清楚地认识如同2014年中央经济工作会议明确指出的："全面刺激政策的边际效果明显递减，"要十分慎重地选择刺激性政策，刺激的方向必须和结构调整紧密的结合，不到万不得已时不轻言刺激。要牢记不刺激、调结构、稳增长，微观上要活，宏观上要稳。

原载《人民日报》2015年3月9日

经济增长与生态文明

——来自理查德·杜思韦特的《增长的困惑》启示

严重的污染和一系列的失衡,如内需和外需的失衡、产业结构的失衡、粗放的经济增长模式与资源环境压力的失衡,使我们不得不面对来自增长的困惑。英国经济学家理查德·杜思韦特以其独特的分析,丰富的资料,在一定程度上帮助我们透视这些困惑,使我们的发展之路更为理性,更为和谐。

一、要质量还是要数量

"要质量还是要数量?"这是杜思韦特《增长的困惑》的第一章的标题,是他首先提出的发问,这也是我们今天经常讨论的话题,我们通常将其表述为仅仅是要速度,还是要坚持质量、效益和速度的统一。

我国同仁的讨论经常从 GDP 开始。实际上 GDP 即国内生产总值只是一个营业额,它本身就掩盖了许多不好的东西,如果它成为我们政府,特别是地方政府矢志不移、不择手段的追求,它的不好的发明就更为显现。

GDP 是国内生产总值,强调的是国别、区别,是一国、一地区内的本国人、外国人、本地区人、外地人创造的一切产品和劳务的价格的总和,只管生产出来,不管卖出去。

环境污染、资源浪费对其是正的效应，即可以增加GDP。换言之，把大桥建了炸、炸了建也可以增加GDP；污染可以增加GDP，污染了再治理也可以增加GDP。

杜思韦特的讨论从GNP开始，即国民生产总值，强调的是一国的人、本地区的人，在本国和外国、本地区和外地区，在一定时期内生产的全部产品和劳务的价格总和。通俗地讲，GDP讲的是某省经济，GNP讲的是某省人经济。GDP和GNP内容是一样的，只是范围不同。杜思韦特用来分析GNP利弊优劣的论述，完全可以看做是对GDP的分析。

杜思韦特指出，GNP是一个国家在一年内所有贸易产品及服务的总销售额的变化。就是说，GNP如同GDP只是一个营业额。它只是从一个角度反映了经济增长的速度，如此而已。人们通常看到了GNP辉煌的一面，其实它掩盖的问题更多。按照杜思韦特的论述，被掩盖的问题是以下几个。

第一，经济生活中交易之外的活动所创造的财富或价值被忽略了。

例如，GNP中只包括在餐馆中就餐的费用，却不包括自己在家中做饭的劳动支出；包括在商业修车处修车的费用，却不包括自行修理的费用；包括雇保姆、雇临时工的费用，却不包括自我服务自己做家务的费用。再如，与城市相比，农村自给自足程度高，虽然农村货币收入低，但并不代表实际生活水平低。农民进城了，货币收入高了，但并不等于生活水平高了。故此，GNP只是合法的货币收入部门的规模。

第二，GNP中没有剔除或扣除成本。

杜思韦特指出，GNP包含的一些惊人的内容使人们大大地歪曲了其本质。其一为税收，如果政府征收消费税，就会增大GNP。其二是自然资源——矿藏、化石燃料、森林以及土壤的价格被大大低估。"一个国家砍伐掉所有的树木作为木材销售，并将得到的钱在赌博中挥霍一空。根据国民核算，以人均 GNP 计算，该国变得似乎更加富裕。"①

杜思韦特写道，1977 年出版了由荷兰记者沃特尔·范·代瑞和联合利华动物食品公司前常务董事玛瑞斯·哈姆林克合写的《自然的价格》，他们认为，如果核算自然资源的货币价格，将会使整个工业社会为之震惊，从而暂停对自然资源的破坏。

第三，出口虽然增加了 GNP，但不等于提高了人民生活水平。

杜思韦特指出，GNP 数值中另一项歪曲的是出口，这些出口物从未在制造这些商品的国家消费。由于高额出口，某些第三世界国家往往显示出较高的 GNP 增长速度，然而，由于出口所得往往被用于偿还外债的利息，其国民境况会变得更加糟糕。

我们的情况也与之有所类似。我们靠廉价的资源、廉价的环境、廉价的劳动力造就了便宜的商品，靠便宜商品的出口带动了 GDP 的增长。我们积累了很多的外汇，这些外汇只能到国际市场上用。在国际市场上买高新技术产品通常人家不卖，于是又只好把这些外汇投资于发达国家的国债。这是一种十分尴尬的状况，这种状况必须改变。

第四，人们的有些行为虽然可以增加 GNP，但对于人们的福祉而言却是负效用，因为是被迫而为，是无奈的选择，是非自愿消费。

这一方面的例子可以说是比比皆是。例如，淘气的小孩儿不小心打破了邻居家里的玻璃要到玻璃店里买玻璃予以赔偿，这种购买行为可以增加 GDP，然而买玻璃的钱本来是要给爷爷看病的。又如，居住在机场附近的居民为了正常生活，不得不购买隔音的双层玻璃，这会使 GNP 增加，但却是无奈的选择，是非自愿消费。大量的非自愿消费的增加，使人们很难回到曾经使他们生活很好的方式。这不是因为人们已经习惯了较高的生活水平，而是因为旧有的节俭生活体系已经不复存在了。如旧式的五金商店的

---

① ［英］理查德·杜思韦特著，李斌等译：《增长的困惑》，中国社会科学出版社 2008 年版，第 8 页。

消失使人们无法买到水龙头的垫片，只能买一个全新的水龙头。杜威思特特别阐述了汽车的增加所带来的负面效应。他说，车辆增加可能会延长行车的时间到达工作场所。由于交通拥挤，其他人的行程时间也会增加，总之整个社会用于交通的时间都会增加。由于需求减少，公共汽车的班次也将减少，票价会增加。因此，GNP 可能会因为额外的交通花费而增加，从福利的角度看，很可能整个国家将会变得更加糟糕，人们除了开车别无选择，不是因为他们喜欢开车，而是因为事情发展到这一步使他们不得不这样做。杜思韦特说的正是我们今天的情况。

第五，有些增加 GNP 的产业或行为，是有害于人类社会的。

杜思韦特举了两个这方面的例子。一个例子是色情文学虽然可以增加 GNP，但却对社会是有害的。另一个例子是人们一开始意识不到它的破坏作用的。他写道："我们没有认识到，如果人人都多得到一些，这将不会改变或破坏预期的利益，而且还会损害既有的利益。在 20 世纪 80 年代早期，阿尔加维是一个度假胜地，当时只有很少的人去那里度假。但如今，它出现在几乎所有旅行社的目录里，在曾经杏树林生长的地方盖上了旅馆。该地区被彻底改变了，许多过去在春天到该地度假的人选择了更远的地方。"① GNP 本身没有价值判断，但人们应当对 GNP 进行价值判断，应当对 GNP 的构成以及产生 GNP 的行为进行选择。

第六，虽然经济增长了，但如果消费品价格提高，社会财富分配不公，就会造成总体社会福祉的下降。

暂存社会分配不公不论，GNP 的增加，特别是其中用于收入部分的增加必须快于物价的提升，如果物价的提升快于人均收入的增加，增加的消费能力很可能被提升的消费品价格耗尽。如果分配不公，一些弱势群体的利益就会蒙受损失。杜思韦特写道："一个古老的类比可以很好地说明这

---

① ［英］理查德·杜思韦特著，李斌等译：《增长的困惑》，中国社会科学出版社 2008 年版，第 10 页。

一问题，如果剧场中每个人都站起来以期看得更加清楚，则人人都没有优势。如果有些人——退休金领取者或失业人员——因为收入增加的程度不及其他人而无法'站'起来时，此时他们的状况就会变得非常糟糕。即使他们较以前有更多一点的钱，但他们仍旧无法维持先前的地位。"①

二、经济发展必须服务于人民的福祉，服务于人民的生活质量

作为对单纯追求经济增长的反思，越来越多的学者开始关注到底怎样才能提升人们的生活质量，而不是对 GNP 的痴情追求。从 20 世纪 60 年代末开始，荷兰经济学家吕菲·休丁就认为，如果发展中国家产出减少，其国民的境况可能会更好。他列举了 7 个决定生活质量的因素：

（1）生产和消费的商品及服务的质量。

（2）人们享有的环境质量，包括空间、能源、自然资源以及动植物的物种。

（3）人们用于休闲的时间比例。

（4）可动用的收入的分配是否公正。

（5）工作条件的好坏程度。

（6）获得工作的难易程度、好坏程度。

（7）未来的安全性。

杜思韦特接着续了五条：

（8）人们的健康水平如何。

（9）文化活动水平、教育水平以及享用权。

（10）提供的住宅质量。

---

① ［英］理查德·杜思韦特著，李斌等译：《增长的困惑》，中国社会科学出版社 2008 年版，第 9~10 页。

（11）形成令人满意的信仰或精神生活的几率。

（12）家庭及其幸福。

在这几个因素中，除了第 1 条以外，其他因素都是无法用金钱来衡量的。

20 世纪 70 年代中期，有关组织在英国对人们自我感觉生活质量上升还是下降做了一次调查，要求从 0~10 对当前的生活质量进行评价，并说出 5 年前和 5 年后的情况时，结果几乎一致：生活质量在下降。他们认为，5 年前，英国的生活质量为 8，如今（1975 年）为 7.2。

杜思韦特写道，1977 年，都柏林的两名研究人员厄尔·戴维斯、玛格丽特·费恩——戴维斯受欧盟委员会资助，在 8 个欧盟国家（英国、法国、德国、意大利、爱尔兰、丹麦、比利时以及荷兰）向 2000 名受访者询问关于他们生活的一些问题。他们询问的主要问题包括："将所有的因素都考虑在内，你对你生活整体满意度如何？"从一大堆答案中，人们认为自己满足与否的最佳指标是自身的健康状况是否令人满意。当然，其他因素也关系到对生活的满足。根据统计，人们对其住宅和邻居的感受之间有非常大的联系。已婚的人们要比单身、孤寡或者离异的人感到满足。令人惊奇的是，收入并不影响人们的满足程度，至少在法国、荷兰和英国是这样的；而在意大利、爱尔兰以及丹麦，收入位列于最重要指标的第七位或第八位。在德国，收入位列第三，在比利时，位列第四，仅仅在这两个国家收入直接影响到人们对其生活的满意程度。①

越来越多的学者对单纯为了追求经济增长的速度提出了反思，阿玛蒂亚·森主张以自由看待发展，加尔布雷斯在他 1973 年出版的《经济学和公共目标》中更是深刻指出："发展既然是社会的中心目标，就当然不容任何事物挡住它的路。期间包括对环境——空气、水、城市生活的宁静，乡

---

① ［英］理查德·杜思韦特著，李斌等译：《增长的困惑》，中国社会科学出版社 2008 年版，第 5 页。

村的美丽——的影响以及不利影响。从商品的生产和消费两个方面都会发生对环境的损害——发电厂对空气的影响，由此产生的氛对视力的影响，制钢厂对左近湖泊的影响，汽车对肺部的影响"。① 加尔布雷斯同样主张对人、对公共目标的重视。

三、为什么会一切为了增长

既然单纯追求增长会带来许多弊端，那么为什么这种单纯的经济增长又难以扼制呢？

推动经济增长的力量主要来自两个方面：一个方面是政府；另一方面是市场。就政府方面而言，杜思韦特写道："政府控制经济的目标是使经济得到快速的、稳定的发展，并且保证有比较高的就业率。"② 由于政府的工作成就主要是通过每年的 GNP 来判断，这就使任何国家的领导者从来都不愿意有一个缓慢的经济增长率，而是不断努力地加速提高这个增长率。总之，任何一个政客都不愿意在他任期内经济增长下滑。在笔者看来，在这种情况下，如果市场健全，就会能够相对充分地反映民意，政府特别是地方政府不直接扮演市场主体的角色，经济发展的质量可能会相对好一点，环境污染相对轻一点。如果政府特别是政府一旦扮演市场主体的角色，而且缺少必要的社会约束，为了自己的升迁不顾一切地血拼 GNP，就会造成极为消极的后果。

一切为了增长的另一推动力量来自企业。杜思韦特说，对于促成这种增长的人来说，增长的结果对他们并不是那么重要，重要的是增长本身。增长的越快，政治家和商人就越高兴。增长意味着改变；而更多的改变意

---

① [美] 约·肯·加尔布雷斯著，蔡受百译：《经济学和公共目标》，商务印书馆1983年版，第282页。
② [英] 理查德·杜思韦特著，李斌等译：《增长的困惑》，中国社会科学出版社2008年版，第18页。

味着更多的市场机会和更多的利润；更多的利润不仅是系统的动力来源，而且是更快的增长所需的资金来源。对一个公司的决策者来说，企业的经济增长会带来一个良性循环——经济增长会使利润增加，增加的利润会带来更多的投资，而更多的投资会导致更多的经济增长，更多的投资和更多的利润。① 于是，增长成了一种不可扼制的冲动。

企业的增长冲动来自增长定律。建立在达尔文法则基础上的增长定律是，只保证那些增长最快的企业和国家的生存。就像适者生存的物种是因为拥有了合适的基因，商业增长的关键在于采用更合适的技术。

增长定律在农业领域有着生动的表现，杜思韦特写道，一个创新的出现，总是伴随着工业物资使用效率的提高。例如，马匹被拖拉机所取代，能负担冒险行为的较有钱的农民购买拖拉机，通过增加其耕种庄稼的面积而获利。在看到他们的战功后，其他农民也购买拖拉机，也提高了产量。最终，无论他们种植什么，其价格都会下降，使那些仍然使用马匹耕种的农民破产，因为较低的价格水平使他们无法养活自己的家庭。那些购买离开自己家园的农民的土地的农民在经济上可能并没有比选择创新以前更富裕。实际上，他们的生活可能变得更糟，不仅因为他们种植面积更大，还因为他们的处境越来越接近经济承受的极限，因为他们销售农产品获得的收入现在更多地花费到购买维持生存的必需品上，而这些钱都被工业部门所赚取。如果他们的产品价格再次下降，那么他们赖以生存的利润将会减少。杜思韦特强调，对于那些反应迟钝的人，新技术就是生死之战，因为新方法提高的产量使价格降低，使采用老方法的人无钱可赚，无法再采用老方法，他们只能为了生存不断放弃过去。

杜思韦特指出，增长定律同样适用于工业领域，它迫使制造商采取最新、成本最低的方法，否则就是死路一条。最著名和最详尽的案例就是工

---

① ［英］理查德·杜思韦特著，李斌等译：《增长的困惑》，中国社会科学出版社2008年版，第18~19页。

业革命初期的纺织技术传入英国的棉花加工行业。1780年之后的30年里，这些技术将英国农村中这一为数不多的、兼职的、举步维艰的，并且无法和印度的进口产品竞争的行业转变成了占国内生产总值8%的一个工业部门。纱丝的价格急剧下降，从1786年的38先令下降到1807年的6先令9便士。尽管降价的原因一部分是作为原料的棉花的价格下降了，但真正的原因是惠特尼发明的新型轧花机，那些没有使用多轴纺织机代替家庭纺车的人无法继续纺纱的小生意。此外，该行业发起的变化还影响到了其他方面，到1812年虽然纺纱工作只能在能够获得水和蒸汽动力的工厂进行，但家庭纺织的人数开始减少。10年后，动力织布机出现，因价格下跌，无法承受巨大收入压力的独立家庭纺织工人被迫退出了该行业，从此深陷贫困。菲利斯·迪恩（phyllis Deane）在《在第一次工业革命》中介绍了这个时代。他写道，英国是首个因采用新型生产设备生产出更便宜、更优质的棉花而获得创新利润的国家。待它的竞争对手闻风而动的时候，价格已经下跌到竞争更加激烈的水平，高额利润已经被人捷足先登。领导创新，意味着这个国家在相当长的时期内，能够继续获得高于平均水平的利润，仅因为其拥有的规模经济范围较大，能够继续以更便宜的价格销售其产品。

达尔文主义的增长定律，就像冥冥中一种无形的力量，推动着企业永不停止的前进、增长，因为任何一个技术的出现都可以使企业重新洗牌，而快速的增长又带来了一系列始料未及的问题。

四、快速的经济增长带来了一系列始料未及的问题

1. 大量圈地对农业和农民生活造成的严重冲击

圈地使农民流离失所。杜思韦特写道：直接通过圈地运动，或者间接通过由圈地运动引起的工资降低，都迫使农民不得不离开农村。在快速发展的城镇化中，这些新增的穷人前途渺茫。比起他们大部分人过去从事的

工作，现在的工作时间大幅度延长，强度大幅度提高。在农村，工作时间一直受到季节和气候的限制，手工业者通常星期一不工作。现在他们没有了这种限制，手工业者和工人不得不跟随机器的步子工作，而不是以他们自己的速度工作。城市的住房条件、自来水供应和卫生情况也非常令人不安，因而滋生的疾病无法避免。此外，这些由农民变成的工人所需要的一切都需要用钱购买，对他们而言，经济已经完全货币化，他们不能再去丛林砍柴回来生火，或者捉野兔当作食物，他们也失去了赖以获得帮助的朋友和亲戚。① 毋庸置疑，杜思韦特所描述的一切，今天正在我们的生活中重演，一些地方疯狂地圈地，使农民丧失了生存的根基。

2. 单纯为了发展而发展的另一消极后果严重地影响了人们的健康

首先是质量低劣的食品。杜思韦特引用一个名叫沃尔特·耶洛利斯的医生在1977年写给英国皇家全科医生学会的一份经典文件指出："现代高地人饮食主要缺点是缺乏新鲜蔬菜和沙拉以及全粒谷类和摄入量足够的精制的碳水化合物。在早餐桌上再也见不到麦片粥了，而由烤饼、蛋糕、饼干和灌装果酱组成的苏格兰午茶简直就是糖和淀粉的盛宴。这样的垃圾食品引发了一系列疾病。"在1918年，冠状动脉血栓症几乎完全不为人知，结肠病也一样。但这两种疾病今天已经属于常见病了。从20世纪最后的10年以来，胆囊疾病、阑尾炎和糖尿病的发病率确实上升了。来自格拉斯哥的最新证据表明，儿童患糖尿病有可能大幅度上升。在苏格兰、国民的牙齿状况是如此之糟，以至于16岁以上的成年人的牙齿已经掉光。在所有的痛苦中，癌症的情况最糟。从1930年以来，因为癌症，苏格兰的死亡率已经上升到了62%。

---

① ［英］理查德·杜思韦特著，李斌等译：《增长的困惑》，中国社会科学出版社2008年版，第40页。

杜思韦特指出，仅一餐的食物就可能包含 12~60 种添加剂的混合物。在一个特殊的添加剂混合物中和低纤维食物实验中，发现老鼠的毛开始脱落。当食品商为了适应竞争压力不断在生产的食品中增加添加剂时，农场主因为同样的压力不得不使用更多的化肥和杀虫剂来提高产量和劳动生产率。于是土地又被污染了。

其次是空气污染变得非常严重。到 1988 年，英国上空的空气污染变得非常严重。1952 年 12 月，臭名昭著的伦敦烟雾夺走了 4000 人的生命，因为那时它变成了水滴中的硫酸并且引发了哮喘病。后来经过治理，虽然大气中的硫化物减少了一半，但汽车的数量又快速增长，形成了新的污染。

最后还有电磁污染和噪声的污染。

3. 虽然汽车在大量的增加，但交通却变得越来越糟糕

杜思韦特指出，很明显，汽车在某些方面使人更便捷了。但是，汽车也使一些事情变得不太令人愉快了，交通堵塞意味着汽车移动得更慢了，人们用于交通的时间更多了。到了 20 世纪 80 年代末期，在许多城市里，人们移动的平均速度比马车的时代还要低，而在伦敦中心，54% 的旅程得靠两条腿来完成。这种情况恰好在电影院里看电影，随着第一排站起来，后边所有各排都站起来，当大家都站起来时等于没有站起来。如果后边的各排中谁没有能力站起来，谁的利益就受损最大。

4. 单纯的经济增长造成了贫富不均，特别是对农村的严重冲击

快速的增长出现了严重的贫富不均。贫富不均首当其冲地表现为对农村的冲击。随着农业收入的下降，迫使大量佃户背井离乡，出去寻找工作。于是造成了村庄的荒芜和破落。杜思韦特引用了威廉·科具特在《乡村游记》中的记载。在一个叫威辛顿的村子里，大多数令人沮丧的衰退迹象在这里一览无余。那里有几条交织在一起的小道，这些小道过去是街道。在主要街道交汇的地方有一片巨大的开阔地。在这片开阔的空地对面是两间

宽敞的旧房子，这里原来是两个大旅店。然而，随着工业化的冲击，这一切都衰退了。生活在这里的贫穷的劳动人民，并没有得到多少补偿。

单纯地为了增长的增长带来了诸多始料未及的问题，人们必须审慎地、全面而科学地对待发展。

五、经济增长必须暂时停下来或者慢下来

杜思韦特的结论是增长必须暂时停下来或者慢下来。

增长所以必须暂时停下来，是因为快速的增长打破了人与自然界、与经济发展规律本身的平衡。杜思韦特转述了一个名叫罗宾·杰金斯的人旅行日记《通往阿尔托之路》中的记载。住在阿尔托这个村子的人开始使用化肥，发展到后来当土豆的价格无法跟上肥料的价格时，当地居民发现已经无法维持生活，而采取自然的方法恢复土壤的肥力需要几年的时间。于是，许多人不得不从事临时的工作赚钱买肥料。书中写道："如果你坐在阿托山顶上的风车旁，俯视这些不毛之地包围的小村舍，你会对该地的成就感到惊讶。几个世纪以来，这个曾经与世隔绝的小村庄与其自然环境平衡地存在着。这种平衡不是计划的，而是通过对各种因素的自然分类形成的，是通过不断地试验和试错形成的。一旦得到这一平衡，如何保持该平衡就被规定在当地的风俗和文化中，并被代代相传。这里边有丰富的知识。然而，在不久的将来，这些知识将会永久消失。这些知识是从每年努力种植足够的食物以及为未来准备额外的种子得出的。这不仅仅是一种在少许山头上使用有限资本进行生产的知识，同时也是有关在这种简单的生产模式下永恒生产的知识。这是一种纯熟的知识，深深地根植于当地的文化之中。由于这些知识不会在对话或讨论中透露出来，外来人口几乎无法得知。外来人口只有通过仔细观察当地农民的做法来判断这些知识。只有这时，人们才能够知道单纯的农夫的智慧以及这种智慧的限制，使其无法应对化肥

以及桉树种植带来的后果。"①

增长所以必须暂时停下来（或慢下来）是因为严重的资源约束条件的变化。杜思韦特指出，增长将受到限制，可用的资源——能源、森林、土地、清洁的空气和水——将越来越少，目前面临的问题是如何使用更少的资源来创造更好的生活。在资源约束变化的情况下一是增长要慢下来，二是要转变增长方式。

增长必须暂时停下来或慢下来，还在于严重的环境压力。

1972年年初，两本引人注目的出版物在一个月内分别出版了。一本是《增长的极限》，它非常明确地宣传如果情况像过去那样继续下去，在未来100年内，世界人口和工业生产能力会突然而且无法控制地下降。另一本书名为《生存墓园》，该书详细列出了要达到一种必要的平衡所需要的措施。他提倡通过征收可能阻止短期商品生产的原材料使用税、能源税等使经济增长暂时慢下来。这两本书发出的警告是污染似乎正在以指数规律增长，一般比人口增长的速度还要快。人们几乎不知道这些污染增长曲线的上限。②

那么，怎样才能使经济增长慢下来，或更为科学化的发展呢？

首先，政府应当改变把经济增长作为唯一目标的思想。并在此基础上发挥自己应有的作用，以维持人与自然、人与人的和谐。杜思韦特指出，从20世纪50年代开始，在不知不觉中，政府将经济增长看作社会的主要目标。从那时起，经济增长就成了绝对统治，始料未及的是大家都是经济极权主义的受害者，在经济领域没有决定自己思想和行为的自由。当前最主要的是要克服把经济增长作为唯一目标的思想。政府有很多目标，提供人民的福祉、维持社会公平正义、提供公共产品，为人民大众、为子孙后

---

① ［英］理查德·杜思韦特著，李斌等译：《增长的困惑》，中国社会科学出版社2008年版，第335页。
② ［英］理查德·杜思韦特著，李斌等译：《增长的困惑》，中国社会科学出版社2008年版，第172页。

代看护好资源、环境和未来。如果把经济作为唯一目标，就会冲击其他更为重要的目标。政府不仅自己要做好，而且要监督企业，不能为了简单的经济目标，祸及人民群众的福祉。

其次，应当建立相应的道德和体制。正如污染应当交钱治污一样，企业家也应该对其行为所造成的结果负责。因此，一家公司如果计划在市场上推出基因工程种子或食品，它应该就其新产品可能在世界范围内造成的损失负法律责任并且承担必要的保险和责任。与此相似，如果企业对破坏海洋生物负有责任，他们就应当对养殖场主的损失作出相应的赔偿。总之，企业要负起、要履行起码的社会责任。社会要追究具有破坏行为的企业的责任。

全社会都要反思单纯追求经济增长所产生的种种弊端，让增长慢下来，让增长真正能够给人民带来福祉。

六、当代中国特别要警惕经济增长主义的弊端

在当代中国，在不知不觉中造就了经济增长主义，单纯追求 GDP，地方政府血拼 GDP，具体表现为：

首先是把 GDP 作为衡量经济发展的重要的甚至是唯一的标准。实际上，GDP 只是一个营业额，如同马克思所讲的商品是使用价值和价值的矛盾统一体一样，我们不仅要看 GDP 的数量，而且要看 GDP 的质量，还要看 GDP 的物质构成。历史的教训值得注意，清朝的 GDP 占世界 1/3，英国的 GDP 只占世界的 5%，清朝军队有 100 多万人，结果还是被迫签订了割地赔款条约，原因在于英国的 GDP 构成是工业革命的产物，清朝的 GDP 是茶叶、蚕茧、瓷器等。现实的情况是，我们的 GDP 大而不强，很多产品处于产业链的低端，在很多产业领域不具有优势，且过度依赖外需，面对由美国次贷引发的危机非常被动。

其次，增长主义简单追求增长，会使资源环境不堪重负，因为资源浪

费、环境污染对GDP的增长都是正效应。甚至把大楼炸了建，建了再炸，如此循环往复，都可以增加GDP，都可以使经济增长。一些地方政府动辄就是大手笔，建亮点工程、形象工程。甚至为了GDP、为了税收和污染企业同流合污。现在空气被严重污染了，水、土壤、食品都被严重污染了。人民群众在惊呼，要命还是要GDP？

最后，只要依然是增长主义，势必会造成经济政策和社会政策的分离，难以有效地解决公平分配问题，难以有效地解决民生问题。这是因为，一旦把增长作为目的，分配自然会向政府税收和企业利润转移，因为政府和企业可以用其所得继续投资，继续促进增长，继续生产更多的产品，致使居民收入有限，直接制约了内在的消费需求。于是，在国家财政收入一定的情况下，一定会偏向生产性投资，而不是教育、医疗、社保等方面的投资，因为这样的投资格局有利于继续增长。在增长主义思想的主导之下，尽管基础建设投资的边际效用已经递减，尽管在这种情况下转而投资民生会产生更大的效用，但在实践中却难有这种理想的结果。社会保障等公共品的缺乏进一步制约了内在的消费需求。增长主义绑架了民生，是我们一直强调改善分配状况、改善民生，却迟迟难以见效的根本原因。有媒体报道，有的经济强县只有一辆救护车，这正是增长主义的典型表现，经济增长了，人民却并不实惠。还有，一些地方政府放任高房价，因为这在他们看来，高房价象征着发展。只要增长主义依然像高考指挥棒一样发挥作用，经济发展方式就难以转换。

要克服经济增长主义，必须明确，社会主义生产的目的是最大限度地满足广大人民群众日益增长的物质文化需要，是切实的人民福祉，增长只是手段，故此，必须转变经济发展方式，而要我们需要增长，但增长必须是高质量的，必须是与自然界和谐基础上的增长，必须服从于人民福祉的增长，一切倡导这样的增长目的都应被限制、被唾弃。

克服经济增长主义必须转变经济发展方式。要转变经济发展方式，首先必须改变衡量标准和干部的选拔标准，这是一个像高考指挥棒一样的东西，要从最大限度地提升人民群众的福祉的角度，重新设定衡量标准和考核指标。其次，要切实转变政府职能。在市场经济下，政府的职能就是创造好的环境，提供促进经济高质量发展的制度安排，保证社会公平主义，为人民群众、子孙后代看护好资源，维护好环境。至于经济增长在市场经济下更多的是微观。经济增长严格地说是微观层面的事，政府只要提供了好的环境，企业自然会在投入产出的比较之下使整个社会的经济有效率、有质量地发展。而政府如果直接充当市场主体，直接拼经济，提出具体的GDP的增长目标，在特有的政府从属关系下，这样的目标不仅能够完成，而且能够超额完成。而与此同时，质量和效益却打了折扣，发展的目的也成了问题。

我们应当发挥后发优势，汲取先期发展的国家的经验教训，使我们的发展建立在与自己和谐、与人和谐的基础上，再也不能走先污染再治理、坑人的发展之路了。发展是为活得好服务的，发展不能损害活得好。

原载《国家行政学院学报》2013年第3期

发展观、发展的衡量指标与路径

发展观、发展的衡量指标与发展路径或发展模式的选择，是一个有机的体系。发展观决定着发展的衡量指标的设定和发展路径的选择，衡量指标和发展路径则体现和实践着发展观。发展观、发展的衡量指标和发展路径是动态的，特别是发展的衡量指标和发展路径，更需各国经济社会发展的不同阶段适时调整。当前中国经济进入新的历史时期，面临着由大到强、转变经济发展方式以及人民群众对发展的要求更高的关键时刻，有必要进一步讨论我们的发展观、发展的衡量指标以及发展的路径选择。

以人为本，一切为了人民的福祉，是我国经济发展不可动摇、不可偏离的目标

经济增长的目的在于提高人民群众的福祉。但在现实经济生活中，确实存在着为增长而增长的倾向，存在着偏离满足人民福祉的倾向。

发展是为了人，为了人的自由全面的发展。在《1857—1858年的经济学手稿》中，马克思按照人们个体发展的程度，把人类社会分为依次递进的三种社会形态。其中最初的社会形态是指人的依赖关系，"在这种形态下，人的生产能力只是在狭窄的范围内和孤立的地点上发展着"，通行人身

依附，相当于资本主义社会以前的诸社会形态。以物的依赖性为基础的人的独立性，是第二种社会形态，表现为货币面前人人平等，人们有了多方面选择的自由。"建立在个人全面发展和他们共同的社会生产能力成为他们的社会财富这一基础上的自由个性，是第三个阶段"，在这个阶段，人的个体得到了全面的、充分的发展，相当于马克思所讲的社会主义社会和共产主义社会。马克思认为，第二个阶段为第三个阶段准备了必要的物质条件和精神条件。马克思追求的是人的自由全面的发展，他认为这样的社会状态才是最理想的社会状态。马克思主义政治经济学的社会主义部分明确规定，社会主义的生产目的是为了满足广大人民群众日益增长的物质文化需要。这就是说，人民群众的福祉不仅包括物质层面的需要，而且包括精神层面的需要。人民群众的需要是动态的、不断调整的。

无独有偶，发达国家的学者也曾经对一国经济发展的目的做出了有针对性的反思。1973年，美国经济学家加尔布雷斯在其所著《经济学和公共目标》中认为，单纯追求经济增长造成了经济发展与社会公共目标的失衡，这样的发展模式制约了人民福祉的提升和社会的健康发展。加尔布雷斯指出，无论如何不应当妨碍经济增长的观点成了一把保护伞，掩盖了许多不好的事，对经济增长数字的关心超过了对人本身的注意。为此，他呼吁经济发展应当回到重视公共目标的轨道。

1998年诺贝尔经济学奖得主阿玛蒂亚·森在其颇具影响的《以自由看待发展》一书中，对发展观、发展目的做了全新角度的论证，森指出，将发展等同于国民生产总值的增长，或个人收入的提高，或工业化与技术进步，或社会现代化等的观点，是狭隘的发展观，这些最多属于工具性范畴，是为人的发展、人的福祉服务的。

2000年，世界各国领导人在联合国千年首脑会议上商定了一套时限为15年的目标和价值指标，强调自由、平等、共济、宽容、尊重大自然和共同承担责任。进入新时期后，中国共产党人更是极有针对性地提出了以人为本、和谐社会、科学发展观、建设生态文明等重要思想。

综上所述，发展是为了人们的福祉，这既是马克思主义经典作家的期望，也是发达国家经验教训的总结，更是我国经济社会健康发展的迫切需要。然而，在我们的经济生活中，确实存在着偏离社会主义生产目的、为增长而增长的增长主义倾向。各地不遗余力、不择手段血拼GDP，最终导致一系列问题的产生与加剧，如环境污染、农村与城市的失衡、生态失衡、经济发展与社会事业的失衡，以及诸多社会问题。

以人为本的发展观如何设定发展的衡量指标

发展观的衡量标准是随着经济社会的不同发展阶段而调整的。放眼世界，20世纪60~70年代，发展的理念还局限在经济增长和经济结构变迁领域，衡量发展的指标也以国民生产总值、不同产业所占的比例、各个产业领域的就业状况为主。在我国，改革开放以来，追求经济增长速度、以GDP为经济社会发展的主要衡量指标有其必然性。客观地讲，改革开放之初，我们追求GDP的增长速度既有必要，也有条件，因为落后而产业空间很大，资源环境压力不大，存在着充裕的劳动力，公众对改革开放充满期待。但是目前，当产业空间因发展而相对饱和、资源环境压力很大、劳动力红利逐渐消失、人民群众对发展的要求更高的时候，我们不仅要思考我们的发展观，而且要思考体现发展观的衡量指标。

我们对GDP的认识存在着片面性，忽视了被其掩盖的一些不好的方面。在西方经济学中，GDP是指一国或一地区一个时期内生产的全部产品和劳务的价格总和，深层次地看，GDP掩盖了许多东西。其一，GDP并不反映产品和经济增长的质量，这涉及GDP的构成。发达国家的GDP物质构成是精致的制造业、知识产权产品和文化产品，我们的GDP基本是由附加值不高的制造业、一些基础性建设甚至亮点工程构成。当然，我们也有一些高精尖的内容，但占比不大。其二，资源浪费对GDP是正的效应，自然的价格和环境的价格被忽视了。其三，自给自足的部分被忽略了。自己在家做饭付出的劳动不计入 GDP；在饭馆吃饭却计入 GDP；农民地被圈了，自给自足的部分没有了，虽然货币收入增加了，但一切生活所需都要用钱买，生活水平可能反倒降低了。其四，有些增加 GDP 的行为实际上是无奈之举，例如机场附近的居民为了防止噪声，不得不再装一层玻璃，这样虽然可以增加 GDP，但却并非自愿。其五，有些有害的东西也可以增加 GDP，例如用公款大吃大喝、色情文学等，虽然可以增加 GDP，但对社会却是有害的。

可见，GDP 不完全等同于人民的福祉。单纯追求 GDP 的数量是非常不合理的，我们需要健康的、绿色的、高质量的 GDP。社会主义的生产目的是满足广大人民群众日益增长的物质文化需要，由此确定的发展观要求我们必须重新设定发展的衡量指标。

从提升人民群众的福祉而言，新的衡量发展的指标和大体内容应当包括：商品和服务的质量；生态文明，即人们享有的环境质量、清新的空气、卫生的饮用水、优质的食品，以及动植物的多样性；教育、文化活动的水平，以及公平的享有权，收入分配的公正性；获得工作的难易程度，以及平等进入某些工作岗位的权利；人们用于休闲的时间；养老、医疗和未来的安全性；人们的信仰、精神状态以及家庭和社区的和谐。总之，发展应当是全面的、协调的。

以人为本的发展路径必须选择转变经济发展方式

既然人们已经认识到了单纯追求 GDP 所带来的消极后果，为什么对 GDP 的追求仍然成为不可动摇的目标，这是因为我们已经有了单纯追求 GDP 的刚性制度安排，并且形成了一个完整的体系。这一制度安排的显著特征是 GDP 有意无意成为衡量各级干部晋升的标准，而各级地方政府又在一定程度上扮演着市场主体的角色，加之 GDP 又是一个显而易见的数量指标而非质量指标，追求速度比追求质量更加容易，这样的架构使我们铸就了一个追求速度的速度型体制。

实现以人为本的发展观,在发展路径上必须选择转变经济发展方式。转变经济发展方式就是要创新驱动,要害是正确处理政府与市场的关系。

政府一切行动的出发点应当是人们的福祉,提升人民的福祉应当成为新的考核标准。政府特别是地方政府不能成为市场主体,不能不顾一切地"血拼"GDP。政府的主要任务是提供公共产品,为人民群众、为子孙后代看护好资源、环境,维护社会的公平正义,维护社会的和谐稳定。所有这些都应当成为对政府的考核项目,如果不达标,甚至可以一票否决。血拼GDP从经济学的意义上讲不仅不应当属于政府的应有行为,而且有时甚至和政府必须提供的公共服务的职能是相悖的。只要政府为人民群众看护好了环境、看护好资源,GDP就会绿色、就会健康。

政府不应当动辄刺激经济。必须明白,真正的经济增长是由高质量的实体经济支持的经济增长。经济增长有其自然增长率,即在一国经济发展的特定阶段,一定的技术水平下,不受政策干扰的自然而然的增长率,是市场机制本身在发挥作用时实现的增长率。

建立没有地方保护的全国统一市场。这有利于各地比较优势的发挥,有利于规模经济和品牌效应,有利于淘汰落后产能和产业升级。

政府虽然不直接参与经济活动,但政府可以创造吸引人才、激励人才,让企业充分发挥创造性的环境。

原载《光明日报》2013年7月12日

资源逼迫与经济增长模式提升

古典经济学的"比较优势"原理,曾经是人们选择经济增长模式的基本理论依据,然而综观历史、放眼当代,我们还可以发现,在缺少先天的资源的比较优势的情况下,由于资源缺乏而被迫在解决经济发展的"瓶颈"的过程中所选择的经济增长模式技术含量更高,效果更佳。

一、资源逼迫:经济增长模式提升的杠杆

大量事实说明,只要制度本身具有激励性,资源短缺,反而会成为经济增长模式提升的杠杆。

1. 资源约束的改变使得最初的粗放经营转向了集约经营

马克思经济学给我们提供了最初的粗放经营向集约经营转化的典型案例。人们最初所以会选择粗放经营,是因为土地并不稀缺,土地的产权也没有最终确定。马克思写道:"那些新近开垦,以前从未耕种过,相对的说比较不肥沃的土地……完全无需使用肥料,甚至只要进行粗放耕作,也能长期获得收成。"[1] 马克思举例说,在西部大草原进行耕种之所

---

[1] 《马克思恩格斯全集》第 25 卷,人民出版社 1974 年版,第 756 页。

以能获得剩余产品，并不是由于土地肥力高，从而每英亩的产量高，而是由于可以进行粗放耕作的土地面积很大，这种土地对耕作者来说不需花费什么，或者只花很少的费用。这就是说，在给定的土地资源约束条件下，选择粗放经营是理性的。

然而，粗放经营毕竟向集约经营转化了，转化的原因正是土地资源的稀缺，是稀缺的土地资源逼迫的结果。作为土地资源稀缺的第一反应是土地所有权的确立。马克思指出，早在资本主义以前的各种方式下，"牧羊业或整个畜牧业中，几乎都是共同利用土地，并且一开始就是粗放经营。资本主义生产方式是从生产资料在事实上或法律上为耕种者自己所有的旧生产方式发展起来的……生产资料只是由此才逐渐走向集中"。紧接着是由粗放经营向集约经营的转化，"由于耕作的自然规律，当耕作已经发达到一定水平，地力已经相应消耗的时候，资本（在这里同时指已经生产的生产资料）才会成为土地耕作上的决定因素。"① 换言之，此时的资源约束条件发生了变化：土地稀缺了，资本和技术却相对充裕，资本和技术可以替代土地的稀缺。为了解决经济发展过程中土地资源稀缺的"瓶颈"，经济增长模式转化了：由粗放经营转向了集约经营。

2. 资源逼迫下的经济增长模式提升导致了西欧与东亚经济发展的大相径庭

这是一个非常有意思的现象：18世纪以前西欧与东亚，特别是中国的经济发展水平大抵相当。18世纪以后的发展却大相径庭，其原因就在于西欧在资源逼迫之下选择了资本和技术密集的经济增长模式，而后者则依然固守着劳动密集的经济增长模式。

据美国历史学家彭慕兰（Kenneth Pomeranz）的研究，直至1750年前后，东亚和西欧的发展模式均为劳动密集。"有很多迹象表明，欧洲有许多

---

① 《马克思恩格斯全集》第25卷，人民出版社1974年版，第756页。

富裕地区已经走上了一条较为劳动密集的道路，直到18世纪后期和19世纪引人注目的发展才扭转了那条道路"[1]。那么，是什么原因使得欧洲已有的劳动密集的发展道路发生了急剧断裂？彭慕兰认为是矿物燃料和新大陆的发现，这两者的利用使得西欧的燃料和土地并不稀缺，稀缺的是劳动力。如此的资源约束条件迫使西欧在技术创新中出现了对节约劳动的强调，把他们的注意力吸引到了节约劳动的发明中，而充裕的劳动力使得东亚几乎不需要考虑劳动力的节约。"这个独一无二的西欧需要减少昂贵的劳动力的使用，于是历史前进了，最后导致了机器和现代化工厂的出现，以及人均生产力与生活水平的巨大改善，而同时其他社会更感兴趣寻找能够节约土地、资本或某些具体的稀缺资源的创新。所以欧洲人并不一定更有创造力，但高工资成本促使他们的努力走上了一个真正变革的方向"[2]。

西欧与东亚，包括中国的最初的经济增长模式的差异，所以能够导致后来经济发展的大相径庭，在于两种经济增长模式的风格和功能的不同。资本和技术密集的经济增长模式其基本风格是技术创新，追求经济发展的技术含量，着力于人的素质的提高，进而把知识、技术本身作为商品，批量化的大规模生产，并且大规模地应用于经济实践，从而使产业结构不断提升，这个过程是永无止境的。劳动密集的经济增长模式，通常以人口众多，而不是人的素质的提高为前提，是一种着重于经济总量而并非提升经济增长的技术含量和人均增长量的经济增长模式，而且其总量的增加也是靠更多的劳动投入量而不是生产力的质的突破。东亚因为拥有劳动力资源的比较优势，最后陷入了"比较优势陷阱"，西欧没有劳动力资源的比较优势，被迫选择了资本和技术密集的经济增长模式，这种最初的变化导致了后来的始料未及的差异。

---

[1][2] ［美］彭慕兰：《大分流——欧洲、中国及现代世界经济的发展》（中译本），江苏人民出版社2003年版，第44页。

3. 资源逼迫与经济增长模式提升的现代证明

在当代，不具有自然资源方面的比较优势的国家和地区的经济所以能够快速发展，依然在于资源状况逼迫他们选择了注重技术创新的经济增长模式。迈克尔·波特的著名的《国家竞争优势》全书所论述的中心思想就是资源短缺逼迫了经济增长模式的提升。他通过对10个国家、多个产业的全方位的分析，认为当历史前进到当代的时候，一国、一地区的竞争优势并不在于自然资源等低级生产要素方面的比较优势，而在于高级生产要素和高级竞争优势。波特的这些研究给我们提供了资源逼迫与经济增长模式提升的现代证明。

波特认为，传统经济学中"比较优势"原理不能解释自然资源要素禀赋处于不利状态下的区域或国家为什么能变不利为有利，成为竞争中的佼佼者。例如，谁能想象黄沙漫天的以色列，反倒是农业以及与农业相关的技术相当发达。荷兰常年低温、湿寒，似乎并不适合花卉的生产和出口，这样的条件反倒造就了荷兰的养花技术。韩国的自然资源并不丰富，但韩国的制造业却相当发达。瑞典等著名的弯道滑雪国家，本身并没有适合大曲道滑雪的高山环境，于是他们因地制宜，把小山丘和小跑道设计得更具挑战性，并由此大大提高了选手们的技术水平。波特的结论是，不利的资源约束条件，逼迫着人们以技术创新解决经济发展过程中的"瓶颈"，反倒创造了新的优势。

那么，为什么以自然资源的比较优势为依据的经济发展战略曾经得到比较一致的认同呢？波特的结论是，18～19世纪的产业比较粗糙，当历史发展到当代的时候，产业已经相当精细，其技术含量日益提高。支撑粗糙性产业的是包括天然资源、气温、地理位置、非技术工人与半技术工人等初级生产要素，这是传统的比较优势原理的基本内涵。支撑精细性产业的是包括现代化通信的基础设施、高等教育人力（如电脑科学家和工程师），以及各大学和研究所等。初级生产要素是天然的，是被动继承的，因而是有限的，高级生产要素是通过教育和投资获得的，因而是无限的。问题的关键还在于高级生产要素无限的创造力、扩张力是初级生产要素所无法比拟的。波特写道："一般型、初级生产要素的竞争优势（如本地原料或半技术型人工）通常会被创新流程所取代。生产自动化将使人工无用武之地，而新材料更将取代传统资源的优势。此外，创新通常也有降低成本的效果。它所形成的高级生产要素对降低产品的不良率、提升产品质量方面的价值，更是难以估量。"① 于是，拥有初级生产要素的只是低层次的竞争优势，拥有高级生产要素的才是高层次的竞争优势。高层次的竞争优势使得那些没有传统的自然资源方面的比较优势的国家和地区得到了异乎寻常的发展。

以上三个案例说明，确实存在着在资源约束不利的情况下，为了解决经济发展过程中的"瓶颈"，被迫选择了技术含量更高的经济增长模式，反而达到了更好的经济效果的现象。这是一种带有规律性的现象。

实际上，仅仅认为资源约束不利就可以逼迫选择技术含量更高的经济增长模式是不够的，我们同时注意到，三个案例背后都有着具有激励创新的制度安排。在马克思看来，这种具有激励性的制度安排表现为土地产权的确立。产权是具有激励性的制度安排的核心。土地产权的确立首先意味着随意地占有土地已经不再可能，想进一步提高效率只能选择在已经拥有的土地上精耕细作。其次也说明，土地的经营效果已经与其所有者的命运有了更为紧密的联系。彭慕兰同样注意到了促使西欧转变经济增长模式的制度问题，认为在当时的西欧产生了据说比别的地方更有利于经济发展的制度，这就是市场机制和财产所有权制度。波特也特别强调高层次竞争优势背后的制度安排。他指出，国家优势的核心是"发明"和"企业家"。然而，这一切并不是从天而降的，而是需要对发明创造的所有权的保护。他强调，发明创造的"机会的背后事实上是国家环境差异的结果。事实上，

---

① ［美］迈克尔·波特：《国家竞争优势》（中译本），华夏出版社2002年版，第77页。

要预测哪一个公司或哪个人比较可能创新并不容易,还不如预测哪一个国家适合创新,比较实际可行"①。

我们可以从马克思、彭慕兰、迈克尔·波特的不同论述里抽象出共同的东西,即据有激励性制度的核心因素是对产权、包括发明创造的知识产权的保护和健全的市场经济体制。诺贝尔经济学奖获得者道格拉斯·诺思关于西方世界所以能够兴起的论述更加印证了这一点。他说:"市场规模的扩大以及发明的产权得到更好的界定,从而在提高了创新收益率的同时,创新成本得到了根本性的降低。正是这样的一系列的变化为连接科学与技术的真正革命——第二次经济革命——铺平了道路。"②

二、历史上的中国为什么没有及时提升经济增长模式

即使从与西欧选择了高技术含量型的经济增长模式的简单的对照中也可能触摸到历史上的中国为什么没有选择技术密集型的经济增长模式的缘由,然而简单地对照毕竟不是学术论述,有必要进行更为深入的学术分析。

首先是劳动密集状态下的低工资使得机器代替劳动失去了任何意义。中国历史上一直是农业和手工业相结合的生产方式,产量和交易的扩大依靠的是不断投入更多的不付报酬的家庭劳动。黄宗智曾经指出:"这种收入帮助家庭满足了或多或少固定的消费需求,但付出了极大的代价:低利润和接近于零的绝对工资结合在一起,使投资于节约劳动的机器失去了意义,把人们拴死在低效率的工作上,只给非维持生计必需的产品留下一个小市场。在这种情况下,农村工业能够发展,但劳动生产率不能提高。因此,这是小农生产和生存的商品化,而不是萌芽中的资本主义企业"③。彭

---

① [美]迈克尔·波特等:《国家竞争优势》(中译本),中信出版社2002年版,第117页。
② [美]道格拉斯·诺思:《经济史中的结构与变迁》(中译本),三联出版社1991年版,第180页。
③ [美]彭慕兰:《大分流——欧洲、中国及现代世界经济的发展》(中译本),江苏人民出版社2003年版,第85~86页。

慕兰同样认为，在劳动密集的情况下，难以转换经济增长模式，他写道，在中国和印度等其他国家，"都在不同程度上被迫采用日益劳动密集的方法对付生态压力，并在不同程度发现这些调整使以后实现资本密集与能源密集的工业化更为困难"[①]。这些论述说明，过于廉价的劳动力——不管是由于人口过多还是有意压低工资，不可能产生使用高效率的机器的任何冲动，不仅阻碍了用机器代替工人的经济增长模式的转换，也阻碍了中国市场经济的诞生，固化了既有的生产方式。

其次是"科学文化"或"科学精神"的缺乏。在西欧，所以当劳动力昂贵的时候，会转化为用机械制造代替劳动密集型的经济发展模式，还在于在1750年前的150年中形成的科学文化，这种被称为"科学文化"的东西的存在使机械制造有可能得以发展。科学文化的基本要素包括越来越强的读写能力和印刷术，科学社团的发展，比较容易听懂的公开演讲等。站在这些现象之后的是一种强有力的观念，即对一种机械本质的研究应该受到鼓励[②]。"机械本质"即机械化大生产，机械本质与科学精神是一致的。按照凡勃伦的分析，只有在机械操作的背景下才能够产生现代企业。现代企业是现代经济的生命之源（凡勃伦，1904）。

然而，当时的中国恰恰缺少这种"科学文化"。彭慕兰的分析相当深刻，他说："由于缺少科学团体和传播牛顿学说的信徒，中国（和其他社会）缺乏足够的手段传播新的和有用的知识。""没有组织的科学团体，综合性发明的普及可能会比在英格兰和荷兰慢，也完全可能会使精英科学和工匠知识之间的交叉传授更为困难"[③]。我们从彭慕兰的这些论述中，不仅可以看到中国当时为什么难以转向机械生产的经济增长模式，甚至也可以

[①] ［美］彭慕兰：《大分流——欧洲、中国及现代世界经济的发展》（中译本），江苏人民出版社2003年版，第265页。

[②] ［美］彭慕兰：《大分流——欧洲、中国及现代世界经济的发展》（中译本），江苏人民出版社2003年版，第40页。

[③] ［美］彭慕兰：《大分流——欧洲、中国及现代世界经济的发展》（中译本），江苏人民出版社2003年版，第43页。

看到中国历史上科学技术为什么相对欠发展。

最后是制度层面的问题。我们曾经指出，西欧所以能够由劳动密集转向资本密集和机械制造，除了资源逼迫之外，还有适合于发明创造的制度，即明确的且得到切实保护的财产权制度和市场经济体制。对比之下，当时的中国缺少的恰恰是这些。彭慕兰认为，在中国和印度经济发展受到了政府的抑制，那里的政府或是太强大，并对私有财产抱有敌意。或是太软弱，当理性的企业家与地方惯例、神职人员和家庭发生冲突时，无法保护他们①。

马克思也有同样的看法。他把历史上的中国和印度称为亚细亚社会。意大利学者翁贝托·梅洛蒂依据马克思的论述概括了亚细亚社会的基本特征，他写道："马克思关于亚细亚社会的概念，有三个基本特征。第一，没有土地私有制；即使退一万步，至少，土地属于国家所有。第二，亚细亚社会的基础是村社制，每一个村社通过农业和家庭手工业的紧密结合而达到自给自足。第三，中央集权起着支配作用。"②

用制度经济学的基本立场和分析方法审视以上的论述，其蕴含的基本要义是：第一，有效的经济组织是经济增长的关键，而有效的经济组织的核心在于所有权的确立和切实保护③。一个社会的产权，包括知识产权如果能够得到明确和有效保护，从而缩小对创新所带来的收益无把握的程度，促使发明者的活动得到最大的个人收益，那么，这个社会就更富于创新精神，就会不断地提升产业结构和经济增长质量。如果一个社会的产权不明确，或者说与产权相关的一系列权力没有得到有效保护，那就会增大创新活动的费用，减少发明者努力的个人收益，也会因此而遏制社会经济结构的提升。此外，产权不能得到有效保护，还会使人们对未来缺少稳定预期，

---

① ［美］彭慕兰：《大分流——欧洲、中国及现代世界经济的发展》（中译本），江苏人民出版社2003年版。
② ［意］翁贝托·梅洛蒂：《马克思与第三世界》（中译本），商务印书馆1981年版，第124页。
③ ［美］道格拉斯·诺思、罗伯特·托马斯：《西方世界的兴起》（中译本），华夏出版社1989年版，第2页。

容易造成长期行为的缺失和机会主义行为的发生,这对于经济的稳定发展和经济模式的提升是一个致命的缺陷。第二,政府的过于强大,意味着企业和个人活动空间的狭小,而创新本质上来源于企业和个人,取决于企业和个人的创新激情和活动空间。此外,政府是由人组成的,过于强大的从而缺少有效法律制约的政府随意性更大。这些都对创新和提升经济增长模式不利。当今中国地方政府的一些表现似可在一定程度上印证上述判断。

三、资源逼迫与经济增长模式提升对中国经济发展的现实启迪

陶醉于初级生产要素的比较优势的发展模式,和在资源逼迫下选择了着重于技术含量的经济发展模式所导致的不同发展效果这一事实,对当代中国的经济发展极富启发意义。

1. 充分认识"比较优势"原理的利弊优劣和时代背景的深刻变化

以初级生产要素的丰富为特征的比较优势原理产生于18～19世纪产业比较粗糙的时代,在那个时代,科技进步还没有显现,科技进步所带来的无限冲击力也没有展示,人们对于劳动对财富的贡献给予了充分的肯定,诚如斯密所言,劳动是财富之源泉。对于财富而言,在当时劳动和分工较之于科技进步的贡献显然要大得多。在相当长的时间内,财富的增加不是靠生产力的质的突破,而是靠劳动的投入量的增加。事实上,在劳动密集型的生产方式下,要增加经济总量,也只能靠增加劳动的投入量,因为劳动密集型的生产方式本身并不具备从质的层面突破生产力的功能。它可以增加经济总量,但却难以增加人均产量。

20世纪下半叶,世界进入了知识经济的时代,如果说今天在发达国家彼此的经济交往中,还应当发挥比较优势的话,那么,今天的比较优势含

义已经与昔日大相径庭,更多的是指一国、一地区在某一方面具有的技术优势以及与之相关的品牌优势和产品优势。从世界科学技术和经济发展的大趋势来看,财富的结构和源泉已经发生了深刻的变化。对此,刘诗白教授深刻地指出:"知识和知识产业的快速发展,引起了现代国民财富结构的变化,知识产品在总产品中所占的比重日益增大,传统物质产品比重下降。物质财富生产和知识财富生产并举和以知识促进物质生产,成为当代经济发展的大趋势,也是知识经济的特征"①。在如此的时代背景下,传统的以自然资源丰富和劳动力便宜为基础的比较优势原理发挥作用的条件,受到了强烈的冲击,发生了时代性的变化。

当对比较优势的利弊分析,从理论的层面进入到实践层面的时候,迈克尔·波特的论述颇为一针见血。他说:"以劳动成本或天然资源为优势的产业,必须是资金周转率低的产业。这类产业的进入障碍不高,所以是许多国家优先考虑的产业发展项目,同时也引进了许多竞争者(以及许多产能的投入)。当越来越多的新手被这类产业所吸引时,他们随即会发现,除了优势不断消逝之外,还因为资产的投入而被套牢。"波特强调,"发展中国家很容易进入这种陷阱。他们几乎一窝蜂地在生产成本与价格上竞争,其开发计划更是以成本导向的新产业为基础,无法逃脱生产成本的限制。因此,这类国家时时处在失去竞争力的威胁中,年复一年、面临薪水与周转的问题。他们有限的利润完全得仰仗国际经济的波动"②。这就是当代国际竞争态势的现实而真实的写照。据此,我们必须从当前的时代背景和国际竞争的特征出发,全面认识传统的比较优势的利弊优劣。

2. 在我国经济发达地区应当适时而主动地提升经济增长模式

发展中国家由于缺少资金和技术,在经济发展的起始阶段,自然要发

---

① 刘诗白:《现代财富论》,上海三联出版社 2005 年版,第 22 页。
② [美]迈克尔·波特:《国家竞争优势》(中译本),华夏出版社 2002 年版,第 14~15 页。

挥传统的"比较优势。"但发展到一定程度,有了相当积累的时候,就应当及时提升经济增长模式,避免陶醉于"比较优势"而不能自拔。迈克尔·波特在综观世界各国的经济发展状况以后真诚告诫:"当一个国家的企业要持续它的国际竞争优势时,它应该主动摆脱当时的初级生产要素优势"[①]。"企业要创造更持久的竞争优势,必须在初级条件仍有优势的情况下就主动割舍。日本企业能够在许多产业中保持竞争优势,是因为日本在人工成本相对较低的情况下就开始发展自动化,并在低价位、标准化产品还很成功时,便进入到差异化的产品领域"[②]。

我国是发展中国家,我国发达地区最初的经济发展也是以初级生产要素的比较优势为基点的。我们得到了发展,赢得了积累,但随之而来的是产品基本上都是劳动密集型产品,技术含量不高,甚至高新技术产业也是劳动密集型的:产品中核心的知识产权并不属于我们,只是用便宜的劳动力进行成熟的工艺序列的简单加工。利润中的大部分分配给了知识产权,劳动加工只挣得相当低微的加工利润。在企业的国际并购中,我们用的是辛辛苦苦挣得的硬通货,而成熟市场经济国家用得更多的是知识产权等无形资产。在国际竞争和国际分工中,我们处在产业链的下端。同样的,我们也曾经发挥并正在发挥自然资源丰富的比较优势,但这种模式在不知不觉中演变成了乱砍滥伐、竭泽而渔,随之而来的是环境污染,我们已经不能承受更大的环境代价。面对资源约束条件的这些变化,在我国经济发达地区,当有了一定的资本积累和经验的时候,应当不失时机地转变经济增长模式,提高经济增长模式的技术含量,把中国制造转化为中国创造,这是我国经济发达地区义不容辞的历史责任。

我们已经着手品牌战略,注重培育和保护自己的知识产权,注重产业结构和产品结构的及时提升。所有这一切,事实上都是在做着转变经济增长模式的极其重要的工作。

[①][②] [美]迈克尔·波特:《国家竞争优势》(中译本),华夏出版社2002年版,第14~15页。

当然，由于我国经济发展的不平衡，在强调发达地区应当适时地转变经济增长模式的同时，在我国相当多的欠发达地区，一方面还存在着传统的比较优势原理发挥作用的条件，另一方面也缺少提升经济增长模式的必要的资本积累、人才积累，依据传统的比较优势原理，制定本地区的经济发展战略依然是必要的，是有现实意义的。

3. 关键是建立有利于提升经济增长模式的制度安排

历史的经验证明，要适时地提升经济增长模式，除了资源约束条件的变化之外，更为关键的是要有有利于提升经济增长模式的制度安排。我们可以把计划经济下尽管已经遇到了严重的资源约束，但却难以使经济增长模式由粗放经营转化为集约经营作为这一判断的反面例证。

笔者把经济增长模式的转换和提升，看作是微观层面的企业经济运行和竞争的自然结果，而并不主要的是政府的说教和调控，虽然政府也有着不可替代的积极作用。作为这一命题的细致论述，就是微观层面根据资源约束条件的变化，在盈利目的驱动下进行投入和产出的比较，进行投入中各种生产要素的成本与效益的比较，依据整个社会科技与经济的发展趋势，自主地、与时俱进地变换经济增长模式的过程。事实上，企业本身也在创造着科技进步的趋势。既然如此，有利于提升经济增长模式的微观层面的制度安排就应当包括如下的基本内容。

首先，为了使企业能够对资源约束的变化情况作出灵敏的反映，企业就必须是产权清晰，约束硬化，且得到切实保护的市场经济下的真正的企业。对资源约束条件作出及时的、灵敏的反应，是真正的企业的本能反应。这就是本文此前所讲的，马克思、彭慕兰、迈克尔·波特一再强调的明确产权的意义所在。在当代，由于科学和技术对经济发展的极其强势的作用所带来的财富内容的深刻变化，我们还必须特别强调对知识产权的有效保护。

其次，有利于转变经济增长模式的制度安排，必须是有利于各种企业平等进入和有效竞争的制度安排。市场经济的全部魅力就在于竞争。这里的竞争是企业之间的竞争，不是地方政府之间的竞争。竞争是产业成熟和经济增长模式提升的杠杆。竞争的内容是多方面的，既包括价格竞争，也包括创新方面的竞争。熊彼特强调，尽管做马车的企业可以把马车做得尽善尽美，但毕竟不如能造出火车的企业。然而，这一切都以平等进入为前提，靠着各种力量，特别是行政力量形成的垄断，阻隔了平等进入，也就扼制了有效竞争，阉割了市场经济最本质的东西。

迈克尔·波特的研究证明，国内的有效竞争还具有提升国际竞争力的功能。他通过对日本的研究发现，凡是在日本国内市场上竞争的你死我活的企业，在国际市场上都有竞争力，都有提升经济增长模式的冲动和欲望。在国际市场上没有竞争力的是靠政府保护，可以凭借垄断地位无忧无虑生活的企业，这样的企业通常对成本核算并不敏感，缺少提升经济增长模式的冲动。波特的这一论断是有普遍意义的。

一旦进入平等竞争和有效进入的讨论，我们就不能不对我们的实际情况做出深入的分析，在目前的体制框架和制度背景下，平等进入的状况并不如意。原因在于，第一，基于部门利益的行政垄断。虽然最高当局、经济理论界、企业家都认识到了平等进入的重要性，但却遇到了既得利益部门出于自我利益的障碍。他们通常拥有制定政策的权利。第二，出于地方利益的地方保护。在当前的体制背景下，地方政府不适当地扮演着市场主体的角色。地方政府通常追求的是新奇和辉煌，并非以成本与效率的比较作为项目选择的标准，并且由于缺乏相应的、人格化的产权约束，难以对资源约束状况作出灵敏的反应，也没有任何个人，包括主要领导能够并且愿意承担由于盲目扩张、盲目投资所造成的损失。在这种情况下，即使都是高技术含量的项目，也可能只是在更高层次上铺摊子式的粗放经营，而不是转变和提升经济增长模式。与此同时，地方政府会本能地拒绝其他地区的产品进入。

最后，有利于转换和提升经济增长模式的制度安排，应当给政府的功能以明确的定位。政府应当着重于三个方面的工作：一是应当努力创造一个有利于竞争、有利于造就和培养高级生产要素的公平竞争的环境。政府通过创造良好的竞争环境获得一种高效的效果，而不是直接追求效率。政府直接追求效率会造成市场秩序的紊乱，反而没有效率。如果有了良好的环境，整个社会就会充满活力，就会伴随着世界科技和经济发展的大背景不断提升经济增长模式，也就自然提升了经济效率。二是政府应当相信市场，相信市场在配置资源方面已经被历史证明了的绩效。政府的政策设计应当尽可能地让价格反映资源的稀缺程度。换言之，资源约束状况的变化应当通过市场价格及时明确地反映出来，只有这样，才有利于企业的正确选择，才有利于经济增长模式的提升和转换。这也是"看不见的手"的基本要求。三是政府应当对世界经济和科技的发展有一个前瞻性的把握，给微观层面以科学的指引。

原载《中国工业经济》2005 年第 6 期

粗放经营的历史透视与现实考证
——评三种粗放经营模式

转变经济增长模式是我们多年讨论和实践而迟迟未能解决的问题,新一轮经济波动依然是粗放经营。笔者试图通过对事实上存在的三种粗放经营模式的比较,探讨粗放经营的形成机理,寻找从粗放经营到集约经营的制度安排,以便从制度上保证科学发展观的落实,避免我国经济运行的大起大落,从整体上提高经济增长效率。

一、最初的或者原本意义上的粗放经营

最初的或者说原本意义上的粗放经营最早发生在农业领域,其体制背景是市场经济,相当于马克思所讲的级差地租Ⅰ。在《资本论》里,马克思对农业领域的粗放经营作了十分深刻的论述。他写道:"那些新开垦的、以前从未耕种过,相对地说比较不肥沃的土地……以致它无需施用肥料,甚至只要进行粗放耕作,也能长期获得收成。"[1] 例如,在大草原进行耕种之所以能获得剩余产品,并不是由于土地肥力高,从而每英亩的产量高,而是由于可以进行粗放耕作的土地面积很大,这种土地对耕作者来说不需要花费什么,或者只花

---

[1] 《马克思恩格斯全集》第25卷,人民出版社1972年版,第756页。

极少的费用。在马克思的笔下，所谓粗放经营是在土地相对充裕，资本和技术相对稀缺的情况下，理性的经济人为了追求最大利益，自觉发挥资源优势（充裕的土地），以弥补最为稀缺的资源（资本与技术）的有效经济增长模式。相反，如果在土地充裕，资本与技术稀缺的情况下追求资本密集的高技术含量的集约经营，那不仅是最不经济、最无效率的选择，而且会错失进一步发展的良机。

然而，粗放经营毕竟向集约经营（相当于级差地租Ⅱ）转化了。在讲到粗放经营向集约经营转化时，马克思特别强调土地所有权和地力的消耗。对于土地所有权，马克思认为，早在资本主义以前的各种生产方式下，"牧羊业或整个畜牧业中，几乎都是共同利用土地，并且一开始就是粗放经营。资本主义生产方式是从生产资料的事实上或法律上为耕者自己所有的生产方式发展起来的……生产资料只是由此才走向集中"①。对于地力的消耗，他说："由于耕作的自然规律，当耕作已经发展到一定水平，地力已经相应消耗的时候，资本（在这里同时指已经生产的生产资料）才会成为土地耕作上的决定要素。"②

从经济学的意义上讲，土地所有权的确立，既是对土地资源稀缺的反映③，也意味着排他性，意味着通过到处铺摊子的、多占土地的粗放经营有了不可逾越的产权边界。而地力的消耗则意味着如果不改造土地、提升耕作的技术含量将无效率可言。然而，随着经济的发展，资本已经有了一定的积累，技术也有了相应的提高，相对于土地的稀缺反而相对"充裕"，于是，集约经营就"水到渠成"，自然而然。这说明，集约经营是在特定的条件下，在效率原则的作用下，针对稀缺资源所做出的耕作制度的调整。此时的集约经营依然是有效的。

---

① 《马克思恩格斯全集》第25卷，人民出版社1972年版，第761页。
② 《马克思恩格斯全集》第25卷，人民出版社1972年版，第762页。
③ 根据道格拉斯·诺思的研究，只有当资源稀缺时才有建立产权的要求和压力。见诺思《经济史中的结构与变迁》，商务印书馆1992年版，第89~90页。

我们从以上的分析可以看出，粗放经营和集约经营是在农业发展的特定历史阶段对不同的稀缺资源的反应，都是有效的。尽管粗放经营无论在逻辑上还是在历史上，都是集约经营的出发点，然而粗放经营还是向集约经营转化了，转化的条件是：（1）资源约束的变化。这里所讲的资源约束的变化，是指土地资源已经由充裕变得稀缺，稀缺的土地资源已经不允许粗放经营。（2）土地产权的确立。确立土地产权是对土地资源稀缺的制度建设的反映。土地产权的确立、人格化和有效保护，形成了对土地所有者的硬化约束。这种硬化约束在实际经营中则表现为既不能随意侵占别的土地，也不会浪费自己的土地，而是尽可能地提高土地利用效率。（3）资本与技术的积累。随着经济的发展，资本和技术这两种生产要素相对"充裕"，为向集约经营准备了必要的条件。

进而，从必要条件和充分条件的角度看，可以发现土地资源的稀缺、资本的相对充裕和技术的提高，构成了由粗放经营向集约经营转化的必要条件。而产权约束的硬化则是其充分条件，是由粗放经营转向集约经营的关键性的制度安排。如果产权约束不是人格化的、不是硬的，那就意味着可以不负责任、可以互相侵蚀、可以"抽吸"（科尔奈语）其背后的靠山，如父母、国家等。如果制度安排允许甚式纵涌这些行为的存在，那就很难向集约经营转化。

二、传统体制下的粗放经营

约束软化是匈牙利经济学家亚诺什·科尔奈在《短缺经济学》中解释传统体制下的粗放经营的基本范畴。在科尔奈看来，传统体制下的扩张行为，从企业（传统体制下的企业都是国有企业）层面来看表现为铺摊子、上项目，不可遏制的投资饥渴。企业的扩张动力在于无论是干部还是职工，都可以从企业的扩张中得到相应的利益。扩张给企业带来的利益表现在两个方面：首先，无论是企业还是职工，都可以从企业的扩张中得到相应的回报，例如，与企业规模相联系的干部级别的变迁，"管理10000人比管理5000人更为显赫"（科尔奈语）的精神满足。又如大企业与小企业不同的福利待遇和精神待遇（大型国有企业的社会荣誉感）。其次，更多地占有生产资料，则易于完成上级下达的任务。传统体制下对企业的评价不是市场的评价而是上级有关部门的评价，上级评价企业和企业领导人的标准是企业完成任务的情况，提前和超额完成任务是每一个企业近乎条件反射的选择。更多地占有生产资料且同时隐瞒生产能力是易于提前和超额完成任务的必要准备，也是传统体制下企业的普遍行为和惯常做法。超额和提前完成任务是有利益的，此即各种物质奖励和精神奖励，包括企业领导的升迁。

那么，企业何以敢于扩张，对于扩张所造成的损失无后顾之忧呢？科尔奈认为这完全在于传统体制下国家与企业的父子关系而导致的预算约束软化，即企业没有财产权，连企业本身都是国家的。科尔奈强调，传统体制下的企业扩张是一种"自然本能"。他说："一个企业必须壮大，扩张冲动与数量冲动和囤积倾向一起造成了生产领域几乎不可满足的需求和吸纳状况。扩张冲动比数量冲动和囤积倾向更重要，因为它对经济体制的影响甚至更强大，正是扩张冲动才说明了不可满足的投资饥渴。"[①] 显然，这是一种攀比，而并非什么竞争，在攀比中争着扩大规模，争着多占生产要素，争着"抽吸父母"，即向国家多要钱。竞争可以提升高效率，攀比只会丧失效率。

当然，传统体制下的粗放经营，并非仅仅缘于企业层面，它还与社会层面的赶超战略和传导放大机制密不可分，赶超战略和传导放大机制对企业的投资饥渴起到了诱导和推波助澜的作用。二者的叠加，使得铺摊子、上项目的粗放经营成为传统体制下经济增长模式的主要特征。

对照原本意义上的粗放经营和传统体制下从企业层面分析的粗放经营，我们看到，二者都是在产权不明确的情况下追求效用最大化的理性人的必

---

① 亚诺什·科尔奈：《短缺经济学》，经济科学出版社1986年版，第199页。

然选择，都是"不占白不占"的心理使然。所不同的是，原本意义上的粗放经营是有效的，并为向集约经营的转换准备了条件。而传统机制下的粗放经营虽然是低效的（并由此诱发了改革），但并不必然地转向集约经营。因为尽管长期的粗放经营造成了资源短缺并使粗放经营难以为继，然而在给定的体制下，它却没有明确产权的内在要求。而产权能否明确，约束能否硬化，是由粗放经营转向集约经营的关键所在。

三、当前情况下的粗放经营

在由计划经济向市场经济过渡的今天，我国经济再一次出现了新的投资饥渴和粗放经营，只是其主体力量变成了地方政府。那么，地方政府为什么会成为新一轮投资饥渴和粗放经营的重要推动者呢？这是因为已有的改革举措使地方政府不适当地扮演了市场主体的角色。

第一，我们历史性地选择了社会主义市场经济体制，旨在造就社会主义市场经济体制的改革从总体上看更多强制性。事实上，只要社会主义市场经济的改革方向一旦成为党的决定和全党全社会的奋斗目标，地方政府就不能不竭力推动。具体表现为地方政府为市场发育创造条件、树立典型、直到直接招商引资、经营资本、投资上项目。而这些直接从事经营的行为，本来是真正的市场主体的应有行为。

第二，分权与财政分灶吃饭，使地方政府成为市场主体的制度准备进一步完善。中国的改革是从分权开始的。1994年的财税改革，使地方政府有了更多的权利和责任。分权制和财政分灶吃饭，一方面使地方政府不得不直接拼经济；另一方面又为地方政府直接拼经济提供了必要的制度安排和更为广阔的活动空间。

第三，地方政府主要负责人的任命制和以GDP的增长为主要内容的考核，进一步促成了地方政府的市场主体角色。迄今为止，地方政府主要负责人基本上是通过任命制产生的，具体表现为上级或同级党的组织提出候选人名单，交给相关党的代表大会或人民代表大会进行等额或差额选举。在如此的制度安排下，决定地方政府主要负责人职务升迁的主导力量是上级党委及其主要负责人。

那么，以什么作为考核干部的标准呢？这就是GDP的增长。长期的计划经济使得我国经济低效运行，改革开放的中国人民急需发展经济。由于种种误解，经济发展被简单地理解为GDP的增长。在以经济建设为中心的时代，GDP的增长理所当然地成为对各级领导工作绩效的考核标准。

改革在不经意之间使地方政府扮演了市场主体的角色，并由此导致了粗放经营的诸多特点。

不择手段地追求GDP，是当前粗放经营的特点之一。尽管GDP并不能反映经济增长的质量、环境的污染和资源的浪费对GDP都是正的效应，但GDP的增长却成了各级政府的痴情追求。表现为只要能在短期内增加GDP，就不惜以环境污染为代价，就不怕违反国家的有关政策，就不顾本地区的财政能力，哪怕最终是半截子工程，甚至欠下巨额债务，有的还谎报GDP。于是，我们看到了大量的呈负面效应的开发区，堆积了很多货币的半截子工程。

不惜成本地追求"亮点"和"辉煌"，是当前粗放经营的第二个特点。互相之间的竞争和攀比，使各地政府总是尽最大可能地追求最大、最亮、最辉煌。于是有了最大然而却是效率最低的机场，有了最宽阔的但却通不了几辆车的马路。阿瑟·刘易斯曾经深刻地指出："公共投资中的声誉因素是众所周知的。浪费的现象在大量已成事实的事物中昭然若揭，它导致了资本利用率的不足——如按对需求的期望所建的工厂，每小时仅有几辆车行驶的高速公路，这些都是普遍现象。我们总是被告知这些国家资本短缺，可同时资本的低效利用却是这些国家非常明显的特征。"[①]

[①] 阿瑟·刘易斯：《发展中国家的失业》，载《二元经济论》，北京经济学院出版社1989年版，第66页。

封闭或地方保护，是当前粗放经营的第三个特点。为了在短时间内把GDP做得最大，最有效的方法是铺摊子、上项目的重复建设，即花钱买GDP。为了使重复建设特别是低水平的重复建设不致在统一的市场竞争中被淘汰，地方保护是其必然选择。凡保护都是保护落后，有竞争力的企业和产业是不需要保护的。重复建设是低水平的，亚当·斯密所揭示的基于比较优势的分工以及由此带来的效益在地方保护的情况下是无法实现的。地方保护在我国加入世贸组织以后，与市场经济所要求的在全国乃至全世界范围内合理的配置资源格格不入。

　　地方政府之所以痴情于投资饥渴式的扩张，除了利益驱动之外，更重要的原因在于缺少相应的产权约束。真正的市场主体其产权是人格化的，商品的命运就是商品生产者、企业所有者的命运。对此，马克思深刻地指出，商品交换是一个"惊险的跳跃"，如果跳不过去，摔坏的不是商品，而是商品生产者自己。真正的市场主体之所以不盲目地扩张和冲动，是因为由此而造成的损失必须由他们自己来承担。如果因此而破产，破的也是他们自己的产。产权约束的硬化和在硬化基础上的优胜劣汰，既是市场经济的基本构造和生命力之源，同时也是由粗放经营过渡到集约经营的基本约束条件。然而，地方政府却缺少相应的产权约束。在法律上，地方政府是国有资产的代表，这使他们可以方便地使用资源，如圈地搞开发区或以土地换资金等等。同时，由于他们仅仅是国有资产的代表，国有资产不是他们的，所以，他们又不承担资产所有者应当而且必须承担的责任。这样的制度格局对于地方政府领导的扩张行为是最为有利的。他们会最大限度地享受扩张给自己带来的收益，但却缺少充分的资格承担由于扩张给社会带来的损失。这一切，诚如詹姆斯·布坎南所深刻指出的，政治企业家（他把政治家叫做政治企业家）也是人，也会在给定的条件下选择最有利于自己的方案。

四、三种粗放经营模式的比较

对照三种粗放经营模式，我们可以看出以下几点。

第一，三种粗放经营模式由于其发动的主体不同，因而其追求的目标也不相同。原本意义上的粗放经营是以营利为目的的个体发挥资源优势，追求效率的体现。传统体制下粗放经营的主体是国有企业，其宗旨是为了追求利益，包括物质利益和政治利益，例如工资的增加、干部的升迁、心理上的满足等。但利益并不等于效益。即使国有企业浪费了资源，在利益方面是负的，但只要超额完成了任务，同样会赢得上级的奖励。现阶段的粗放经营与传统体制下的粗放经营有许多共同点，虽然推动的主体由国有企业变成了地方政府，但都是追求利益，只不过作为地方政府的主要负责人，更多的是追求政治利益，即职位升迁。

第二，原本意义上的粗放经营是追求利益最大化的经济人，在土地资源充裕，资本和技术相对稀缺的情况下，发挥资源优势的最佳选择，因而是有效的选择。传统体制下的粗放经营在新中国成立初期，在存在广阔的发展空间的情况下也曾经是有效的，因为那时必须填补很多工业空白，且革命热情相对高涨。而进一步的发展，当超过粗放经营有效性的最佳限度时，由于没有及时地过渡到集约经营，其粗放经营的低效性日益显现。当前情况下的粗放经营，由于攀比，由于片面地追求"亮"和"大"，造成了巨大的资源浪费。我们从全国39个支线机场几乎全部亏损中可见一斑。

第三，三种粗放经营模式的不同，根源在于体制。原本意义上的粗放经营是利益人格化的市场经济的体制（马克思笔下的资本主义生产方式），产权约束是硬的，而后两种粗放经营的产权约束都是软的。由此可见，增长模式的有效与否，倒不一定在于粗放经营还是集约经营，而在于约束条件和诱导信号。不同的体制产生了不同的诱导信号：原本意义上的粗放经营是必须讲效率才能生存的，后两者则是只要扩张就可以有物质利益和政治利益。于是，前者就最充分、最有效地发挥自己的资源优势，特别是提高"瓶颈"资源的利用效率；后两者则把上项目等同于发展，千方百计地寻找机会和借口铺摊子、上项目。

第四，由于产权约束的硬化，随着其他约束条件，如技术与资本状况的变化，为了发挥资源优势，追求效用最大，原本意义上的粗放经营必然会转向集约经营。同样的道理，后两种粗放经营由于产权约束软化，除非发生新的制度安排，使产权约束硬化，否则就很难转向集约经营。这就是我们一直呼唤转变经济增长模式，而迟迟难以转换的深层次的原因。

五、通过改革建立起由粗放经营转化为集约经营的内在机制

以上分析说明，转换经济增长模式，或者说实践科学的发展观，绝不是道德说教的问题，而是必须有相应的制度安排。为此，我们必须从两个方面推进改革：一方面，继续推进国有企业的改革，使之成为真正的市场主体；另一方面，针对当前的粗放经营，必须全力推进政府改革，使之成为与市场经济相适应的政府。基于本文的主题，笔者想着重探讨的是在转变经济增长模式这一问题上对地方政府应当进行的改革。

针对传统体制下的粗放经营的改革，是使国有企业通过改革，使产权约束硬化，成为真正的企业。而针对当前体制下政府改革的思路恰恰相反，即应当使地方政府退出投资主体的地位。据此：

第一，地方政府应当按照市场经济体制的要求，在其具有比较优势的领域发挥作用，退出不具有比较优势的领域。

在市场经济体制中，地方政府不具有比较优势的领域是直接投资。除了不具备作为投资主体的基本条件，即人格化的财产所有权外，还在于知识和信息方面的缺失。诚如哈耶克所强调，专家和组织所掌握的是相对集中的知识，直接从事经济活动的人们掌握的是分散地反映了瞬息万变的市

场需求的信息和知识，这正是直接从事经济活动的人们的优势所在。按照这样的分析，地方政府所拥有的与市场活动相关的信息和知识是十分有限的。计划经济的失败就在于政府承担了与其拥有的信息极不对称的职能和责任。对此，亚当·斯密有着更为深刻的论述，他指出："关于可以把资本用在什么种类的国内生产上，其生产能力有着最大价值这一问题，每一个人处在他当时的地位，显然能判断得比政治家或立法家好得多。"他强调，把投资的权力"交给一个大言不惭的、荒唐的自认为有资格行使的人，是再危险也没有了"①。理论的逻辑如此，实践的逻辑亦是如此，在真正成熟的市场经济国家，政府包括地方政府都不是市场主体。

市场经济的健康运行离不开公共服务和公共产品。就提供公共服务和公共产品而言，作为真正的市场主体的企业并不具有比较优势；相反，这恰恰是政府包括地方政府的比较优势所在。例如，作为公共产品的正规制度安排，是通过一定的组织形式颁布的具有强制性的规定。显然，颁布、制定和执行正规制度的只能是政府。政府在明确和保护产权、打击假冒伪劣、维持良好的市场秩序和社会秩序、创造良好的投资环境方面，具有得天独厚的优势。政府所承担的这些公共服务的职能，如果让个人或者企业去承担，不但不具有优势，甚至还会出现"黑社会"性质的组织。事实上，只要政府提供了上述的公共产品，就提供了一个可以让每一个个人和真正的市场主体能最大限度地挖掘自身潜力的环境，一个地区的经济会因此而大有发展。

既然地方政府的角色和优势如此，中央对地方政府的考核标准就应当从他所承担的职能出发，而不是直接的 GDP 指标。

第二，切实明确和有效保护各种合法产权，以实现对地方政府经济行为的制衡

卖土地是地方政府维持粗放经营模式、铺摊子、上项目的主要资金来

---

① 亚当·斯密：《国民财富的性质和原因的研究》（下），商务印书馆 1974 年版，第 28 页。

源。地方政府之所以能够轻而易举地用土地换资金，是因为土地的产权虽然是国家的，但由于多重委托代理关系，地方政府通常以国家的名义行使土地所有权，其支配土地的空间和弹性相当大。此外，农民只有土地经营权，土地的所有权属于国家、属于集体，因而更易被"征用"。最后，种种不良拆迁行为的出现，亦说明对拆迁户的私有财产没有得到切实保护。所有这一切，使得地方政府粗放经营的亮点工程进行得更为容易。如果我们能够按照新近通过的中华人民共和国宪法的基本精神，制定切实可行的细则，加强对各种产权的保护，自然会制约地方政府的扩张冲动。

第三，通过银行制度的改革，使银行成为与市场经济相适应的真正的银行。

从国有银行获得贷款是地方政府直接拼经济、上项目、铺摊子的重要资金来源。银行之所以给地方政府支持的项目发放贷款，要么是认为有地方政府作为背景的企业相对放心，要么是由于地方政府的种种"影响"。在银行看来贷款给这样的客户，起码不存在政治上的风险。银行之所以敢于像打价格大战般地争夺客户，在于这种价格大战即使打得再惨烈，也会因为有国家的坚强后盾而不致破产。这一切的关键，在于银行也是国有企业，像一切国有企业一样，产权约束是软的。一旦出了问题，对相关负责人只能从行政和法律的角度进行处理，不能从产权和财产的角度给予惩罚。与行政约束相比，产权约束更能消除机会主义祸因。如果说国有企业需要改革的话，那就不仅是国有的工业企业应当进行改革，国有的金融企业也在此列，改革的方向同样是产权约束硬化的真正的企业。如果银行的改革到位，其贷款行为就会更像一个企业的应有行为了，就会把盈利和风险放在放贷时首先必须考虑的问题。

第四，让广大人民群众在干部选拔问题上有更多的发言权。

地方政府的政绩工程主要是做给上级看的。由于信息不对称，一些表面的、虚假的、夸张的东西，有关上级并不易觉察。而直接在一线的人民群众则对这些工程的效用、成本明察秋毫，如果广大人民群众在干部选举上有更多的发言权，地方政府的盲目扩张冲动一定会得到有效控制。诺贝尔经济学奖获得者阿玛蒂亚·森有一个非常重要的、值得我们借鉴的观点。他认为自由可以遏制饥荒的发生，其中的道理在于自由意味着透明，意味着老百姓有更多的选择，包括对官员行为的识别，对官员前途的肯定或否定，还包括人们进入和退出该地区。如果我们在干部选拔上能让广大老百姓有更多的发言权，也会达到阿玛蒂亚·森所讲的"自由"的效果。

经济增长模式的实质是在给定的制度安排下对资源约束变化的反映。在制度安排上，我们只要让政府真正扮演政府的角色，让企业真正扮演企业的角色，就有了从粗放经营转向集约经营的内在机制，我国经济就会避免大起大落，就会健康平稳地发展。

原载《天津社会科学》2004 年第 6 期

论比较优势陷阱

"比较优势"似乎是经济学的基本规律，然而发展中国家要是一味地发挥"比较优势"，势必会陷入"比较优势陷阱"，并最终影响经济发展。

一、实施"比较优势"原则应当区别国际与国内

"比较优势陷阱"是指陶醉于自然资源的比较优势不能自拔、固化于产业链的低端，最终丧失竞争力。

"比较优势陷阱"的形成在理论上来源于对最初论述的并非全面的理解和教条主义的应用。

比较优势原理最先由亚当·斯密提出，不过斯密所讲的是绝对比较优势。斯密关于市场经济的全部论述起源于分工，他也是从分工的角度讨论比较优势的。斯密举例说，两个一开始都同时进行着打猎和造弓箭的人，后来其中的一个发现他最合适打猎，在打猎上具有绝对比较优势，就专门打猎换弓箭。另一个则发现自己更擅长于造弓箭，在造弓箭上具有绝对优势，就专门造弓箭以换猎物，这样不仅可以增加个人财富，也可以增加社会财富。进而，斯密将这一论述由国内推及世界，认为各国都可以发挥本国资源和劳动的比较优势，斯密举例说，甲国生产某一种商品需要10个小时，但是同一

商品在乙国生产则需要 15 个小时，这时乙国向甲国购买这种商品而不是自己生产将是最为有利的。

大卫·李嘉图发展了斯密的比较优势学说，提出了比较成本理论。斯密认为国与国之间所以会发生贸易，是因为一国所输出的商品一定是具有绝对优势的商品，这个国家生产这种商品所需要成本绝对地小于其他国家，李嘉图认为在国际贸易中一国只要生产自己具有相对比较优势的产品就会对双方都有好处。他举例说，假如葡萄牙生产一定数量的葡萄酒只需 80 个工人劳动 1 年，生产一定数量的毛呢只需 90 个工人劳动 1 年，而在英国生产同样数量的葡萄酒和毛呢，则分别需要 120 个工人和 100 个工人劳动 1 年。葡萄牙在两种商品生产上都占绝对的优势，然而在葡萄酒的市场上却占有更大的优势。李嘉图认为，在这种情况下，葡萄牙可以集中力量生产葡萄酒，而英国则专门生产毛呢，然后两国进行交换。原因在于，如果由葡萄牙自己生产一定数量的毛呢需要 90 个工人劳动 1 年，而在发挥比较成本优势并进行交换的情况下，只需要 80 个工人生产 1 年的葡萄酒就可以交换到同样数量的毛呢。从英国方面来说，虽然它用 100 个工人劳动 1 年的生产物（毛呢）只换来 80 个工人 1 年的生产物（葡萄酒），然而如果由英国自己生产葡萄酒，则需要 120 个工人劳动 1 年。

在阐述完比较优势理论的基本含义以后，进一步需要探讨的是亚当·斯密和大卫·李嘉图为什么能够提出这样的学说。他们之所以提出这样的学说除了经济理论本身的发展规律之外，还在于他们当时是发达国家。斯密看到了最初的市场经济的魅力，反映的是最发达国家的心态。而在李嘉图的时代，英国已经完成了工业革命，它的大工业在世界上占绝对优势，并以它们的工业品冲击着其他国家的市场。同时英国也需要更多的廉价的粮食和原料，以便加速本国大工业的发展。

把比较优势理论原理不加分析地应用于发达和欠发达国家之间的国际贸易，会影响到欠发达国家竞争力的形成和经济的发展。德国经济学家弗里德里希·李斯特最先洞察了这一理论的弊端并作了深刻的剖析。

当时德国经济比较落后，李斯特从这种落后的现实出发，认为斯密的学说错在只有世界（世界主义）和个人（个人主义），没有国家。于是必须引进"国家"这个中介。他在《政治经济学的国民体系》的自序里开宗明义地告诉人们，"我要说明一点，作为我的学说体系中的一个主要特征是国家。国家的性质是处于个人与整个人类之间的中介体，我的理论体系的整个结构就是以这一点为基础的"。他强调，"个人主要依靠国家并在国家范围内获得文化、生产力、安全和繁荣。同样地，人类文明只有依靠各个国家的文明和发展，才有可能"。如果像斯密（也包括李嘉图）设想的那样各国发挥比较优势，则发达国家的比较优势是技术、大量的工业品和剩余资本，欠发达国家的比较优势是廉价的劳动力、资源和尚未被污染的环境，并在此基础上进行不设防的自由贸易，英国会进一步成为庞大的工业帝国，那些欠发达国家的经济就会每况愈下。李斯特说："在这样的形势下，法国以及西班牙、葡萄牙将遭到同样的命运，最上品的酒供应英国世界，只有最下等的烈酒才留给自己，法国最多只能干些小型女帽业那类营生。德国那时看来对英国世界没有什么别的可以贡献，只有一些儿童玩具、木制的钟、哲学书籍等类，或者还可以有一支补充的队伍，他们为了替英国人服务，扩大英国的工商业优势，传播英国文学和语言，牺牲自己，长途跋涉到亚洲和非洲沙漠地带，就在那里沦落一生。"

李斯特的结论是敞开胸怀的不设防的自由贸易并不适合德国，不适合经济欠发达国家。欠发达国家需要自由贸易，但同样需要保护，在保护中形成具有国际竞争力的产业，再行自由贸易。他把这样的过程分为三个阶段，"第一个阶段是对比较先进的国家实行自由贸易，以此为手段，使自己脱离未开化阶段，在农业上求得发展；第二个阶段是，用商业限制政策促进工业、渔业、海运事业和国外贸易的发展；最后一个阶段是，当财富和力量已经达到最高度以后，再行恢复到自由贸易原则，在国内外市场进行竞争，使从事工商业的人们在精神上不致松懈，并且可以鼓励他们不断努力保持既得优势地位"。李斯特提出要重点保护，形成产业竞争力，实际上就是我们今天所讲的通过合理的产业政策，形成关键产业的核心竞争力和整个国民经济的竞争力。

从一定意义上讲，李斯特所讲的在开放中通过适当的保护，形成关键产业的竞争力，揭示了后发展中国家的一般发展轨迹。不仅德国后来的崛起与李斯特的保护政策不无关系，日本、韩国的崛起也与重点扶持相关产业不无关系。中华人民共和国在最初的建设中，所以能够很快地自立于世界民族之林，也与我们发挥社会主义制度的优越性，兴办关键性工业部门密不可分。如果我们当时遵循所谓的比较优势原理，发挥所谓劳动力便宜、资源丰富的比较优势，就很难建成独立的工业体系和国民体系，可能至今还会受制于人。

总结上述的论述，我们的结论是：比较优势原理更适合在一国范围内发挥作用，当把它应用到世界范围内的时候，应当是有条件、有限度的。发展中国家如果不明白这一点，就会陷入比较优势的陷阱，就会贻误本国经济的发展。

二、静态的比较优势在科学技术迅猛发展的今天可能恰恰是劣势

必须清醒地看到在科学技术迅速发展的今天，一国传统的、静态的比较优势可能恰恰是劣势，甚至会成为一国经济发展的软肋。美国学者迈克尔·波特在《国家竞争优势》里指出，传统的比较优势原理已经不能解释由于科技进步所带来的一系列的新现象：（1）不能解释自然条件处于不利地位的地区或国家为什么能变不利为有利并成为竞争的佼佼者，如黄沙漫天的以色列，农业及与农业相关的技术却相当发达。（2）不能解释更多的与要素禀赋无关的企业的兴起，如需要精密技术或熟练工人的新产业，而这些产业又是一个国家兴旺发达的重要组成部分。（3）不能解释为什么全球绝大多数贸易发生在条件相当或要素禀赋没有多大差异的发达国家。在

这些国家新材料、新能源被源源不断地创造出来，市场需求大，产品互补性强。

既然比较优势原理不能解释一系列新的现象，又为什么会在18～19世纪兴起呢？原因在于那时产业粗糙，是低级生产要素在起作用。在科学技术发展的今天，是高级生产要素，即高素质的人力资本和科学技术在起作用。波特用他的钻石理论解释了新出现的现象。"钻石理论"由四个方面的因素构成：(1) 高级生产要素；(2) 需求条件或需求的力量；(3) 相关产业或支持性产业；(4) 企业战略。这四个因素分布于一个菱形的四角，恰如一枚钻石。

托马斯·弗里德曼在《世界是平的》里，从另外的视角描述了同样的现象：一些没有传统比较优势的国家或地区经济发展相当之好。他说："所谓平坦系数是这样一个概念———一个国家自身越平坦，也就是说一个国家的自然资源越少，那么这个国家在平坦的世界中的处境就越好。在平坦的世界里，一个理想的国家是没有任何资源的，因为没有任何资源的国家无依无靠，所以倾向于挖掘自己的潜力，提高自身的竞争能力。这些国家会设法调动起全体国民的干劲、创业精神、创造力和学习知识的热情，而不是热衷于挖油井。"他认为日本、韩国以及中国台湾地区和中国沿海省份的成功概因于此。

既然形势发生了如此的变化，那么，发展中国家正确的做法就是不能陶醉于传统比较优势，更不能陷入比较优势的陷阱。然而令人遗憾的是，由于具有传统的比较优势的产业进入门槛低，很多发展中国家都选择了这样的产业。当越来越多的国家和越来越多的人被这种产业所吸引时，人们紧接着会发现，除了优势不断消失之外，还产生了一系列的消极后果，例如环境污染，缺少竞争力和经济主动，少有的利润取决于国际经济波动。正确的做法是主动割舍、积极扬弃。日本是这一方面的成功典范。日本在劳动密集型产品还有优势的情况下进行了主动割舍，没有陷入比较优势的陷阱，于是有了许多拥有自有技术、自主品牌的驰名世界的产品，提升了日本的产业竞争力。

三、重新审视比较优势原理给我们的现实启迪

我们曾经囫囵吞枣地接受了西方经济学的很多理论，不加分析地接受传统比较优势就是一例。我们应当以美国次贷引起的金融危机为契机给予深刻的反思：

第一，要清楚地认识到比较优势原理在一国范围内是普遍适用的，在世界范围内其适用性是有条件的。据此在国内各省各地区之间一定要发挥比较优势，扼制地方保护，建立全国统一市场。然而，面对世界性的竞争，如果我们敞开胸径地在世界范围内发挥传统的比较优势，我们就只能造衬衣——因为便宜的劳动力是我们所谓的比较优势。一个时期以来，我们在很多产业上，如大飞机产业、关键性的装备制造业上缺少竞争力或者竞争力下滑，大概与我们一味地发挥传统的比较优势不无关系。这种比较优势的发挥，虽然使我们在一段时间内促进了经济一定程度的发展，但各种弊端在此次金融危机中却暴露无遗。广东省委书记汪洋指出："当前的金融危机给广东上了生动的一课，过去利用廉价的土地，人力资本优势，承接国际产业转移发展起来的劳动密集型产业，其低端生产能力在金融危机冲击下深层次矛盾暴露无遗。"我们应当以此为契机，加强创新，集中力量形成关键性的、前沿性产业的竞争力，摆脱传统的比较优势陷阱。

现在看来，20世纪50年代我们的一些做法依然是有现实意义的，即发挥社会主义制度的优越性，集中财力、兴办关键产业，形成关键性产业的竞争力。事实上，日本、韩国的成功也在于利用产业政策造就关键性产业的竞争力。

第二，选择经济增长模式要注意到科学技术迅速发展的时代背景。要认识到在静态的、传统的比较优势原理的框架内是优势的，在动态的状态下恰恰是劣势。例如劳动力便宜，换一个角度看可能就是劳动力素质不高，

劳动力的性价比不高，创新能力不强；低端产业的迅速发展的另一面则是附加值低、缺少自主知识产权和国际品牌，且环境污染。马歇尔曾经指出，"自然"（即传统的比较优势）在生产中的作用可以归结为收益递减，但"人"的作用是受益递增的。克拉克也指出，知识在生产工具中是唯一不满足收益递减规律的。新经济增长理论认为，一国的经济发展，要更加重视人力资本，甚至要超过对物质资本的重视。

如果说在经济发展的最初阶段。我们靠传统的比较优势完成了必要的积累，那么在经济已经有了一定程度发展的今天，我们则应当加紧转变经济增长模式，提升经济增长的技术含量，避免陷入比较优势的陷阱。有人担心转变经济增长模式会产生机器排挤工人的现象。从发达国家的实践来看，至今也没有发生过这样的现象。这是因为通常随着新的机器、新的生产方式的诞生，会随之产生新的产业，新的就业岗位，所需要的只是不断学习，刺激教育，甚至可以节制人口的增长——因为教育本身是最好的节育措施。如果迁就人口众多而不改变经济增长模式，那就只会人口越来越多。当然，由于我国幅员辽阔、各地情况很不一样，这就使得劳动密集型经济增长模式在一些地方确有存在的必要性，但在经济发达的地区率先提升经济增长模式确实刻不容缓。

原载《光明日报》2009年6月2日

论注重内需拉动的经济发展

面对由美国次贷危机引发的金融危机,以及这种金融危机对我国经济实体的波及,我们必须在危机中寻找新的经济发展模式。新的经济增长应当以内需拉动经济发展成为中国经济发展的常态,成为中国经济发展的战略取向。

一、注重内需在拉动经济发展中的作用应当成为我国经济发展的常态

从一定意义上讲,美国次贷危机所以能够对我国实体经济发生影响,是我国内需不足使然。中央高瞻远瞩,出台了一系列启动内需、确保经济平稳较快发展的措施,所有这些都是十分及时和完全正确的。然而情急之下的启动只是应急之举,从反思的、长远的、战略的角度看,注重内需在拉动经济发展中的作用应当成为我国经济发展的常态。这是由于以下几个原因。

第一,中国是一个大国,大国的经济发展模式是不同于小国的。

经济学对于大国的经济发展模式应当不同于小国的经济发展模式有着十分经典的论述。亚当·斯密早在其1776年出版的《国民财富的性质和原因的研究》中就特别写道:"中国幅员辽阔,居民那么多,气候是多种多样,因此各地方有

各种各样的产物,各省间的水运交通大部分又是极其便利,所以单单这个广大的国内市场,就能支持巨大的制造业,并且容许很可观的分工程度……假如能在国内市场之外,再加上世界其余各地的市场,那么更广大的国外贸易,必能大大增加中国制造品,大大改进其制造业的生产力。"[1]当代发展经济学的代表人物霍利斯·钱纳里在其著名的《结构变化与发展政策》中进行了大国发展模式与小国发展模式的比较,其结论是:"大国发展型式的主要的特征是较低的国际贸易水平。国家越大,且政策的内向性越强,它的经济就越趋于封闭经济的情形。在整个转变时期,典型的大国型式具有占国民生产总值12%的出口额,假想的半开放国家的出口额占6%。"[2] 小国的经济发展模式不同于大国。"那些在大国中导致有限贸易和平衡增长的因素在小国中产生了相反的影响。后者具有较少多样性的资源和较小的市场,这就使对外贸易的利益增加了,对大多数小国而言,外资也更容易得到"[3]。斯密和钱纳里的这些论述,为我们提供了理解大国经济增长模式的基础。如果说我们在改革开放初期因为资本短缺,应当更多地依赖对外贸易,那么在已经有了一定的资本积累,且国际形势发生了变化的情况下,就应当不失时机地转换经济增长模式,注重内需拉动,把注重内需拉动调整到一个战略性的高度。

第二,注重内需拉动经济发展,更直接的原因是美国次贷危机引发的对我国经济影响的教训。

美国次贷危机所以能够对我国经济产生较为严重的影响,是因为我国以往的经济发展模式曾经严重地依赖外需的拉动。一旦外需成为拉动中国经济发展的主要力量,就会产生如下的情形:(1)经济发展受世界经济波动的影响甚大。例如,2004~2007年,世界经济处于一个较快的发展时

---

[1] [英]亚当·斯密著,王亚南等译:《国民财富的性质和原因的研究》,商务印书馆1972年版,第247页。

[2][3] [美]霍利斯·钱纳里著,朱东海等译:《结构变化与发展政策》,经济科学出版社1991年版,第87、91页。

期，对我国产品有着较大需求，我国经济就会处于一个较快的发展时期。当然，这种发展是以中国劳动者的低工资支撑了对我国产品有需求的国家的人民的廉价消费。然而一旦世界经济较为萧条，特别是对我国产品有大量需求的国家的经济发展较为萧条，减少了对我国产品的需求，我国经济发展就会相当被动。这就是我国当前的情况。(2) 在经济严重依赖外需的情况下，由于原材料在外和产品销售在外，上游产品特别是原材料价格上扬会导致国内产品价格上扬，形成输入性通胀。这就是我国2007年年末到2008年上半年的情况。(3) 在国际贸易中处于逆差的国家会要求顺差的国家货币升值，以缓解本国的经济压力。这几乎是美国面对对日贸易逆差和对中国贸易逆差的惯常做法。处于逆境的国家要求处于顺差的国家货币升值，或者让本国货币贬值的做法对于顺差国的经济发展雪上加霜。面对市场，任何市场主体都应当有自我保护。从保护的角度讲，我们也不能把鸡蛋放在一个篮子里。我们并不否认对外贸易的积极作用，但基于美国次贷危机的教训和基本国情，我国经济发展的战略取向应当是充分重视内需。即使就提高我国人民的生活水平而言，也应当如此。

第三，强调以内需拉动经济发展应当成为一种常态，是因为经济下滑时再去启动成本大于常态状态下的运行成本。

一旦我们从战略的层面理解注重以内需拉动经济发展的模式的时候，注重内需在经济发展中的作用就成为一种常态。作为常态，内需是在一直稳健地、不间断地发挥着作用，内含着发展的惯性和经济规律的作用。而启动内需，是在经济发展出现下滑的时候，情急之下，借助于行政力量发动的，通过提升国内需求，阻止经济下滑的政策举措，通常是应急的。如果把内需分为投资需求和消费需求，启动内需直接发力的是投资，其次才是由投资带动的消费。在我国特定的行政从属体制下，中央政府期望的目标和措施会在号召执行的过程中不断放大，甚至演化为亮点工程和形象工程。问题不仅在此，一旦经济下滑开始再进行启动，就好像汽车停下来再重新发动一样，需要更大的动力。既然如此，我们为什么不把内需作为一种推动经济发展的常态，使我国经济健康、平稳的发展呢！

内需和外需是一国经济发展的两个轮子，如果说改革开放以来我们主要依靠的是外贸这只轮子。那么，解决危机、从长远的角度看，我国必须确立另一只轮子，这就是内需，是建立起一个消费型社会，使内需成为拉动经济发展的一种常态。我们这里对中国经济发展未来模式的讨论，丝毫不影响对当前启动内需的认同。为今之计，就是应当启动内需，启动内需与以内需拉动经济发展成为一种常态本身并不矛盾，在当前的情况下是一致的。

还需要指出的是，我们强调内需，是因为以往没有给内需以足够的重视。这样讨论问题，并不意味着不重视外需，而是针对以往对内需的忽视而言。我们是既要重视外需、更要重视内需，在当前特别具有现实意义。

二、启动内需，或者以内需拉动经济发展，重点是消费拉动

内需有两种：一种是投资拉动；另一种是消费拉动。启动内需，或者以内需拉动经济发展的出发点和落脚点应当是消费。

第一，经济学对于消费在推动经济发展中的作用作了经典式的论述。

著名的凯恩斯革命的关键就在于一反古典经济学把生产置于第一位的范式，而是把消费、甚至奢侈性的消费放在第一位。凯恩斯发问道：如果不消费生产还有什么意义呢？由此出发，他对经济危机的判断是有效需求不足，即有货币购买能力的需求不足，有效需求所以不足又是因为如下的两种情况，一种是没有钱消费；另一种是由于预期挣不到钱，即使有钱也不敢消费。于是，凯恩斯的全部政策主张就是通过扩张性的财政政策，并且发挥政府扩大的直接投资的乘数效应。在此基础上解决就业和收入问题，振奋人们信心，提高整个社会的消费倾向，最终遏制经济下滑、推动经济的发展。在这里，扩张性的财政政策只是一种临时性的手段，最终是要落

在消费上的。

马克思同样认为消费对于经济发展有着不可替代的巨大作用。马克思认为，一个完整的生产过程包括生产、分配、流通、消费。只有产品或者商品进入了最后的消费环节，实现了惊险跳跃，整个生产过程才算完成，再生产才能顺利进行。在这里，作为起始阶段的投资是启动环节，最终要接受社会、即消费的检验。这种检验有的是直接检验，例如该行业本身就是生产消费品的、相当于马克思所讲的第二部类，能不能最终被消费者所接受，即马克思所讲的实现"惊险跳跃"。还有一种检验是间接检验，即对生产资料的第一部类的检验。这是一种投资，其产品虽然没有直接作为生活资料出售给消费者，但无论其中有多少环节，最终是为生产生活资料服务的，如果大家不消费，生产生活资料的部门也会中断生产。这是一个由下游产品向上游产品不断进行的一波接一波的反映过程。如同我们当前看到的，一旦直接进入消费的产品的出口受到影响、对与之相关的产业的影响就会一波接一波地接踵而来。马克思把消费置于十分重要的地位。对于经济危机的说明，马克思同样认为是消费不足。马克思指出，资本家为了获取更多的利润，一方面最大限度地提高剩余价值率；另一方面则最大限度地压低工人的工资。然而由于工人不仅是生产者，同时也是消费者，当作为消费者的工人消费不起的时候，相对过剩的危机就爆发了。

第二，我国的经济现实说明，如果不能把投资最终转化为消费，必然会造成产能过剩，债务增加，经济萧条。

从总体上看，消费的主体是消费者。消费是市场行为，是进入了生产、分配、流通、消费这一过程的最终环节，是被社会认可的。投资虽然具有带动经济发展和增加GDP的作用，但却没有进入生产过程的最终环节。也就是说，由投资所带来的产品和GDP的增加，有可能转换为最终消费，也可能最终不被消费环节所接受。如果投资形成的产品最终不被社会所接受，就会造成重复建设，产能过剩、资源浪费、债务增加、经济萧条。我国目前的情况就是由于外需的减少而国内消费没有及时跟上，造成了一定的产能过剩。这些分析说明我们在启动经济的主导思想上应当落脚于消费,使投资服从于消费。在制度安排上,应当有利于消费拉动而不仅是投资拉动。

第三,以消费拉动经济是市场经济的根本要求。

综观各种经济体制运行特征,市场经济体制基本面是消费拉动的。在这里,各个市场主体产权是明确的,如果其产品不能被社会、被消费者所接受,如果商品不能实现"惊险的跳跃",那么摔坏的就不是商品而是商品生产者。消费者是上帝,是投资效果的最终检验者。虽然在启动经济的非常时刻,政府也有直接投资,但这种投资是有限的,其最终目的是为了振奋民间的投资和消费信心。反观传统计划经济体制,则是更多地依靠投资推动经济发展的,而且投资的效果并不要求接受市场和消费者的检验,这是传统计划经济体制下经济结构扭曲的根本原因。更深层的原因则是计划经济体制是行政力量、而不是市场力量处于主导地位。据此,我们既然选择了市场经济,就必须充分重视消费需求在拉动经济发展中的作用,使投资推动服从于消费拉动。

从实际情况来看,欧美发达市场经济国家居民最终消费对GDP的贡献率在70%以上,我国居民最终消费对GDP的贡献仅为46.9%,这说明从投资推动转向消费拉动还有很大的空间。

第四,重视消费对经济发展的拉动,还因为这一次的情况不同于1997年的亚洲金融危机。

亚洲金融危机的影响仅仅局限在亚洲,而中国的产品主要销往欧美,故对中国的对外贸易、从而对中国的影响并不大。在亚洲金融危机期间,中国政府以积极的财政政策扩大投资,启动经济、成绩显著,但并没有建立起广大的国内消费市场。这一次的情况则完全不同,国外消费市场极度萎缩,我们必须建立起国内消费市场,自己拯救自己。

第五,消费作为经济发展的落脚点,有利于提高人民生活水平,化解矛盾,实现科学发展,建立和谐社会。这正是新时期党和全国人民为之奋斗的目标所在。

为了中国经济健康平稳的发展，我们不仅要使内需成为推动中国经济发展的重要力量，更要把内需最终落脚在消费需求上。

三、政策着力点应当有利于消费需求

按照本文此前的逻辑，启动内需的政策着力点应当有利于消费需求。政策设计应当服务于此。

第一，国民收入的分配应当适当向劳动转移。

这是因为：

（1）消费是收入的函数。劳动的收入基本上用于消费，资本的所得基本上转化为投资。目前最终消费在拉动经济发展中的贡献所以有限，是因为劳动的收入水平有限。有关数据显示，截至2008年8月末，我国居民储蓄存款大约为20亿元，但按全国13.2亿人口平均，每人仅为1.5万元。扣除收入不均因素，这些钱远不足以支付教育、医疗、养老方面的支出。

现实的消费不足还在于发展性消费、例如教育和医疗的刚性。换言之，社会公共服务、社会保障不到位，使得有限的劳动收入更不敢用于消费。

《光明日报》2009年1月20日刊发的李培林等完成的《当前中国城乡消费状况》的调查报告显示，低收入家庭的恩格尔系数不是较高而是较低，报告分析到，低收入家庭恩格尔系数所以较低，主要是因为城乡低收入家庭为了保证教育和医疗等发展型消费而省吃俭用。换句话说，教育和医疗等发展型消费，是一种比较特殊的消费，它们没有随着收入水平的变化表象为较大的消费弹性，而是具有消费刚性的特点。在这种情况下，有限的收入因为发展和自我保障更不敢用于现实的消费。

我们强调收入分配应适当向劳动转移，还因为一个时期以来分配一直向国家税收和资本收入转移。有关数据显示，2008年上半年，城乡人均可支配收入为8065元，同比增长14.4%，扣除价格因素实际增长为6.3%；农民人均收入2528元，同比增长19.8%，扣除价格因素，实际增长10%。

而从税收情况来看，2007年全国税收合计增长31.3%，2008年上半年同比增长30.5%。此外，由于资本在分配格局中的有利地位（这种有利地位体现在资本对劳动的支配）分配有利于资本更是不争的事实。这样的分配格局显然不利于以消费带动经济的发展。因为如前所述，劳动的所得是转化为消费的，资本的所得是转化为积累的。

（2）国民收入分配向劳动转移，是经济发展的一般规律。发展中国家在经济发展的初期阶段，通常资本比较稀缺，收入分配向资本倾斜。经济发展意味着资本的积累，资本的充裕会使资本的价格下降，相比之下，劳动会相对短缺，作为对相对短缺的反映，其价格自然会上升。此外，按照马克思的经济学说，随着经济和社会的发展，劳动力价值所包含的生活资料的范围会扩展，劳动力价格也会随之上扬。所有这些都说明，国民收入分配适当向劳动转移是有其必然性的。

第二，国民收入分配应当向低收入群体适度转移。

在凯恩斯的政策体系中，关键是要把收入转化为消费，而能不能把收入转化为消费的关键又在于边际消费倾向的高低。所谓边际消费倾向是指最末一个收入单位中用来消费的比例。他指出，富人的边际消费倾向通常低于穷人的边际消费倾向，应当通过向低收入群体倾斜的重新分配，提高总体的消费倾向，使得一个较小的投资量就可以维持一个较高的就业率，具体可以采取税收和转移支付等。庇古在其著名的《福利经济学》中也认为，财富的分配适当向穷人转移，可以提高整个社会的福利指数。他说："一个人越是富有，他可能消费的收入占其总收入的比重就会越少。如果假设他的总收入是某个穷人总收入的20倍，则其消费的收入可能是穷人的5倍。无论如何，非常明显的是，收入从相对富有者向相对贫困者的任何转移，是以牺牲较不急迫的愿望为代价的，使得比较急迫的愿望得到了满足。因此，他一定会使满意感的总和有所增加。"[1]

---

[1] ［英］庇古著，金镝译：《福利经济学》，华夏出版社2007年版，第69~70页。

我国经济的现实为上述论述提供了中国式案例。李培林等人的调查表明，家庭消费随着收入增加而递减。低收入家庭的消费率高达 90% 以上，而高收入家庭消费率低，城市和农村高收入家庭的消费率分别为 57.9% 和 53.9%，这意味着高收入家庭每年的 40% 以上用于储蓄和积累。显然，从刺激内需推动经济发展出发，收入分配应当向低收入群体转移。

第三，要使内需成为拉动我国经济发展的重要力量，进一步的分配和投资应当向农村、农民转移。

就人口比例来说，农民占中国人口的 80%，按理应当有广阔的需求。然而经济学上所讲的需求不是看人口的多少，而是看货币购买能力。"三农"问题一直是中国经济发展的瓶颈，农民增收问题一直为改革开放以来的历届政府所关注，乃至最近召开的中共十七届三中全会还专门就农村土地产权和流向问题作了专门的决定，而这一切恰恰说明农民增收的问题一直没有得到有效解决。农民收入的问题生动地反映在城乡消费的差距上，农村家庭消费平均为 17285 元，比城市平均消费额的 28347.7 元少 10000 多元。农民增收问题除了政府补贴之外，还应当让农产品反映农产品的成本、收益和供求状况，该上升时就上升。至于农产品价格的上扬对城市低收入群体的生活的影响，则可以通过另外的途径，诸如补贴的途径去解决。此外，还应当一视同仁地解决农民的医疗保险、社会保障问题。最后，按照边际效用递减和效用最大化原理，如果给已经有了相对丰厚的投资的地方继续投资，投资的边际效用就会递减，为了取得最大限度的投资效果，进一步的投资应当选择以前投资薄弱的地区，这样的地区就是农村。当各个地区投资的边际效用相等的时候，整个社会的投资效用才会最大。

第四，侧重于以消费拉动内需，必须继续推进改革，建立相关制度安排。

据王中宇的研究，2007 年国民创造财富的 55.6% 都转化成了固定资产投资。于是我们发现，现行体制对 GDP 的追求具有偏好，对把 GDP 转化为投资具有偏好。为什么会是如此呢？一是现行体制中各级官员的任命机制；二是以 GDP 为核心的考核标准；三是各级官员代表政府掌握着大量资源。任命制必须有考核标准，考核标准必须是简明的、易于比较的。作为总量指标的 GDP 比作为质量指标的社会消费，经济结构、公共服务、环境保护等更容易把握，于是 GDP 在不知不觉中成了衡量干部政绩的重要指标。虽然由于单纯追求 GDP 而产生了诸多问题而强调科学发展，但无形中 GDP 依然诱导着相当多数干部的行为。布坎南曾经指出，在给定的条件下人们会选择最有利于自己的方案，政治企业家同样会在给定的条件下选择最有利于自己的方案，它们也会有短期行为或机会主义倾向，因为他们也是人，具有人类行为的基本特征。于是有了对 GDP 始终不渝的痴情追求，有了最大限度地把收入转化为资本的冲动。因为这样会有更大的 GDP，这样的 GDP 并非市场之选择（我们需要 GDP，但我们更需要 GDP 的质量）。可见，把更多的收入用于投资而不是消费，在当前情况下有着某种体制性的必然性。由是，我们必须推进改革，改革的方向是制度安排有利于市场配置资源，有利于消费拉动经济发展，有利实践科学发展观。

建立消费型社会是一个系统的制度安排，还应当包括对社会保障、医疗卫生和教育制度等的改革，使人民群众无后顾之忧，敢于消费。

四、以消费拉动经济发展必须有消费结构提升——当前可选择的内容评析

产业结构的提升是经济在更高的层面寻求新的增长亮点，没有产业结构的提升就没有经济发展的质的飞跃。而这一切，又有赖于消费结构的提升，这不仅表现在量上，而且表现在质上，表现在消费结构的变迁和提升上。

第一，提升消费结构，首先表现在对住房的需求上。

研究发现，当人们已经解决了吃、穿等温饱层次的需求以后，进入小康社会的主要表现是住房状况的改善。从发达国家的经济发展历史来看，

一旦这个层面的消费结构来临时，住房这一具有普遍型的需求的产业，由于其与其他产业，诸如土地经营、钢铁、装修、家具、环境塑造、物业服务、小区三产等有极其密切的产业关联，使其具有极强的拉动经济发展的力量。

在我国，房地产产业一经诞生就展示了它应有的拉动力量。按理，它应当继续展示对经济拉动的魅力，然而实际情况并不理想，高地产的供应并没有转化为房地产的现实的需求。主要原因是房价太高，房地产面对的目标群体主要是15%左右的高收入群体，房价也闭锁于高位。于是，中国房地产市场陷入了一种十分尴尬的局面：一方面是充足的供给，如2008年北京市的住宅供应就有9.8万套；另一方面是强劲的需求欲望，但成交量却很低，2008年北京住房成交量仅5.8万套，成交量占供给量不到60%，空置近40%。这样下去是很危险的；长期的空置等于产品积压，资金难以回流，贷款不能偿还，也有可能转化为次贷。

在市场经济下，商品的成交取决于供求双方都可以接受的均衡价格。现在的问题是供求双方处于一种胶着的僵持状态。广大的消费者认为房价太高，例如，按照国际上认可的房价收入比，房屋价格应当是家庭年收入的3~6倍，然而当前的房价收入比却远高于此。为了刺激房市、中央出台了一系列对于房市来说是利好的政策，然而随着政策的频繁出台，市场对政策的敏感度却在降低。供求双方似乎都在期待着更有利于自己的政策。

长期的供给大于需求，价格必然会下降，在这种僵持状态中供给者最终挺不过需求者——因为供给者有资金积压的压力，而需求者却没有这样的压力。打破僵局的出路在于扩大现实交易量。要扩大现实交易量就要挖掘现实需求者，要把中等、中高收入群体由潜在的需求者变成现实的需求者。换言之，房价应当是中等、中高收入群体都能买得起的房价（至于中低收入群体的部分或全部住房则由政府提供的经济适用房和廉租房去解决），只有这样，潜在的需求才能变为现实的需求。一个产业的发展必须有实在的现实需求，这是被经济实践千万次证明了的真理。历史对企业家的要求就是把人们潜在的需求变为现实的需求。在打破房地产市场的僵局中，房地产经营者应当有相对主动的行动，如果房地产企业能够提供定价公平合理，质量可靠的住房，中国房地产业一定会重振雄风，成为启动内需的关键力量。

政府的房地产市场应当有利于房地产产业的自救，有利于形成合理、公平的价格。合理公平的价格有利于供求双方，有利于房地产产业的发展。既要防止房价过高毁了整个产业——因为此时无人购买。也要防止房价过低诋毁了整个产业——因为整个产业难以为继，当整个产业都毁了的时候，同样不利于消费者。

第二，耐用消费品正在或者已经成为生活和发展的必需品，市场前景十分广阔。

马克思曾经指出，必要生活资料是一个历史的、道德的范畴。随着经济的发展，一些昔日的奢侈品，已经成为日常生活的必需品，这一方面最具代表性的就是手机。李培林等人关于《当前中国城乡家庭消费状况》的调查报告显示，随着市场经济的发展和家庭收入水平的提高，中国商品消费结构稳步升级，大众耐用消费品日渐普及，彩电、手机等商品每百个家庭保有量已经超过100台（部），冰箱、洗衣机、固定电话等保有量也都超过60台（部），家用汽车和电脑更是成为新的消费热点。在当前，家用汽车在农村已经是生产资料的一部分，而电脑对于城乡居民而言，不仅是生产资料（如网上经营），而且是发展资料（如学生学习几乎都有电脑）。即使是低收入家庭省吃俭用，也要让学生接受更好的教育，子女接受良好的教育是低收入群体改变现状的期望。电脑则是接受良好教育的必要装备。

耐用消费品转化为生活必需品为启动内需提供了广阔的市场，顺应这一大趋势，中央政府及时实施了"家电下乡"的政策，给农村家庭购买家用电器予以补贴。这一政策在农村实施家电品种可以更广泛一点。此外，这一政策也可以在城市低收入家庭进行尝试。

第三，启动内需应当注重公共服务领域的开拓。

中国经济的进一步发展应当注重解决经济发展中的瓶颈问题。在过去的 10~15 年，中国的外向型经济发展是比较快的，与之相关的是制造业发展是比较快的。相反，公共服务领域的发展却相对滞后。1973 年，美国经济学家加尔布雷斯在其所著的《经济学和公共目标》中就曾经批评道，在正统的经济学理论亦即受正统经济理论影响的官员和一般公民的思想里，"经济增长"成了"不可动摇的目标和信念"，"无论如何不应当妨碍经济增长"成了一把保护伞，遮盖了许许多多的事情和做法，对解决增长数字的关心超过了对人本身的关心，对"物"的注意超过了对"人"的注意，并由此带来了诸如环境污染等一系列消极后果。加尔布雷斯主张关注公共目标。

加尔布雷斯所讨论的问题具有普遍性，我们在经济发展中也存在着一定程度的对公共目标的忽略，现在应当借启动内需补上这一课，如在医疗、教育、养老、文化，这些领域应当有更多的投入和更广泛的准入，这样做不仅可以把内需拉动经济推向更为深入的层次，而且可以为进一步的经济发展打下良好的基础。此外，1997 年通过长假启动内需和春节黄金周的火爆消费，再一次证明了休闲产业亦有广阔的发展前景，是未来消费的又一个亮点。

原载《经济学动态》2009 年第 4 期

论中国经济发展中的失衡与校正

当前中国经济发展中暴露出来的问题，是各种经济、社会关系严重失衡的反应。严重的失衡已经影响到了快速前进的经济列车的运行，已经到了必须校正的关键时刻。失衡来自片面追求速度的经济增长主义，来自支撑了30多年来我国经济快速增长的发展方式，只有转变经济发展方式才能校正一系列失衡，使中国经济健康平衡可持续地发展。

一、内需与外需的失衡

内需与外需的失衡即中国经济发展是严重依赖外需拉动。内需与外需的失衡是支撑中国经济30年来快速发展的模式的逻辑必然，是所有失衡中的枢纽性失衡。

改革开放伊始，中国经济发展的初始条件是百废待兴，缺少外汇、资本、技术以及兴办企业的氛围和经验，又恰逢国际上发达国家，包括亚洲"四小龙"资源约束条件的变化，急需向外转移劳动密集型的、甚至有污染的较低层次的制造业。在给定的条件下，改革开放初期的中国自然而然合乎逻辑地选择了承接外来产业转移，两头在外，大进大出的经济增长模式。换言之，选择依赖外需拉动的发展模式是具有必然性的。

既有的模式的固有特点使它既可以带来快速的经济增长，

但同时也带来了一系列的问题。这种模式的特点是：(1) 其卖点在于便宜。一旦选择用外需带动经济发展，其产品在国际市场上必然要有卖点。中国产品的卖点在于便宜。在便宜的情况下还要有盈利，唯一的办法是尽可能地压低成本，包括资源、环境、劳动力成本，致使资源环境不堪重负。(2) 相当多的产业处于产业链的低端，核心技术，知识产权等高端的、利润丰厚的环节不由我们掌握。由我们完成的环节是加工制造层面，这是一个利润相当低薄的层面。(3) 忽视国内市场，严重依赖外需。

这种既有的经济增长模式在给我们带来相当长一段时间的经济增长的同时，也造成了内需和外需的严重失衡，并由此引发了一系列消极后果。

第一，中国人生产，外国人消费；中国人储蓄，外国人借钱。

其经济发展完全取决于国际经济形势的波动。例如，2004~2007年，世界经济处于一个较快的发展时期，对我国产品有着较大的需求，我国经济也就处在一个较快的发展时期。然而一旦世界经济较为萧条，特别是对我国产品有大量需求的国家的经济发展转为萧条，减少了对我国产品的需求，我国的经济发展就会相当被动。在这种情况下，假定还必须保持国内一定程度的经济增长，就只能靠投资拉动，因为为了出口而压低了工资，致使国内购买力不足。马克思曾经指出，资本家为了榨取更多的剩余价值，一方面尽可能地推高剩余价值率；另一方面则千方百计地压低工人的工资。然而工人具有双重身份，即既是生产者又是消费者，当作为消费者的工人买不起作为生产者的工人生产的产品的时候，于是危机发生了。马克思的上述论述也能说明由美国次贷危机引发的危机对我国经济的影响：当国际市场需求大大减少时，国内则因为工人工资低而托不起国内市场的时候，这场开始并不发生在我国国内的经济危机则对我国经济发展影响甚大。在这种情况下，要启动内需，除了投资别无选择，三驾拉动经济的马车只剩下了一驾。而情急之下，目的性极强的启动内需式的投资又会带来一系列的副作用，例如投资质量不高，容易导致通货膨胀等。

第二,严重依赖外需。

不仅经济发展依赖于国际经济形势波动,在严重依赖外需的情况下,由于原材料在外和产品销售在外,上游产品价格上扬会导致输入性通货膨胀。如果用于结算的货币,例如美元有意贬值,输入性通货膨胀就会更为严重,这也是我国目前通货膨胀的原因之一。

第三,大量的顺差的存在本身会产生负面效应。

(1)外汇不能直接在国内市场使用,必须用外汇换成人民币才能使用,这样会加大国内市场上的流动性。从这个意义上说,外汇存储越多,发生通货膨胀的可能性越大。外汇只能在国际市场上用,然而由于涉及国家安全,外汇在国际市场上很难买到核心技术,顺差国家退而求其次地购买逆差国家的国债,这样就更为被动。

(2)在国际贸易中处于逆差的国家会要求处于顺差的国家货币升值,以缓解本国的经济压力,这几乎是美国面对对日贸易逆差和我国贸易逆差的惯常做法。如果处于顺差的国家坚持不升值,处于逆差的国家则会自动贬值,在事实上造成处于顺差国家的货币升值。在这样的国际经济格局中,输出产品的国家并不处于主导的地位,输出国际结算货币的国家才处于优势和主导地位,他们甚至只要开动印钞机就可以拥有财富。迈克尔·波特在《国家竞争优势》中曾经指出,美国在国际贸易中是逆差,加拿大是逆差,有些发展中国家是贸易顺差,但从来也没有成为人们仿效的对象。波特所指出的这种现象实在耐人深思。

第四,严重依赖外资的模式同时依赖于招商引资。

招商引资的逻辑前提是我们没有资本、没有技术,而是拥有便宜的土地、资源、劳动力,可以招来资本和技术与我们便宜的土地、资源、劳动力结合,是所谓相互之间的比较优势的互补。然而实际情况是招商引资很难招来先进的技术。更多地招来的是国外转移的劳动密集型产业,即使有高新技术产品,核心技术环节也不在我们这里,一遇金融危机,或者劳动力价格一旦有所提高,那些追求劳动力便宜的外企就会纷纷撤离。我们目前的情况在有些方面同1997年亚洲金融危机期间的东亚各国的情况十分相似。东亚各国靠承接外来产业转移，表面上看来出口依存度在提高，出口的产品技术含量也在提高，但是真正属于自己的东西不多，是西方国家出口平台政策的一种应用：牢牢控制着核心技术，把加工环节转移到国外，可以充分地用转入国的便宜的资源为我服务。危机对东亚的冲击，就在于核心技术的空壳化。

解决内需外需失衡的大的思路一是要认识到大国与小国的经济发展模式应当是不同的。亚当·斯密在《国民财富的性质和原因的研究》中曾经指出："中国幅员辽阔，居民是那么多，气候是各种各样，因此各地方有各种各样的产物，各省间的水运交通，大部分又是极其便利，所以单单这个广大的国内市场就能够支撑很大的制造业，并且容许很可观的分工程度。假如能在国内市场之外，再加上世界其余各地的市场，那么更广大的国外贸易，必能大大增加中国制造品，大大改进其制造业。"[①] 我们可以毫不放弃外需，但是必须把内需放在十分重要的位置。二是中国经济要持续稳定地发展，必须努力建设消费性社会，这不仅能有效地实现社会主义生产目的，还可以使中国经济有扎实稳定的发展基础。同时尽可能地健全公共服务体系，挖掘人们的消费潜力，这应当是中国经济稳定发展的战略性举措。

解决内外需失衡的具体做法如下：

（1）增加劳动者的收入，提升劳动者的消费能力。这样的做法既可以提升国内需求，又可以因产品成本的增加适当减少出口。为了减少顺差的压力，为了不增加企业的成本压力，不增加失业，可以在增加工资的同时减税。当年美国总统里根为了治理滞胀，就执行了供给学派的政策。供给学派通过减税的政策旨在从微观层面调动企业的积极性，使企业有更多的

[①] 亚当·斯密著，郭大力、王亚南译：《国民财富的性质和原因的研究》（下），商务印书馆1975年版。

发展空间,藏富于民、藏富于企业,企业可以有更多的钱用来发展,人民可以有更多的钱用来消费,因为经济发展本质上是微观层面的事。正因为如此,里根的政策在实践上是成功的。

(2)通过促进区域协调发展,大力培育国内市场,解决内需外需的失衡。我国区域经济发展亦不平衡,这种不平衡既有发展初始的地理位置的差别,更有发展的机会以及体制机制方面的原因。区域发展的差距极大地影响了人民群众的消费能力。如果能够把我国中西部人民群众的消费能力提升到接近我国发达地区的消费水平,那么,萎缩了的外需就很难影响我国经济的发展。不仅如此,而且更好地实践了社会主义生产的目的。把发展的引擎放在国内自己掌握比放在国外由别人掌握有更多的主动和优越性。为了区域的协调发展,应当按照《中共中央关于"十二五"规划的建议》指出的那样,实施区域发展总体战略,坚持深入实施西部大开发战略放在区域发展总体战略优先位置,给予特殊政策支持。全面振兴东北地区等老工业基地,加大对革命老区、民族地区、边疆地区、贫困地区的扶植力度。与此同时,应当扶植和促进当地民营经济的发展,培育商业精神。创造更好的投资环境,吸引更多的企业和资本,特别是国内发达地区的企业和资本。通过实施区域协调发展,提升国内总体消费水平。

(3)从总体上讲,应当跨越最初的低层次的招商引资。原因在于:第一,我们已经拥有了大量资本;第二,内需外需的失衡引发了种种问题。目前应当积极推进在知识产权和核心技术层面的合作。与此同时,中国企业应当积极地走出去。

二、产业结构严重失衡,农业的基础十分薄弱,其基础性地位受到了严重冲击,成了制约经济发展的瓶颈

改革开放以来产业结构变迁的总体趋势是农业在国内生产总值构成中的比重不断下降。改革开放初期的1982年,农业在国内生产总值中的比重

为 33.4%，到 2008 年占 11.3%；工业占比从 1982 年的 40.8% 上升为 2008 年的 48.6%；第三产业从 1982 年的 21.8% 上升为 2008 年的 40.1%。从 1997 年开始受城市化、工业化，自然灾害的影响流失了 820 万公顷耕地。这就是在本轮通货膨胀中，率先涨价的是菜价、肉价、粮价等的供给方面的原因。

农业的基础性地位受到严重冲击，与单纯追求经济发展速度的模式不无关系。在上述三次产业的变迁中，第三产业的发展大致上是自然发展起来的。第二产业的发展其背后则有强有力的政府推手。为了追求 GDP 的增长，从中央到地方上了很多项目，这些项目几乎都是关于工业的项目。农业的项目极其少见，原因在于工业的附加值高，税收高，而农业不仅附加值低，且农业税取消之后也无税可言，地方政府积极性不大。

其次是对城市化的误解和 1994 年税制改革的双重因素，使得农业用地迅速流失。

城市化是发展经济学的一个命题在发展经济学看来，经济发展就是不断通过工业化，城市化转移农村剩余劳动力，进而反哺农业，使农业也现代化，也成为经济发展的重要增长点。但这是一个相对自然的过程，而且是有产业支持的。道理很简单，没有产业支持，没有需求拉动，这样的城市化是很难维持的。在实践中，我国江苏、浙江、广东等民营经济发展迅速的地方，是城市化、工业化，农村剩余劳动力转移成功的典范，这里有一大批农民办的企业，为了企业群落在空间上的聚集，瓜熟蒂落的形成了一些新兴的城镇，整个过程基本上是在市场力量自发作用下完成的，这样的城市化并不伴随着大规模的圈地运动。

城市化本该如此，然而现实中的城镇化却由于一系列的误解变成了圈地运动。第一个误解是试图在短期内消除农民身份，消除农村，拔苗助长，违背市场规律地搞城乡一体化。其基本做法是通过圈地，通过取消农村户口、消除农民身份、消除农村。广大农民在得到薄弱的补偿之后，由于这样的城市化没有产业支持，以致成了没有土地、没有稳定工作、没有社会保障的"三无农民"。有的地方试图让农民在这样的所谓城市化中从事传统的低层次的第三产业更是颠倒了经济发展的逻辑。经济学上所讲的第一产业、第二产业、第三产业是一个序数词，反映的是经济发展的顺序和过程：第一产业效率提高了，有了分工，才会有第二产业；第一第二产业效率提高了，才有了对服务社会化的需求，才有了第三产业。如果没有第一、第二所形成的货币收入的需求，第三产业是断然发展不起来的。从实际情况来看，这样的城市化并没有解决农民问题，而是变相地圈了农民的地，使农业的形势更为严峻。

对城市化的第二个误解是把城市化理解为城市建设，甚至是建新城，在建新城新区的过程中实施"圈地"。在"经营城市"口号的驱使下，不少地方把稀缺的资源投在城市建设上，不惜举债，不惜重金倾情于城市亮点工程的建设上，于是有了最大的城市广场，有了最宽的城市马路的攀比，有了"鬼城"、"空城"，大量的土地因此被圈。

土地大量被圈，进而作为非农业用途的另一原因是1994年分税制改革形成的大的政策框架和制度框架。1994年的分税制改革旨在加强中央财力，"维护国家权益和实施宏观调控"，其结果形成了中央与地方财权的不对称，财权向上集中，事权向下移动，特别是县、乡两级政府。这在很大程度上加剧了基层政府的财政困难。从分税制开始，不争项目、争资金、跑贷款、忙举债几乎成了基层政府的必然之举，进一步卖土地则成了他们的重要财源。最先被卖的是城市周边原来给城市提供蔬菜的菜地，再往外扩张就是种粮食的土地。在农业的技术含量没有提高的情况下，土地的减少导致了菜价、粮价的上涨。

"土地财政"不仅导致菜价、粮价的上涨，而且导致了房价的上涨。地方政府不会把土地卖得太便宜，只要土地价格上涨，房价就难以调控。这种深层次的制度安排使调控房价的具体政策收效甚微。

地方政府所以能够卖地，在于我们的土地是公有的，地方政府代为管理，农民只是拥有土地经营权。经营权弱于产权。

为了解决农业问题，必须对农业问题有更加深刻的认识。

必须认识到农业在经济增长中的地位不亚于工业，农业完全可以像工业一样成为亮丽的经济增长点。在马克思的《资本论》里，农业资本家的投资像工业资本家的投资一样，是要获得平均利润的。换言之，资本家像搞工业一样地搞农业。专事研究农业问题的舒尔茨认为农业同样可以成为一国经济发展的亮丽的经济增长点。他指出，西欧虽然自然资源贫瘠，但却出人意料的速度发展了自己的农业生产。印度按土地的耕种面积将近是日本的三倍，但日本每英亩的产量却是印度的八倍。"美国农业生产的成功戏剧性地表现为产品过剩，大量出口以及提出各种减少产量的政府计划。尽管这样，1940～1961年，农业产量增加了56%，而耕种的土地大约减少了10%，在农业中就业的劳动力减少了大约2/5。因此，农业劳动生产率的提高几乎是工业的三倍。"① 是工业的三倍是什么意思呢？此即农业完全可以像工业一样拉动经济增长。

必须指出的是，成为亮丽的经济增长点的是现代农业，是技术含量极高的产业，是以现代企业组织形式从事的、按市场方式运作的，是农业资本家或者农业企业家所从事的农业，而不是传统农业。传统农业是农民所从事的自给自足的、商品率极低的农业。舒尔茨认为，这种农业的技术要素是基本不变的："农民用的农业要素是自己及其祖辈长期以来所使用的，而且在这一时期内，没有一种要素由于经验的积累而发生了明显的改变，也没有引入任何新的农业要素。因此，农民对其所用的要素知识是这个社会中世代农民所知道的。"② 传统农业是一种有效率的贫困，即农民在生产过程中已经很好地考虑了边际成本和边际效率的问题，在给定的条件下已经进行了资源的最优配置，没有一个生产要素处于"失业"状态。在不提高农业技术含量和农业生产效率的情况下分流农业生产要素，如土地和劳动力，只会使农业情况更为窘迫。

---

①② 西奥多·W·舒尔茨著，梁小民译：《改造传统农业》，商务印书馆1987年版。

农业与工业以及其他产业结构的失衡，深层次的是一家一户的、技术含量不高的小农经济或者传统农业，难以支撑现代工业、现代服务业的发展。我国的经济发展目前的状况是工业这样的长边太长，农业这样的短边太短。一长一短，必然结构失衡。严重的失衡对高速前进的列车的安全性的威胁是不言而喻的。

我们必须立即着手的是拉长短边，改变农业的弱势地位，改造传统农业。改造传统农业的关键：一是改造和提升农业基础设施。改造和提升农业的基础设施作为个体农民是难以完成的，必须有政府的投入。政府必须借助工业发展的力量反哺农业。2010年12月召开的中央经济工作会议指出，要着力加强对农村基础设施建设，加强对农村水利电网和危房改造、环境整治的投入力度，继续推进农村公路、沼气建设，把水利作为农村基础建设的重点，多方筹措资金，切实增加投入，严守耕地保护红线，着力提高耕地质量，加快中低产田改造，大规模建设旱涝保收高标准农田。要加快转变农业发展方式，加强用现代物质条件装备农业，用现代产业体系提升农业，用现代经营形式推进农业，促进农业生产经营专业化、标准化、规模化、集约化。中央经济工作会议关于农业的意见具有十分深远的意义。二是要加强对农业从业人员素质的提高。改造传统农业实质上是改造农业从业人员素质的问题，人力资本是现代农业的核心要素。"现代农业的供给者是在农业试验室工作的研究人员。他们在这一问题上的贡献是非常重要的。在新农业的要素确实有利可图时，农民的作用是在作为新要素的需求者来接受这些要素。但是，典型的情况是传统农业中的农民并不寻求这些要素。最后，主要取决于农民学会有效地使用现代农业要素。在这一点上，迅速的持续增长主要依靠向农民进行特殊投资，以使他们获得必要的新技术和新知识，从而成功地实现农业的经济增长。"[①] 提高农业从业人员素质如此重要，而我们连简单地精壮劳动力都流出了农业。提高农业从业

---

① 西奥多·W·舒尔茨著，梁小民译：《改造传统农业》，商务印书馆1987年版。

人员的素质首先是要让农业有吸引力。提高农业从业人员的素质除了农业从业人员自己的投资外，还需要政府投资。

三、经济发展与社会发展失衡，政府职能与市场功能错位

在经济增长主义的驱使下，当代中国的经济发展与社会发展严重失衡。其生动表现是虽然经济在迅速发展，但社会保障、医疗、教育、住房等欠账太多，虽然从数字上看人民群众的收入在提高，但由于上述方面欠账过多，人民群众的基本生活水平并不见得提高。经济增长并没有给人民群众带来更多的实惠。

改革开放以前的社会保障、医疗、教育、住房等基本上是由政府提供的，即使从市场经济的角度审视，这样的格局似乎也没有太大的不对，因为即使在资本主义这种市场经济高度发达的国家，像医疗、社会保障、教育和房地产等具有高度社会性的领域，政府不仅对私人投资具有非常严格的限制，而且这些领域也是政府投资最多的领域。当年罗斯福新政的主要内容就是建立和健全社会保障体系。然而改革开放以来，特别是在改革高歌猛进的年代，不分青红皂白地把这些领域推向了市场，推向市场的实质是由人民群众个人负担。这种现象面对经济危机时表现更甚，为了给自己保障，压迫得民间消费能力十分有限。把社会服务完全推向社会，本身是对人民群众基本生活资源的一种掠夺。中国的经济发展是以社会服务的相对短缺为代价的，人民群众以个人承担社会服务的形式为经济发展减轻了成本。

用市场化的经济政策去推动社会领域的改革是不合适的，经济政策和社会政策是有区别的。经济政策适合于应当市场化的领域，社会政策适合于近乎公共产品的领域，二者的混淆会导致经济社会生活的极度混乱。以教育为例，马克思主义经典作家曾经把全民义务教育当作一项重要的社会

革命目标。各国历史表明,教育事业作为一项公益事业是不可能靠市场机制发展起来的。教育本身虽不能赚钱,但教育投资却是政府投资中效率最高的。在未来的经济发展中,教育和科学技术的决定性作用越来越大,未来的竞争是高层次人力资本的竞争。如果把教育推向市场,那就会像现在这样出现重点大学农村学生越来越少的现象。更多的学生会上不起学,社会就不能有效吸纳来自社会下层的优秀人才。把教育推向市场的另一副作用是卖文凭,卖给有钱的或当官的人,表面上看拥有高等文凭的人越来越多,实际文凭的含金量在下降。

目前房地产问题的尴尬是把社会问题简单地等同于经济领域的又一生动案例。20世纪90年代的住房制度改革把住房问题完全推向了社会,让市场去解决所有人的住房。经济学的基本道理告诉我们,市场是嫌贫爱富的。经济学开宗明义地告诉人们,生产什么、为谁生产、怎样生产都是基于市场价格的。生产什么——什么能获得丰厚的回报就生产什么;为谁生产——谁出的价格高就为谁生产;怎样生产——劳动力便宜就用劳动力生产,机器便宜就用机器生产,这是基于投入和产出的比较。据此,在供给有限的情况下,市场只能解决高收入人群的住房。至于中低收入阶层的住房,在世界上任何国家都离不开政府的援助,甚至本身就是政府必须承担的责任。然而,在目前的制度安排下,地方政府显然不能让地价卖的过低,于是我们看到,一方面对保障性住房明显缺乏兴趣;另一方面,如果房价跌落,地方政府则显得特别着急,有的地方政府甚至不惜动用人民群众的纳税钱予以援助。

在把社会公共服务推向市场的同时,却特有地保持了市场化过程中的一块"绿洲",这就是公务员的福利体系和特有的"特权"体系,他们可以最大限度地享受市场经济带来的好处,而却不忍受市场之痛,乃至每年"国考"人员不断增加,人们对稳定而有着尊严的公务员职业趋之若鹜,吃皇粮的人越来越多。所有市场经济国家都是小政府,而我们的政府却越来越大。

经济发展迅速与社会发展滞后的深层次原因是政府与市场的错位。在市场经济下政府的主要功能在于弥补市场的缺陷，政府完全可以凭借自己的优势大有作为，政府可以大有作为的领域是：（1）提供社会公共服务，包括社会保障、医疗卫生、教育以及高效廉洁的政府服务。这些属于公共产品或者准公共产品的领域通常由政府提供。（2）维护社会的公平和正义，公平和正义比太阳还重要。(3) 不断完善市场经济的体制、机制，提供有利于公平竞争，有利于吸引人才，有利于提高经济效率的制度安排和环境。波特认为，这是一国一地区竞争优势的关键所在。（4）严格控制的、规范的、透明的、极其必要的宏观调控，而不是头痛医头，脚痛医脚，用行政手段进行干预的宏观调控。

一个时期以来，我们对市场经济有一系列的误解，市场与政府在功能上存在一系列的错位。具体表现如下。

第一，如此前所述的把公共服务，社会领域不分青红皂白地市场化，把医疗、教育、住房等问题完全市场化，一方面使人民群众不堪重负，并开始怀疑市场经济；另一方面，在社会领域，尤其是医疗、教育、房地产的既得利益集团已经变得非常强大，以致能够有效地抵制政府的改革。政府在把社会服务推向市场的同时，不适当地扮演了市场主体的角色，简单地、片面地追求GDP，GDP的数量掩盖了很多问题。美国经济学家加尔布雷思早就批评过这种专注增长，忽视公共目标的现象。他在1973年出版的《经济学和公共目标》中提出应当关心人，应当关心公共目标。加尔布雷思批评道，"经济增长"成了不可动摇的目标和信念，"无论如何不应当妨碍经济增长"成了一把保护伞，遮盖了许许多多不好的事情和做法，对经济增长的数字的关心超过了对人本身的关心，对"物"的注意超过了对"人"的注意。这种片面追求经济增长的现象带来了一系列消极后果："从商品生产和消费两个方面都会发生对环境的影响，制药厂对附近湖泊的影响，汽车对肺部的影响……"① 加尔布雷思的结论是，应当把对物的关心转移到对人的关心，对"公共目标"的关心上。如果不重视这个问题，不突出"公共目标"，那么，任何旨在缓和社会矛盾的政策都是无济于事的。

第二，由于计划经济的历史惯性，依然热衷于审批。审批的实质是计划经济的做法，是靠行政力量配置资源。在市场经济下，是市场机制配置资源，生产什么、怎样生产、给谁生产都由投资者自己决定。亚当·斯密曾经非常深刻地写道："关于可以把资本用在什么种类的国内产业上，其生产能力有最大价值这一问题，每一个人处在他当时的地位，显然能判断的比政治家和立法家好得多。如果政治家企图指导别人应如何运用他们的资本，那不仅是自寻烦恼地去注意最不需要注意的问题，而且是僭取一种不能放心地委托给任何人，也不能放心地委之于任何委员会或参议员的权力。把这种权力交给一个大言不惭地、荒唐地、自认为有资格的人，是再危险不过了。"② 热衷审批是一种与市场经济相悖的权力偏好，因为项目就是资源，于是会产生大量的寻租和腐败。我们应当真正相信市场经济，而不是叶公好龙，相信只有政府提供了好的制度，扼制垄断、特别是国有企业靠行政力量形成的垄断，创造了平等的、好的竞争环境，维护了公平和正义，市场一定会把资源配置到最佳状态。

第三，致力于建立和健全市场经济的体制、机制，让机制去起作用，而不是频繁地宏观调控。我们所以选择了市场经济，是因为实践证明市场经济是成功的，市场经济的成功首先在于它的机制，而不是宏观调控，即首先是"看不见的手"的作用，然后才是与市场经济相适应的相对"消极"宏观调控。如果政府的宏观调控太主动，太频繁，并且频繁地使用行政手段，就会干扰经济秩序本身的内在规律，形成头痛医头，脚痛医脚的

---

① 加尔布雷思著，蔡受百译：《经济学和公共目标》，商务印书馆1983年版。
② 亚当·斯密著，郭大力、王亚南译：《国民财富的性质和原因的研究》（下），商务印书馆1975年版。

消极后果。到现在为止，我们确实还存在着更相信宏观调控和行政力量的现象，并且认为这是社会主义市场经济的优越性。

四、失衡必须得到适当的校正

高速前进的列车由于严重失衡会出现危险，严重的失衡必须得到校正。关于如何校正失衡，我们在分析失衡现象和失衡原因时的前三个问题里已经做了论证。作为必要的小结，这里特别指出两点：一是通过转变经济发展方式去校正失衡；二是通过改革，健全和完善社会主义市场经济体制去校正。

第一，只有转变经济发展方式，才能有效地校正快速发展中的失衡。

我们已有的失衡是既有的增长方式带来的，只有转变经济发展方式才能有效校正失衡。基于此，党的十七届五中全会通过的《关于制定国民经济和社会发展第十二个五年计划的建议》把转变经济发展方式作为贯穿于整个"十二五"期间的重要战略。2011年"两会"的政府工作报告中明确指出："今后五年，我国经济增长预期目标是在明显提高质量和效益的基础上年均增长7%。"放慢速度提升和调整结构，追求经济增长的质量和效益，转变经济发展方式已经具体的落实在未来五年的政府工作中。

新的经济方式发展的要求可以校正已有增长发展方式的失衡。例如，（1）既有的经济增长方式把经济增长速度放在第一位，为了GDP不择手段。新的发展方式把民生放在第一位，提出民生是转变经济发展方式的出发点和落脚点。把民生放在首位，就是说经济发展必须给人民群众带来实惠，经济增长服从于民生、服务于民生。（2）新的发展方式特别强调内需，认为内需是长效机制。强调内需既可以克服过度依赖外需带来的一系列失衡，又可以因要提升内需必须提高工资而使人民群众得到更多实惠。（3）新的发展方式提升产业结构，提升创新能力，淘汰落后产能，最大限度地克服重复建设问题。在温家宝总理的政府工作报告里，还特别强调农业问题，所有这些，都可以解决结构的失衡。（4）新的发展方式强调资源节约、环境友好、可持续发展，可以解决资源环境压力问题。（5）新的发展方式强调解决与社会协调发展，强调公共服务方式均等化，强调统筹兼顾。正是因为新的发展方式、新的发展理念的这些特点，我们才可以说，通过转变经济发展方式可以校正由于既有增长方式长期运行所造成的失衡。

第二，转变经济发展方式，必须继续推进改革，健全社会主义市场经济体制。

严复曾经指出，牛体不能马用，马体不能牛用。要发挥社会主义市场经济体制的积极功能，必须有健全的市场经济的体制。对我国而言，建设社会主义市场经济体制的重点是规范政府和市场各自发挥作用的范围。我们历史上是集权社会，又搞了几十年的计划经济，历史的"路径依赖"会使我们一旦遇到经济发展过程中所谓的不如意，尽管这些不如意是市场经济的正常现象，我们也会高擎宏观调控的旗帜横加干涉。我们需要努力做到的是，让市场在它能发挥作用的地方尽可能无干涉地发挥作用；让政府在它能够发挥作用的地方淋漓尽致的发挥作用。人类自从步入市场经济以后，更多的失误在于政府而不是市场，人们通常会把市场的自我校正过程当作市场失灵而横加干涉，从而使问题变得更为复杂。我们改革开放以来的成绩，更多的是市场化的改革带来的，我们的一些失衡也是因为市场的扭曲。我们应当相信市场经济。这是已有历史的结论。

原载《经济学动态》2011年第4期

地方政府行为与转变经济发展方式

中共十七届五中全会通过的关于"十二五"规划的建议主要内容是转变经济发展方式。我国的经济发展已经到了不能不转变经济发展方式的关键时刻。然而仔细地分析会发现在给定的制度安排下地方政府的行为与转变经济发展方式之间存在着诸多的不协调。要转变经济发展方式必须通过适当的制度安排和政策调整,校正地方政府行为,使之与转变经济发展方式的总体要求相适应。

一、当前情况下地方政府行为的约束条件

经济学的研究证明,在给定的条件下人们都会选择最有利于自己的方案。古典经济学关于人类行为的这一假设,被加里·贝克尔和詹姆斯·布坎南扩大到了人类行为的各个领域,包括政治企业家的行为,政治企业家同样会追求个人利益,他们的个人利益就是政治目标,政绩和职位升迁。在给定的条件下他们同样会选择最有利于自己的方案,并由此出发去判断和审视信息,判断和寻找机会;他们也有短期行为或机会主义倾向——因为他们也是人,具有人类行为的基本特征。同理,这一假设也可以成为我们分析地方政府官员行为的基本前提。

改革开放至今,中国地方政府的行为受着如下约束条件

的制约。

1. 改革开放以来的中国大的背景是以经济建设为中心

一旦中央确定了以经济建设为中心，特有的从属关系使地方政府必须最大限度地满足来自于上层的目标需求，从而使各级地方政府事实上存在着一种竞赛关系，加之对市场经济的认识的不到位（如在市场经济下政府不能扮演市场主体的角色），改革不到位，一些地方政府不仅不遗余力简单地追求 GDP 的增长，而且在一定程度上直接扮演了市场主体的角色。然而地方政府扮演的市场主体角色存在着先天的缺陷，市场主体各个方面的约束应当是硬化的，而作为市场主体的地方政府各个方面的约束，包括产权约束、财务约束却像计划经济下的国有企业那样是软化的，软化的约束可以使地方政府产生种种与转变经济发展方式不相协调的行为。

2. 1994 年分税制改革形成的大的政策框架和制度框架

1994 年的分税制改革旨在加强中央财力，维护国家权益和实施宏观调控。然而从实践的结果来看却是形成了中央与地方财权与事权的不对称，财权向上集中，事权向下移动，在很大程度上加剧了基层政府的财政困难，特别是县乡两级政府。随着省级政府"二次"集中财力、市级政府"三次"集中财力，基层政府的财政困难进一步加剧。分税制改革使得地方政府不得不直接拼经济，不得不千方百计地寻找财源。同时又为地方政府直接拼经济准备了相对充分的条件，这就是所分之权力。

3. 地方政府主要负责人的任命制和以 GDP 的增长为主要内容的考核标准

按照现在的制度安排，地方政府的领导基本上是通过任命加选举产生的，具体表现为上级或同级党组织提出候选人名单，交给相关党的代表大会和人民代表大会进行等额选举或差额选举。在有些情况下，地方政府主要负责人的职位变迁的主导力量是上级党委,甚至只是其主要负责人。

任命制都需要考核,而考核通常都要选择简单明了易行的指标。长期的计划经济使我国经济低效运行,改革开放的中国急需发展经济,需要一定的规模和速度,于是 GDP 顺理成章地成了考核的核心指标。

二、给定制度安排下的地方政府行为与转变经济发展方式的要求存在着诸多不协调

转变经济发展方式是面对国际国内经济形势和约束条件的变化,为了在未来至关重要的时代我国经济能够健康持续、高质量的发展,对既有的经济增长方式的一种革命性调整。转变经济发展方式的大致要求是:(1)更加注重以人为本,更加注重全面协调可持续发展,更加注重统筹兼顾,更加注重保障和改善民生,促进社会公平正义。把保障民生作为转变经济发展方式的出发点和落脚点。(2)坚持又好又快,努力做到速度、质量、效益的统一。(3)提倡全民族的创新,提升产业结构和调整产业结构,大力推进战略性新兴产业的发展。(4)要十分重视农业的基础性地位,加快发展现代农业。坚持在中国特色的农业现代化道路,把保障国家粮食安全作为首要目标,加快转变农业发展方式。(5)虽然毫不放弃外需,但要加强内需,把内需作为长效机制。(6)加快建设资源节约型,环境友好型社会,提高生态文明水平。(7)转变政府职能,使经济发展主要由市场拉动而不是政府推动。

如果仅仅是经济增长,那么在给定的条件下,地方政府事实上的竞赛,对于达到这一目标具有积极作用。然而,正是与简单的增长相一致的行为,当面对转变经济发展方式时却存在着诸多的不协调。

1. 简单地追求 GDP 的数量，有时甚至到了不择手段、不计后果的程度

因为 GDP 是上级政府对下级政府的主要的考核指标，且是地方政府之间竞赛的主要内容，当然也是地方政府财政收入之来源。在现实的经济实践中，地方政府对 GDP 数量的追求不遗余力，甚至不惜环境污染，资源浪费，把低层次的招商引资演化为群众运动，以至引进了污染严重的企业，引起了人民群众的强烈不满。虽然 GDP 做大了，但人民群众的幸福指数却降低了。

这里首先应该认识到，GDP 并不是一个质量指标，而是一个数量指标，质量指标是 GDP 的物质内容。这就如同马克思所讲的商品是使用价值和价值的矛盾统一体一样，不仅要看商品的价值量，而且要看价值的物质承担者，看是由什么样的使用价值构成和承担的。历史的教训是，清朝时我国的 GDP 已位居世界前列，但却打不过八国联军，其原因就在于 GDP 的构成和质量。率先发展起来的资本主义国家的 GDP 是工业革命的产物，我国的 GDP 构成是茶叶、瓷器等。当今的情况依然是我们的 GDP 虽然做大了，但是大而不强。转变经济发展方式就是要充分重视 GDP 的质量，做到又好又快。据此，地方政府简单追求 GDP 的行为必须改变。

其次不能简单地看 GDP 的大小，而应当看 GDP 是谁做的。据此，有必要区别 GDP 和 GNP。GDP 即国内生产总值，是指在一定时期，在一国国土范围内，本国和外国居民所生产的最终使用的产品和劳务的价格总和。GNP 即国民生产总值，是指一个国家的国民在国内、国外所生产的最终产品和劳务的总和。GDP 强调的是行政边界，GNP 强调的是国民所属。GDP 和 GNP 的共同缺陷是不能反映其物质构成，不能反映环境污染、资源浪费和增长质量。相对于 GNP 而言，GDP 的缺陷是：不能反映一国的富裕程度。韩国人宋丙洛在《韩国经济的崛起》中严格区别了 GDP 和 GNP。他说，在日本占领期间，朝鲜高速增长的是国内生产总值（GDP），而不是国

民生产总值GNP，虽然朝鲜半岛内部国内生产增长迅速，但朝鲜人的收入却是低的，并且大部分受益都到了日本人手上。就我国而言，如果简单地讲GDP，就会出现诸如四川民工到深圳打工，把GDP留在了深圳，把挣的钱汇回了四川；新加坡人在苏州办企业，把GDP留在了苏州，把利润带回了新加坡。如果强调GNP，则意味着本国公民在国内或者在国外都实实在在地给自己，给自己的国家赚了钱。从一定意义上讲，GNP更能反映一国的富裕程度。为了追求GDP，不分青红皂白地招商引资，然而却如同韩国学者宋丙洛所讲的，我国的人均收入确实是低的。

我们并不一概而论地反对招商引资。招商引资应当根据变化了的情况，根据我国经济、技术发展的特点，有不同的、更高的要求，并且更加重视GNP而不是GDP。

2. 地方政府具有强烈的扩张冲动，无重复建设、产能过剩、破产之忧

在给定的条件下，地方政府有着强烈的扩张冲动，特别是1994年的财税制度改革，财权上移，事权下降，更加剧了这种扩张冲动。地方政府的这种扩张冲动恰如计划经济下的国有企业，原因在于约束软化。特有的约束条件使他们可以享受盲目扩张的成果，而不必也没有相应的财产能力承担扩张失败的损失。强烈的扩张冲动的表现或消极后果是：

（1）不怕重复建设。转变经济发展方式要调整产业结构，消除低层次的产能过剩。然而从某种意义上讲，地方政府的行为加剧了重复建设。为了GDP的增长和当地的财政税收，地方政府不怕重复建设，他们可以用行政手段发文件，规定只能买本地的产品，不能买外地的产品。地方政府的这种行为妨碍了全国统一市场的建设，妨碍了市场的优胜劣汰的功能的发挥。

（2）不惜成本地追求亮点和辉煌。在给定的条件下地方政府存在着事实上的竞争或者说攀比。为了尽可能地吸引人们的眼球，地方政府总是尽

可能地追求最大、最亮、最辉煌，于是有了"鬼城"，有了穷县举债建新城，有了各种各样的"世界之最"。刘易斯曾经深刻地指出："公共投资中声誉因素的主要作用是众所周知的。浪费的现象在大量已成为现实的事物中昭然若揭，他导致了资本利用率的不足，如对需求的期望所建的工厂，每小时只有几辆车行驶的高速公路，大型机场和航空集散地的低效利用等，这些都是普遍的现象，我们总是被告知这些国家资本短缺，可同时资本的低效利用和浪费却是这些国家非常明显的特征。"①

（3）不怕举债。地方政府有着强烈的举债冲动。其原因一是现行的财税格局使地方政府收支失衡，资金缺口不断加大，以致形成了"少米或无米下锅"的局面，举债是筹措资金的一种办法。二是任期制使地方政府必须在任期内具有辉煌的政绩。三是政府不存在破产之忧。一任政府用完几届政府的资金，债务转嫁给下届政府。柯尔奈曾经指出："投资或是不投资，这是资本主义企业的难题之一。如果风险太大，即使这个企业暂时已得到必要的金融保证，他也可能自愿地放弃投资打算。"② 然而对于给定条件下的地方政府而言，却缺少这种机制。当前的制度安排对于地方政府只有顺向的刺激，而无逆向的扼制。

（4）地方政府的扩张冲动已成惯性。在转方式调结构的今天，不少地方政府把转变经济发展方式理解为上新的项目，提出无项目就不能转变经济发展方式。实际上，只要还是只讲速度，不讲质量和效益，即使新上的项目技术含量再高，也不意味着转变经济发展方式。此外，中央希望能够保持经济增长的合理速度，以便调整结构，又好又快。但地方政府显然对放慢速度积极性不大，依然保持着高速前进的态势。

---

① ［美］阿瑟·刘易斯著，施炜等译：《发展中国家的失业》，载《二元经济论》，北京经济学院出版社1989年版，第66页。
② ［匈］亚诺什·柯尔奈著，张晓光等译：《短缺经济学》（上），经济科学出版社1986年版，第20页。

3. 给定制度和政策下的地方政府行为，致使产业结构严重失衡，农业的基础性地位受到了严重冲击

改革开放以来产业结构变迁的总体趋势是农业在国内生产总值中的比重不断下降。改革开放初期的 1982 年，农业在国内生产总值中的比重为 33.4%，到 2008 年占 11.3%；工业占比从 1982 年的 21.8% 上升为 2008 年的 48.6%；第三产业从 1982 年的 21.8% 上升到 2008 年的 40.1%。从 1997 年开始，受市场化、工业化、自然灾害的影响流失了 820 万公顷耕地。这就是在本轮通货膨胀中，率先涨价的是菜价、肉价、粮价等供给方面的原因。

农业的基础性地位受到冲击，与各级政府单纯追求经济增长速度不无关系。为了追求 GDP，各级政府上了很多工业项目，农业的项目极其少见。原因在于工业的附加值高，税收高，而农业不仅附加值低，且农业税取消之后也无税可言，地方政府积极性不大。农业被忽视，农民进城打工，农业基础设施年久失修，这就是目前农业的状况，农业已成为我国经济发展的短边。

不仅农业项目上的不多，而且大量的土地被圈，被卖，其原因在于此前提到的 1994 年的分税制改革。分税制改革是目前地方政府财政困难的制度性根源。

事实上，农业也可以成为亮丽的经济增长点。在马克思的《资本论》里，农业资本家的投资像工业资本家的投资一样，是要获得平均利润的。换言之，资本家像搞工业一样的搞农业。舒尔茨同样认为，农业可以成为一国经济发展的亮丽的经济增长点。他指出，西欧虽然自然资源贫瘠，但却以出人意料的速度发展了自己的农业生产。印度按土地的耕种面积将近是日本的 3 倍，但日本每英亩的土地的产量却是印度的 8 倍。"美国农业生产的成功、戏剧性地表现为产品过剩，大量出口以及提出各种减少产量的政府计划。尽管这样，在 1940 年到 1961 年间，农业产量增加了 56%，而

耕种的土地大约减少了10%，在农业中就业的劳动力减少了大约2/5。因此，农业劳动生产率的提高几乎是工业的3倍"①。这意味着农业完全可以像工业一样拉动经济增长。

成为亮丽增长点的农业是现代农业而不是传统农业。历史证明，一家一户的小农经济不能支撑庞大的现代化的建设。改造传统农业包括两个层面：一个是对客观条件的改造，如土地、农业基础设施，农业装备等。另一个是对其主观条件即从事农业的人的改造。然而所有这些改造，仅靠个体的农民是根本不可能的，必须有政府的投资，但是在给定的条件下地方政府对于农业的投资却明显缺少积极性。不改变地方政府行为，就难以建设现代农业，难以在农业问题上转变经济发展方式。

4. 倾情于发展经济，社会事业和公共服务被严重忽视。

在一心一意为了经济发展的趋势下，当代中国的经济发展与社会事业的发展严重失衡。其生动表现是虽然经济在迅速发展，但社会保障、医疗、教育、住房等欠账过多，虽然从数字上看人民群众的收入在提高，但由于上述方面欠账过多，人民群众的基本生活水平并不见得提高，经济增长与增长给人民群众带来的实惠是不平衡的。

改革开放以前的社会保障和公共事业基本上是由政府提供的。即使从市场经济的角度审视，这样的模式似乎也没有太多的不对，因为即使在资本主义这种市场经济高度发达的国家，像医疗、社会保障、教育和房地产等具有高度社会性的领域，政府不仅对私人投资有着严格的限制，而且这些领域也是政府投资最多的领域。当年罗斯福新政的主要内容就是建立和健全社会保障体系。

当然，经济发展与社会政策的失衡首先是把经济政策与社会政策混淆

---

① [美]西奥多·W·舒尔茨著，梁小民译：《改造传统农业》，商务印书馆1987年版，第17页。

的结果,用市场化的经济政策去推动社会领域的改革。然而,这种政策的混淆在不经意间与地方政府追求经济增长的目标相契合,因为可以把公共服务领域减少的投资用来发展经济,因而在地方政府的贯彻中被一再放大。

以房地产为例。我们的房地产政策的失误就在于把所有人的住房不加区分地推向了市场。实际上,市场只能解决中高收入阶层的住房,至于中低收入阶层的住房,在世界上的任何国家都离不开政府的援助。然而,在目前的制度安排下,地方政府显然不能让地价卖得过低。于是我们看到,一方面,对于保障性住房地方政府明显缺乏兴趣;另一方面,如果房价跌落,地方政府则会千方百计地救市。中央出台了一系列调控房市的政策,然而深层次制约地方政府行为的还是1994年的财税体制改革形成的中央与地方的利益格局。这种制度安排制约着房地产市场调控政策的效果。

公共服务的缺少已经严重地影响了我国经济健康稳定发展和社会的稳定,已经到了不能不给予足够重视的关键时刻。

三、要转变经济发展方式、必须通过相关制度安排,使地方政府的行为与转变经济发展方式相适应

要使地方政府的行为与转变经济发展方式相适应,必须改变地方政府市场主体的角色。地方政府所以不能扮演市场主体的角色,首先在于地方政府缺少硬化的产权约束,不能承担由其市场化行为引致的消极后果。其次,地方政府由于其官员身份所掌握的与市场经济相关的知识是十分有限的,他们的知识和信息是理政的知识和信息,而不是开拓市场和经营企业的知识和信息。最后,地方政府所以不能成为市场主体,在于按照市场经济的游戏规则,政府不能既是裁判员又是运动员。政府本来是制定和执行规则的,如果还要充当运动员,肯定是凭其特殊地位与民争利。政府不仅不能充当运动员,作为裁判员的政府也不能违规吹偏哨,破坏市场经济应有的公平合理。

为了转变经济发展方式，地方政府的行为应当回到市场经济对政府职能的基本规定上。回到市场经济对政府基本功能的规定上的地方政府应当主要提供公共服务，创造良好的环境。具体内容大致包括：（1）切实承担起政府在公共产品以及准公共产品领域的责任，把一切工作的出发点和归宿点都确定为保障和改善民生。具体包括社会保障、医疗卫生、教育、环保、城市公用事业以及中低收入阶层的住房保障。并且努力做到公共服务均等化，维持社会的公平正义。（2）努力精简政府机构，切实提高政府服务的质量和效率。政府的公共服务效率直接关系到一个国家或一个地区的经济发展和富裕程度。秘鲁经济学家索赫尔南多·德·索托曾经在秘鲁和埃及做过对政府提高效率的实际调查。在秘鲁要注册一家小企业，他们每天要花 6 个小时的时间，总共用了 289 天最终完成了企业注册。尽管这家小服装厂只要一个工人就可以运转起来，但是，办理合法的注册成本却化了 1231 美元，这是工人最终月薪的 31 倍。要想获得在一块土地上建造房屋的许可证，需要花 6 年零 11 个月的时间，与 52 个政府部门打交道，完成 207 道手续。在埃及，一个人要想在国有沙漠上获得合法注册一块土地，他至少要完成 77 道官僚手续，与 31 个机构打交道，可能要花 5~14 年的时间。[①] 公共服务的欠缺和服务的低效，使这些国家的经济很难发展。这就告诉我们，只要地方政府提供了良好的公共服务，当地的企业家和老百姓一定会把经济发展得很好。（3）创造良好的发展环境。良好的发展环境可以吸引投资、吸引人才，激励创新。迈克尔·波特认为环境是一国竞争力的关键所在，"机会背后事实上是国家环境差异的结果。事实上，要预测哪一个公司或个人比较可能创新并不容易，还不如预测哪一个国家适合创新，比较实际可行"[②]。（4）努力为社会提供良好的自然生态环境、是民生的重要组成部分。而环境问题又具有极端的外部性，政府应制定严格的环

---

① ［秘鲁］赫尔南多·德·索托：《资本的秘密》，华夏出版社 2007 年版，第 18~17 页。
② ［美］迈克尔·波特：《国家竞争优势》，华夏出版社 2002 版，第 117 页。

保条例并加以严格执行。如果政府职能能够真切地回归上述公共产品或公共服务职能,就与转变经济发展方式的要求基本一致了,就可以促进转变经济发展方式。就可以促进一个地区经济的良好发展。

人们的经济行为,是一定的制度安排下的经济行为,要转变地方制度的行为,使之与转变经济发展方式相适应,必须有相应的制度安排。

首先,应当根据转变经济发展方式的要求设计新的考核指标。考核指标的作用如同高考指挥棒,考核指标服从于主要的经济社会发展任务和发展目标。改革开放初期,我们需要经济增长速度和经济规模,把 GDP 作为主要考核指标是有其合理性的。现在全党全国贯彻科学发展观,转变经济发展方式,应当按照转变经济发展方式的要求设计新的考核指标。鉴于保障民生是转变经济发展方式的出发点和归宿点,新的考核指标应当包括地方政府提供的公共服务,如社保、医疗、教育、依法行政、社会稳定、社会的公平正义,人与自然的和谐、良好的生态环境、宜于创业,宜于吸引人才、激励创新的环境等。

其次,让广大人民群众在干部选拔问题上有更多的发言权。按照现代经济学的研究,谁给了地方政府官员以职位、权力,地方政府的官员就会对谁负责,就会按谁的要求办事,甚至会在执行中加以放大。一些地方政府的一些官员所以热衷于政绩工程,甚至说大话、假话,是有关上级会以为这就是发展和成绩,因为上下级之间存在着较为严重的信息不对称。相比之下,处在一线的人民群众对于当地的经济社会发展有着更多的信息和切身体会,加之保障民生是转变经济发展方式的出发点和归宿点,如果让处在一线的人民群众在干部的选择上有更多的发言权,相信地方政府的行为会更多地从民生出发,会更加符合转变经济发展方式的要求。在我国,党和人民群众的利益从根本上讲是一致的。党代表了人民的利益,所需要的只是通过具体的制度设计,使干部的选拔制度既能够坚持党管干部的原则,又可以让人民群众有更多的发言权。

最后,改革财税制度。财税制度改革的总的精神是:①按照市场经济市场是配置资源的主体而不是政府的原则，在财力支配方面应当向社会、向企业、向民众倾斜。②使中央和地方事权财权对称，保障和有利于地方政府发挥公共服务的职能，同时通过各项法律制度和政策的完善，纠正"土地财政"。

原载《天津社会科学》2011年第3期

农业与城市化

——重读舒尔茨的《改造传统农业》

在当代中国讨论农业问题离不开城市化，因为人们似是而非地认为，发展就是通过工业化、城市化向城市转移农村剩余劳动力。按照这样的思路走到今天，已经使得城市与乡村，农业与经济发展严重失衡，城乡之间的鸿沟拉大，农业成了经济发展的短边，CPI（居民消费价格指数）居高难下。其实舒尔茨的理论贡献可能更有意义，但令人遗憾地被忽视了。重读西奥多·W·舒尔茨的《改造传统农业》，我们会发现这部发表于1964年的学术专著，说的好像是我们今天的事情。

西奥多·W·舒尔茨，美国芝加哥大学经济学教授，20世纪50年代开始研究人力资本问题，60年代把对农业问题的研究和人力资本问题的研究结合起来，曾与1979年由于"在经济发展方面的开创性研究"荣获诺贝尔经济学奖。舒尔茨关于农业和人力资本问题的研究著述甚丰，其中《改造传统农业》是其杰出代表。

一、舒尔茨：农业可以成为亮丽的经济增长点，关键是要加强对农业中的人力资本投资

舒尔茨的《改造传统农业》给我们提供了意义深远的思

想。其核心是农业同样可以成为亮丽的经济增长点，关键是提高农民的素质，加强对农业的人力资本投资。

1. 舒尔茨认为在传统农业中不存在大量的剩余劳动力，也不存在资源配置效率低下的问题

舒尔茨所讲的传统农业，是以农民为主体的，世世代代凭经验生产，几乎没有农业技术提升，且相对封闭的农业。另一位发展经济学家刘易斯在 1954 年发表的《劳动力无限供给条件下的经济发展》中则认为传统农业效率低下，存在着无限供给的劳动力。舒尔茨认为，传统农业在给定的条件下并不存在资源配置效率低下的问题，各种生产要素都得到了最佳配置，且充分地发挥了自己应该发挥的作用。例如，所种植的谷物的组合，耕种的次数与深度的大小，播种、灌溉和收割的时间，手工工具、灌溉渠道、役畜与简单设备的配合——这一切都很好地考虑到了边际成本和边际收益，是在给定条件下的最佳组合，不存在任何生产要素没有被充分利用的问题。即使专门从事这方面研究的专家也找不出资源配置出了什么问题。问题的要害在于生产要素是由传统的要素组成的，即农业的技术含量没有提高，是一个相当传统的生产要素的低层次的配置，是有效率的贫困。在农业生产技术不变，资源已经得到最佳配置的情况下，如果农业劳动力流失，就会造成农业生产的下降。他举了两个例子：一个是秘鲁为了修一条公路，从附近农村抽走了一些劳动力，结果是农业生产立即下降了；另一个是在巴西的一个城市，城市建设也从附近的农村吸收了一些工人，结果农业生产也下降了。我国目前也因土地和劳动力的流失使得农业成了经济发展的短边。

2. 农业同样可以成为亮丽的经济增长点

舒尔茨认为，农业完全可以成为亮丽的经济增长点。他在《改造传统农业》中列举了大量这方面的案例。例如，西欧虽然资源贫瘠，但却以出

人预料的速度发展了自己的农业生产。印度按土地的灌溉面积大约是日本的3倍，但日本每英亩土地的产量确是印度的8倍。美国农业生产的成功戏剧性地表现为产品过剩，大量出口以及提出各种减少产量的政府计划。尽管这样，1940~1961年，农业产量增加了50%。而耕种的土地大约减少的10%，在农业中就业的劳动力的提高几乎是工业的3倍。目前还看不到美国农业的终点。黄沙漫天的以色列，其农业发展更是惊人，农业技术相当发达。

舒尔茨以生动的案例告诉人们，不能忽视农业，农业完全可以成为亮丽的经济增长点。一旦农业被忽视，整个经济结构就要失衡。

3. 欲使农业成为亮丽的经济增长点，必须改造传统农业，加强对农民的人力资本投资

那么，如何改造传统农业呢？在舒尔茨看来，关键在于打破农业本身的封闭体系，使农业能够得到新的、现代农业的生产要素或生产技术。农业的现代生产要素包括客体即对土地、种子、机器、耕种方式等的改造；也包括主观因素，即农民对这些客观因素的需求，以及能够使用这些新技术的能力，农民是素质和能力提升了的新型农民。

在考察了美国、西欧等农业发达国家的经验后，他认为传统的资本概念是有缺陷的，不能反映人的素质和能力对经济发展的贡献，于是他提出了新的、人力资本的概念。美国等农业发达国家，人力资本在农业中做出了卓越贡献。

舒尔茨所讲的人力资本大致包括：（1）人力资本体现在人身上，表现为人的知识、既能、资历、经历和熟练程度，一句话，表现为人的技能和素质。（2）人力资本是通过投资形成的资本。例如对教育、健康的支出。从这个意义上讲，教育和健康是生产型的。（3）人力资本像一切其他资本一样，都应当得到回报。（4）随着人力资本的提升，人的时间的价值会提高，而且是一种趋势。（5）从经济发展的角度看，人力资本是稀缺的，特

别是企业家型的人力资本。

根据以上分析，为了改造传统农业，必须投资农民的教育，提升农民的人力资本，以期用更高层次的技术和设备装备和改造传统农业。他深刻地写道："本书研究的中心论点是把人力资本作为农业经济增长的主要源泉。迅速增长的经济基础不在于提倡勤劳和节俭，增长的关键在于获得并有效地使用某些现代生产要素。农业要素的供给者是在农业试验站工作的研究人员。农民的作用是作为新要素的需求者接受这些要素。然而，典型的情况是传统农业中的农民并不寻求这些新要素。迅速的持续增长主要依靠向农民进行特殊投资，以使他们获得必要的新技能和新知识，从而成功地实现农业的经济增长。"

4. 舒尔茨不赞成偏袒工业，轻视农业的经济发展模式

基于以上分析，舒尔茨不赞成偏袒工业，轻视农业的经济发展模式。舒尔茨认为，有一个广为流行的成见，"即把经济增长完全与工业化等同起来"。在政府通过发展计划致力于提高经济增长率的许多穷国，这些看法形成了经济政策。于是所有的投资都向城市倾斜，认为农业不仅可以提供工业发展所需要的资本，而且可以提供工业发展的劳动力。这样的政策，在扼制农业发展的同时，也扼制了整个经济的发展。

其次，舒尔茨对压抑地租、压抑农产品的价格，维护农业所用生产资料的高价等政策也持批评态度。他指出："一旦地租受到压抑，就会用各种特定的措施来占有土地及附属物的价值。现在已知的措施有：强制按某种名义价格交售农产品，按低的价格把农产品卖给国家，以各种名义对集体农场征税。此外，早期对机器和拖拉机站的服务实行高垄断价格也可以作为这种措施之一。"一系列的压抑举措进一步降低了农业的效率。在我国，一方面是农业投入要素的价格的上涨；另一方面是每遇粮价菜价上涨，有关部门就出手干预，这种干预在扭曲市场价格的同时，也扭曲了资源配置，挫伤了农民的生产积极性。

二、刘易斯与舒尔茨：我们既有的发展模式更倾向于刘易斯

尽管舒尔茨提供了极其丰富的改造传统农业的思想，但并没有引起我们的足够重视。相反，倒是刘易斯的二元经济理论以及建立其上的工业化和城市化理论深深地影响了我们的经济政策。因此，很有必要把二者加以对照分析。

同样获得诺贝尔经济学奖的美国黑人经济学奖阿瑟·刘易斯，1954年发表的《劳动力无限供给条件下的经济发展》提出的二元经济理论对我国经济发展影响深远。这一理论认为在发展中国家存在着二元经济，一元是现代部门，主要是市场化的现代工业部门；另一元是传统农业部门。传统农业部门是低效的，甚至存在着"零值"，即不做任何贡献的生产要素。封闭而低效的传统农业部门拥有大量的隐性失业，只要提供维持最低生活水平的工资，就能有无限的劳动力供给。而所谓的发展，就是通过发展现代部门，通常被理解为工业化和城市化转移农村剩余劳动力。当然，发展到一定程度，应当反哺农业。我们的一些学者更是把这种靠着廉价劳动力的发展叫作劳动力"红利"。然而，当我们按照偏袒工业，轻视农业的模式，高歌猛进地推进工业化和城市化的时候，却产生了始料未及的消极后果。

1. 加剧了城市与农村的不平等

一旦城市化成为一个时髦的口号，就受到了地方政府的百般推崇和矢志不移地推动以及对农村的空前轻视。不要说对农村的投资在减少，就是连本来留在农村的资源，如土地、劳动力、资本也离开了农村。一方面，是城市的扩张，有的地方政府在建设所谓的国际大都市的口号下，摊大饼式地扩张；另一方面，伴随着圈地和扩张则是乡村的消失和乡村的"自卑"。一方面是城市的公共设施如自来水、公共交通、医院、学校的建设；

另一方面是城乡之间的鸿沟越来越大。公共资源不能共享,重点高校农村背景的学生越来越少。把各种机会都集中于城市,特别是大城市的结果是产生了空前的失衡。

2. 城市失业和其他社会问题

本来是要通过工业化和城市化转移农村剩余劳动力,但却形成了严重的城市失业。

刘易斯本人后来在1967年发表的《发展中国家的失业》中已经注意到了由于人为地城市化,加大了城乡之间的差距,更多的农村人口流向城市,形成了城市失业。原因在于:(1)城市工资与乡村收入差距极大地扩大了;(2)不少国家乡村教育的加速发展,使年轻人进城的势头更加迅猛;(3)发展机会和福利不成比例地集中于城市,使城市更具吸引力。在我国一些地方,基于"土地财政",对于"圈地"、农民进城更有积极性,相当多数的农民成了没有土地、没有工作、没有社会保障的"三无"人员。

然而,城市提供的就业机会有限。城市提供的就业机会有限是由于发展中国家城市投资是由政府主导的,政府主导的特点一是追求各种世界之最,造成了资源的巨大浪费。连刘易斯也曾经指出,"每小时仅有几辆车行驶的高速公路,大型机场和航空集散地建筑的低效利用等"。二是投资的项目技术含量高,带动就业少,他们花去了相对短缺的外汇,带来的却仅仅是失业。三是由于没有遵循市场规律,一些政府投资的项目自我增值能力极差。四是很多地方的城市化是没有产业支持,一条大马路两行卷帘门的城市化。

大量城市失业人员的存在产生了严重的社会问题,例如城市贫民的问题,社会治安及社会稳定问题。与此同时,农村也存在着诸如留守儿童,留守老人等社会问题。

3. 农业成了经济发展的短边，CPI 即居民消费价格指数上升是其必然趋势

重视城市，忽视农业，片面追求 GDP 的结果是农业成了经济发展的短边。

在我国，一旦 CPI 上升，政府总会采取从紧的货币政策，收紧银根。然而，我国居民消费价格指数上涨，确实有流动性过剩的问题，但根本的问题是农产品的有效供给不足。农产品的有效供给不足，首先是因为受"二元经济"理论的影响，认为发展就是所谓的"城市化"，所有的政策都向城市倾斜。改革开放以来，各地上了很多的项目，但这些项目基本上是工业的项目，很少有农业的项目。其次是地方政府的"土地财政"，热衷于圈地卖地。北京原本二环之外就有菜地，现在四环路附近都很少有人种菜了。最后是在劳动力价格信号的驱使下，很多青壮农民进城打工，这样虽然短时间内解决了农民个人增收问题，但不仅没有解决农业问题，相反使农业问题更严重了，不少农村是一幅"老年农耕图"。威廉·配第说过，劳动是财富之父，土地是财富之母。在农业技术条件没有太大变化的情况下，财富"之父"、"之母"都流失了，农产品的供给减少，价格上涨是其必然结果。

农产品相当于经济学中所讲的"穷人产品"。所谓"穷人产品"，即在预期收入减少的情况下，人们会减少相对意义上的奢侈品，把有限的收入用于保证基本生存。农产品就具有穷人产品的特性。于是即使收紧银根，人们也会把减少了的收入用来购买基本的生存资料。收紧银根对扼制 CPI 上升的作用是有限的，要从根本上解决问题必须加强农产品的有效供给。

忽视农业的另一个始料未及的消极后果是拉大了农业国际间的差距。据《中国科学报》2012 年 5 月 14 日报道，由中国科学院中国现代化研究中心发布的《中国现代化研究报告 2012：农业现代化研究》指出，以农业增加值比例，农业劳动力比例和农业劳动生产率三项指标计算，2008 年，

中国农业经济水平与英国相差约150年，与美国相差约108年。中国农业劳动生产率比中国工业劳动生产率低约10倍。中国农业现代化水平比中国国家现代化水平低约10%。

4. 忽视农业的另一个严重后果是农村购买力有限，经济发展不得不依赖国际市场

其实，我们对刘易斯的理解也是不全面的，在《劳动力无限供给条件下的经济发展》中，刘易斯同样强调："除非农业生产也同时得到增加，否则生产日益增多的工业品是无利的。这也是工业与农业革命总是同时进行的原因，是农业停滞的经济中看不出工业革命的原因。"由于忽视农业，抑制了农村的购买力，我们的经济发展不得不依赖外需。

三、舒尔茨的理论以及来自实践的启示：重视农业并重新思考城市化

忽视农业，偏袒城市，并不遗余力地推进城市化的实践后果，带来了经济发展中的一系列失衡，使我们不能不回到舒尔茨的思路：重视农业，并重新思考人为推动的城市化。

简单地回顾一下中国农业的历史进程可以使我们更科学地把握农业的走向。中国农业为中国人民、中国经济、中国社会的进步做出了卓越的贡献。中国历史上是农业社会、农业是社会的主体产业，虽然农业的技术变化不大，但却艰难地支撑了中国社会的长期发展。新中国成立以后，共和国工业化及其发展，是通过农业支援工业的模式，具体地讲，即是通过工农业产品的价格"剪刀差"，把一部分农业的收入无偿地转移给工业完成的。这种模式的后果是使本来脆弱的农业越发脆弱，并最终影响了整个经济的发展。发生于改革开放最初的、在相对封闭的状态下，农民还仅仅着眼于农村，还没有流动起来的"承包制"，使农民长期被压抑的积极性得

到了一种体制性的解放，并极大地促进了农业的发展。此后，随着市场经济的发展，并且打开了封闭，由于在给定的条件下城市的回报高于农村，各种资源在价格机制的作用下都流向了城市，打破了对农业具有保护意义的相对封闭的均衡。中国农业发展的历史说明，我们不仅要改造传统农业，而且要重新认识所谓城市化的发展战略。

1. 没有青壮劳动力的农村是不可能解决农业问题的

越来越多的学者从理论上说明把同样数量的资本投向农村比投向城市更有效益。一位名叫麦克的美国学者指出，将城市的光芒照耀农村的好处，也许比以不断增加的城市生活环境的吸引力诱惑农民进城的好处要大得多。他说，正如马歇尔著名的推论，城市经济没有新的劳动加入的均衡水平是由于"农村供给的冲击"与"城市需求的拉动"相等。换言之，只要农业的收入有所提高，哪怕依然比城市稍低一些，但由于与家人在一起共享天伦之乐等"综合效应"，农民可能会选择留在农村而不是流向城市。

仅仅让农民留在农村是不够的，还必须改造传统农业，提升农民的素质、提升农业的技术含量。布鲁斯·F·约翰斯顿在《农业发展战略的设计原理》中指出，许多国家的历史经验和绿色革命带进来的技术突破，证明了强调提高生产要素的生产力是正确的做法。正是日本和中国台湾地区的经验卓有成效地展示了基于现代科学知识和实验方法的技术创新带来的一系列正确的发展结果。这种发展结果使得以整个农业领域中生产要素的生产力大幅度提高为特征的农业领域有可能走上一条扩张发展之路。这种战略使越来越多的人能够与生产效能越来越高的技术相关联。就是说，要用一切发达的技术装备改造农业，使农业成为亮丽的经济增长点。

2. 加强对农村公共物品建设的投资

我国农业欠账太多，要加大对农村公共设施的投入。农村基础公共设施的建设，仅靠农民的力量是不够的。当年和现在城市公共产品的建设也是靠财政的力量。多年来，农村对于中国经济，对于中国城市发展做出了重大贡献，现在整个国家的经济发展了，理所当然地应当反哺农村。农村的公共物品假设、包括农村的公共设施，道路、交通、医疗、社保、教育、卫生等，还应当加强对农村电网的改造，加强对大型水利设施的支持力度。对农村教育的投入不仅包括初、高中阶段的义务教育，还应当包括对农民的素质教育，即一系列新技术的培训。

3. 通过对农业组织形式的改造，让千千万万的农民步入市场经济

中国农业不仅有技术创新的问题，还有组织形式创新的问题。组织形式的创新就是通过合适的形式引导农民步入市场经济。中国农民在步入市场经济方面存在着某些先天不足：(1) 市场经济需要一定的冒险精神，农民往往缺少冒险精神。(2) 市场经济需要对市场需求、经济发展的相关信息的了解，然而农民却处于信息缺失状态，特别是对市场走势的把握。(3) 市场经济下各种产业都需要最低限度的货币投入，个体农民难以拥有足够规模的资金。(4) 农村企业家人才是稀缺的。

克服以上的不足，引导农民步入市场经济行之有效的办法是公司加农户。公司加农户的模式是把公司作为中介，一头联系着市场、信息、技术乃至资金，一头联系着千家万户的个体农民，可以发挥企业家的功能。通过给农民提供市场需求、技术指导乃至小额资金的帮助，以契约的形式把千千万万的农民组织起来，步入好似成交价。从实践来看，这一模式的效果是显著的。这一模式得以实施的关键在于处于龙头的公司企业和企业家精神。

4. 加强小城镇建设

摊大饼式的城市建设很不经济。个别大城市堵车的问题所以解决不了，是因为每天早晨人们都得从遥远的住地赶往城市中心，晚上再从市中心回到遥远的住地。刘易斯后来在《发展中国家的失业》中反思性地指出，基

于对工业化和城市规模之间关系的错误认识，人们总想把所有工厂都建在一个或两个大城市里。事实上，大部分关于城市规模经济的调查证明，一个城市在人口规模达到 30 万人前，就会失去规模经济效益。他强调，相当经济的办法是发展大批农村小城镇，每一个小城镇都拥有一些工厂、电站、中等学校、医院以及其他一切能够吸引居民的设施。当最近的城镇在 30 公里之内，又有良好的道路时，人们将更乐于居住在农村，而不喜欢路途遥远的中心城市。我们应当换一种思路：把农村建成小城镇，既能促进农业产业化，还能减轻一系列由于超越了城市的承受能力、把农民转移到城市而带来的一系列的社会问题，这可能是中国农业问题和城市化的真正必由之路。

5. 不要农产品价格一上涨就干预和压抑农产品的价格

农产品的价格一上涨就用行政手段干预，在扭曲价格的同时也就抑制了发展农业的积极性。可以换一种思路，不是频繁地干预农产品价格，而是在农产品价格上涨时给城市中低收入者补贴的办法解决农产品价格上涨带来的其他问题。

原载《读书》2012 年第 8 期

城镇化的逻辑

面对新一轮呼之欲出的城市化浪潮，人们应当科学地把握城市化的逻辑，即到底是经济发展带动了城市化，还是城市化带动了经济发展。

从基本的经济学原理出发，正确的答案应当是经济发展带动了城市化。作为这一判断的证明的典型案例是我国经济发达地区"润物细无声"的城市化。随着经济发展，这些地区诞生了很多民营企业，相当多数的民营企业本身就是农民办的，需要大量的农民工，顺理成章地转移了很多农村剩余劳动力。这些企业需要聚集地，于是就有了产业聚集，产业集群，以及伴随着农村劳动力转移的城市化。这种城市化的特点：一是自然而然，由市场力量驱动，符合经济发展规律；二是有产业支持，有需求拉动，充满活力；三是遵循投入和产出规律，即效率规则。由于是市场配置资源，各种资源、特别是土地资源，得到了充分的利用。

另一种逻辑是由城市化带动经济发展，这是一种与顺理成章的城市化相比颠倒了的逻辑。在这种认识框架的支配下，试图通过人为制造的城市化带动经济发展。这种城市化更为欠发达地区的地方政府所推崇，原因之一在于欠发达地区缺少其他经济增长的亮点，从而误以为这样的城市化可以成为经济增长的亮点。在现实经济生活中，这种城市化通常表现为圈地、盖房子，赶农民进城上楼的城市化。这样的城市化必须有两个方面的准备：一是城市方面的准备，包括：城市能不能提供充分的就业岗位，能不能提供相应的教育资源，能不能提供那么多的医疗及社保资源，能不能提供相应的居住资源。二是农民的准备，农民在物质和精神层面能不能融入城市。如果这两个方面都没有准备好，那么在地方政府行政力量推动下的没有产业支持、没有需求拉动的拔苗助长式的城市化，就只能是更严重的城市失业，更严重的两极分化，更严重的社会问题，重蹈20世纪80年代拉美一些国家城市化的覆辙。试图用这样的城市化拉动经济发展，只能是一厢情愿的美好愿望，因为没有产业支持，进城农民收入没有保证，拿什么拉动需求，拉动经济发展呢！

中国是一个农业大国，有着几千年的乡土文明，多少年来，土地一直是给农民托底的保障，是中国社会稳定的保障。圈地、赶农民进城的城市化，使农民退不回农村去了。原来农民年龄大了在外边找不到工作可以退回去种地，现在无地可种了，成了无根的飘忽不定的人群。人们看到，表面上农民收入增加了，但现在农民所需要的所有的生活资料都得用钱去买，而在有土地的时候农民的生活资料中有相当多的是自给自足，农民生活水平不一定低。

在所谓的城市化的过程中，有的地方在"建国际化大都市"的口号驱使下，推行"摊大饼"式的城市建设，城市占地面积越来越大。人类历史迄今还找不到一个靠"摊大饼"盖房子扩大城市规模就成了国际化大都市的案例。"建"国际化大都市实在是一种误区。国际化大都市需要开放，需要历史，需要包容的文化，需要能够处理相应事务的法律，需要国际范围内的人流、物流、资本流，需要世界认同，国际化大都市不是自封的。

世界上有些趋势是不能扭转的，不能扭转的趋势包含着支配事物发展的规律。世界上很多的事情是不以人的意志为转移的，同样是因为不以人的意志为转移的事情是符合经济规律的。如果非要认为自己无所不能，就毕竟会毫无例外地遭到规律的无情惩罚。我们的教训已经太多了，在城市化问题上再不能重蹈覆辙。

正确的城市化道路除了我们在本文一开始就讲过的经济发展拉动城市化的案例外，还可能包括加强中小城镇建设，把农村建成城镇。最先倡导工业化和城市化的刘易斯后来在《发展中国家的失业》一文中反思性地指出，基于对工业化和城市化规模之间关系的错误认识，人们总想把所有工厂都建在一个或两个大城市里。事实上，大部分关于城市规模的调查证明，一个城市在人口规模达到30万人时，就会失去规模经济效应。他强调，相当经济的办法是发展大批农村小城镇，每一个小城镇都有一些工厂、电站、中等学校、医院以及其他一切能够吸引居民的设施。当最近的城镇在30公里之内，又有良好的道路时，人们将更乐于居住在农村，而不喜欢路途遥远的中心城市。这样的城镇化让农民就近就业，会把有悠久历史的田园风光建设得更好，而不是破坏田园风光，破坏生态文明。

原载《人民日报》2013年11月18日

创新与经济发展

——重读熊彼特的《经济发展理论》

熊彼特1912年在他的专著《经济发展理论》中开创性地提出了"创新理论",并把创新与经济发展以及经济周期,创新与企业家紧密相连,由此而轰动了西方经济学界,并且至今享有盛誉。值此中国转变经济发展方式,提升产业竞争力的关键时刻,重读熊彼特的《经济发展理论》,具有非常重要的现实意义。

约瑟夫·阿洛伊斯·熊彼特,奥地利裔美籍经济学家,曾任美国经济学会会长,著有《经济发展理论》、《资本主义、社会主义和民主主义》、《经济分析史》等,其中《经济发展理论》是他的成名作。

一、经济发展与创新的内在联系

1. 什么是创新

熊彼特的《经济发展理论》创立了新的经济发展理论,即创新是经济发展的根本现象。为此,他首先定义了"创新"。他认为创新不同于发明,创新要实际应用,是一种市场行为,要接受市场的检验,要遵循投入和产出的规律。他说,"只要发明还没有得到实际应用,那么在经济上就是不起作用的。……作为企业家的职能而要付诸实践的创新,也根本不一定是任何一种的发明。因此,像许多作家那样强调发明这一要素,那是不适当的,并且还可能引起莫大的误解。"基于上述分析,他把创新定义为"生产函数的变动",而这种函数是不能分解为无限小的步骤的。你可以把许许多多的邮车加起来,加到你想要加的地步,但这样做,你将永远得不到一条铁路。显然在熊彼特的笔下,创新不仅要接受市场的检验,而且是一种质的变化,是产业突变,通常又被叫作破坏性创新。

创新具体包括以下五种情况:(1)采用一种新的产品,即消费者还不熟悉的产品;(2)采用一种新的方法,也就是在有关的创造部门中尚未通过检验鉴定的方法;(3)开辟一个新的市场,不管这个市场以前是否存在过;(4)掠夺或控制原材料或成品的一种新的供应来源,也不问这种来源是否已经存在的,还是第一次创造出来的;(5)创造出一种新的企业组织形式。

2. 经济发展是创新的函数

《经济发展理论》的精粹在于把创新与发展紧密相连,认为发展是创新的结果,是创新的函数,发展是经济生活中的内生现象,是创新诞生了新的产业,打破了旧有的均衡,然后又有新的创新,进一步打破已有的均衡,这个过程是没有穷尽的,并由此使产业不断升级,并引领经济高质量发展。

经济经验观察表明,创新是非连续性的。那么,创新为什么是非连续性的呢?熊彼特对这种现象给出了自己的解释。他认为在经济处于相对静止状态的时候,只有少数人有胆略、有能力通过创新打破僵局。正是因为如此,经济发展通常呈现周期性。于是,在该书的第二章"经济发展的根本现象"之后,在第六章"经济周期"中,熊彼特又专门研究了经济周期,认为发展是通过一个一个引领经济发展的周期完成的。根据熊彼特的考察,人类经济发展的重大创新引发了经济发展过程中的长周期,即由俄国经济学家尼古拉·D·康德拉季耶夫1926年首先提出的被命名为"康德拉季耶夫周期"的周期。经济发展过程中的长周期对人类经济生活是一个里程碑式的改变。他举例说，大约在1783~1842年，是所谓的产业革命时期，而且专指第一次产业革命；第二个长波是在1842~1897年，是所谓的蒸汽机和钢铁时代。

库兹涅茨的研究进一步证明了熊彼特的见解。同样研究经济周期的西蒙·库兹涅茨在其《长期运动》中，对新技术的出现是如何引领经济周期和经济发展作了与熊彼特完全一致的论述。他说，"在许多工业中，在某个时期，基本技术条件发生了革命性的变化。当这种根本性的变化发生时，一个时代就开始了。在制造部门，这个时期就是机器加工首先在很大程度上代替了手工劳动的时期。在采掘业，这个时期或者是发现了一种商品的来源和用途（如石油）的时期，或者说是找到迄今为止尚未利用的商品的新的和广泛的应用。作为这种时期的具体例子，我们可以提出很多，如18世纪80年代英国的棉纺织业和生铁生产，19世纪美国的钢的生产，19世纪30年代的无烟煤生产和19世纪40年代的烟煤生产，19世纪20年代的炼铁（比利时），19世纪60年代的石油和19世纪70年代的铅（美国）。在所有这些事例中，我们观察到一个革命性发明和发现被用于工业的过程。于是，这个过程就成为主要的生产方法。"通过库茨涅茨的进一步佐证，我们可以更加深刻地理解熊彼特关于一个创新带动一批与之相关的创新，紧接着就是一个时期的经济发展的见解。

二、创新与企业家

在论证了创新与经济发展的关系之后，熊彼特进一步论证了创新与企业家。

1. 创新的主体是企业家

熊彼特认为，只有在市场经济下才有连绵不断的创新，而且创新的主体是企业家。熊彼特强调只有企业家才能完成新组合。一个人也只有在实现了新组合时才是企业家。说的再直白一些，被称为企业家的人，其功能和最大的本领就在于可以把各种生产要素搅和在一起，是其发生近似于化学反应的反应，从而产生新的现象，即发生了质变的新型生产力。熊彼特不同意马歇尔企业家是管理者的观点，认为管理者是正常的"循环流转"的现象。而作为企业家，一旦不创新了，只是执行日常的管理职能，那就只能是一个管理者了。熊彼特还区别了资本家和企业家，认为资本家是单纯提供资本的人。早期的资本家和企业家是合二为一的，发展到后来就成了单纯的资本家（投资者）和单纯的企业家。

威廉·鲍莫尔是另一位专事研究创新与经济发展的学者。他在《资本主义的增长奇迹》中完全同意熊彼特对"企业家"的定义，企业家能够大胆而又富有想象力地突破现行的商业模式和惯例，不断寻求各种机会推出新的产品和新的工艺，进入新的市场并且创造新的组织形式。他认为企业家更像商人，当某一产业达到未来创新的机会枯竭的时候，企业家才能就会从该产业流出，进入那些更有可能通过变化带来更多利润的领域。企业家才能也会被引向寻租，只要社会制度安排提供了大量的寻租机会，而寻租又可以大大地有利可图的话。由传统体制延续下来的审批制度诱发了企业家的寻租，诱发了企业家跑市长而不是跑市场。为了企业家精神的诞生和正确流向，社会必须有相应的制度安排。

曾经写过《企业论》的凡勃仑同样十分推崇企业家。他认为企业家在工业体系中居于中心地位。他说，"企业家在工业系统组织中的任务归纳起来是名目繁多的。……他以企业家的立场，并不创造性地从事于机械操作的研究改进工作，使手里的工具转向新的、更大的用途。这些是掌握机械操作的设计和监督事宜的一些人的工作。关于那些新的、更加有效的方法和相互关系，必须先由工业中人提供机械上的可能性，然后方才由企业家来观察时机，作出必要的企业布置，并对于如何将计议中的工业推进付诸实施，做出总括的指示。但也有例外的情形，掌握事权的企业家有时也会推进工业向新的领域发展。鼓励有关的机械工作人员在新的方向上从事实验和探讨。"看来，企业家的创新不是一般意义上的创新，而是把握市场方向的创新。

2. 创新者要善于战胜自我，善于打破习惯的力量

熊彼特认为创新者要克服惰性，善于战胜自我，千万不能故步自封。他非常生动地写道："一切知识和习惯一旦获得以后，就牢固地根植于我们之中，就像一条铁路的路基根植于地面一样。它不要求连续不断地更新和自觉地再度生产，而是深深沉落在下意识的底层中。它通常通过遗传、教育、培养和环境压力，几乎是没有摩擦地传递下去。"他说："科学史对于下面这一事实是一个巨大的证明，那就是，我们感到极其难以接受一个新的科学观点或方法。思想一而再，再而三地回到习惯的轨道，尽管它已经变得不适合，而更适合的创新本身也没有呈现什么特殊的困难。固定的思维习惯的性质本身，以及这些习惯的节约能力的作用，是建立在下面这个事实之上的，那就是，这些习惯已经变成了下意识的，它们自动地提供它们的结果，是不怕或不接受批评的，甚至是不怕或不在乎个别事实与之发生矛盾的。但是恰恰因为这一点，当它已经丧失了自己的用处时，它就变成了一种障碍物。在经济世界也是如此，在想要做某种新事情的人的心目中，习惯的力量升腾起来，反对处于萌芽状态的规划或设想。因此，需要有新的或另一种意识上的努力，以便在日常领域、范围和时间内的工作或牵挂中，去为设想和拟定出新的组合而搏斗，并设法使自己把它看作一种真正的可能性，而不是一场白日梦。"用我们的话把熊彼特的论述说的再直白一点，就是相对于未知世界，人类已经认识的只是极小一部分。认识是不断深入的，思想是不断解放的，稍微的停滞或些许的懈怠，都可能

面临着被淘汰。企业家要不断地创新，就必须不断地战胜自我。

3. 企业家精神中的冒险，个人主义和永无止境地追求

企业家有着别样的精神特质。熊彼特认为企业家存在着征服的意志，战斗的冲动，证明自己比别人优越的冲动，以及冒险精神。

内森·罗森堡、L·E·小伯泽尔在《西方现代社会的经济变迁》中，从历史考察的角度得出了与熊彼特一致的结论，他们同样认为是创新而不是劳动密集促进了西方经济的持续发展。与此同时，他们特别强调创新需要适当的冒险精神。他们写道："发明者经过自我选择，必须比一般人更愿冒险，对现状越是不满，越愿意打破常规。因此，这样的社会，不会像人们灌输绝对服从权力机构这样的思想，而是存在给社会成员提供若干机会的权力机构，因而发明者可以兴旺起来。个人主义不单在西方革新中得到了表现的机会，而且在西方进行革新的多样性方式中得到了表现的机会。"看来我们应当在个人主义和集体主义之间寻找一条合适的边界，过分强调集体主义，强调传统，会压抑创新一开始可能表现为异端的遐想。允许冒险，包容失败，是创新不可缺少的社会氛围。

熊彼特还特别指出了企业家具有永不言退，百折不挠的精神，企业家"存在着征服的意志，战斗的冲动"，他们像拳击运动员似的仅仅是为了成功本身。对此，马克斯·韦伯在《新教伦理与资本主义精神》中也有相同的论述。他说："在生活中，一个人是为了他的事业才生存，而不是为了他们的生存才经营事业。"

上述分析说明，对于创新而言，企业家精神特别重要。笔者结合现实曾经把企业家精神概括为：（1）永不安分，总是有着各种奇思妙想，有时甚至是各种怪诞的想法，有着浪漫主义的遐想。（2）有着强烈的产业意识，善于发现产业兴奋点。（3）敢于冒险，敢于探索未知领域，并且坚忍不拔的追求。（4）永不停止，永远没有尽头。（5）推崇个人主义，不囿于传统，敢于打破传统。

三、创新与中国经济发展

熊彼特的创新理论的意义就在于可以使我们充分认识创新与当代中国经济发展的关系,帮助我们探寻合适的制度安排,使创新从号召的层面过渡到实践的层面。

1. 创新形成的产业兴奋点比刺激性政策更重要

熊彼特的创新与经济发展相互关系的理论,可以帮助我们理解当前世界经济为什么迟迟难以走出低谷,原因固然很多,但没有新的产业兴奋点无疑是其中的重要原因。在这种情况下,仅靠"膨大剂"式的政策,靠注入货币,只能赢得短暂的复苏,紧接着是更严重的通货膨胀和政府债务,这就像吃止痛药似的,一次比一次剂量大。

历史的教训也是如此,20世纪70年代,凯恩斯主义的政策导致了西方国家经济的滞胀。对此,当时的英国首相卡拉汉1976年9月28日在工党大会的一次演讲中深有感触并且十分形象地说:"我们习惯于设想,你可以花钱摆脱一场衰退,以及靠减税和扩大政府开支来增加就业。我坦白地告诉你们,那个主意不复存在了,而且在它曾经存在的时候,它能起作用也是靠将更大剂量的膨胀注入经济,然后第二步接着是更高水平的失业,那就是过去20年的历史。"历史的教训再一次证明了熊彼特创新引领经济发展的理论的正确性,我们应当在创新,在发现新的兴奋点上下功夫,而不是依赖"止疼药"。

2. 当代中国正处在转变经济发展方式,由大到强,跨越中等收入陷阱的关键时刻,解决这些问题的出路在于创新

中国经过30年的快速发展成为世界第二大经济体,经济发展面临着新的约束条件,既有的拼资源、拼消耗、靠劳动力便宜,处于产业链的低端,

附加值很低的模式已经难以为继。笔者曾把一国的经济发展分为三个阶段，即模仿—创新—世界知名品牌。按照这样的划分，我们基本上处于第一阶段，创新极少，世界知名品牌几乎没有。按照产业发展的进程，笔者也将其划分为三个阶段，即研发—制造—品牌经营。我们基本上处于制造阶段，即处于产业链的低端。我们还可以设问，如果 GDP 可以用秤称的话，是发达国家的单位 GDP 重呢，还是我们的单位 GDP 重，如 1000 万美元的 GDP，是美国的重呢？还是我们的 GDP 重？当然是我们的 GDP 重，这涉及 GDP 的构成。美国的 GDP 是高薪技术产品，文化产品以及高层次的制造业。我们的 GDP 是相对层次较低的制造品，以及道路交通、楼堂馆所等基础设施。单位 GDP 越轻，技术含量越高，附加值越高。单位 GDP 越重，技术含量越低，附加值越低。

正是基于上述分析，我们才必须转变经济发展方式。只有转变经济发展方式，我们才能由大到强，才能跨越中等收入陷阱。那么，什么是强呢？笔者以为强的标准应当是：（1）在一些产业或者关键性产业上从产业链的低端上升到产业链的高端，具有产业话语权。（2）能解决中国经济发展过程中的关键问题，能有效解决装备中国的问题。（3）摆脱了资源依赖，主要靠技术发展。迈克尔·波特在其《国家竞争优势》中认为，资源型的比较优势是 19 世纪产业比较粗糙阶段的比较优势，靠这样的比较优势不能解释黄沙漫天的以色列为什么经济发展的很好。他认为发达国家的经济发展摆脱了传统的资源依赖，而是靠科学技术、人力资本、先进的制度安排保持了经济的持续发展。（4）能够绿色发展，可持续发展。（5）产业结构合理且有所提升，以第一产业和第三产业都能够得到有效发展。看来，没有创新就难以实现这里所讲的强。

3. 对于创新，有效的制度安排比人才更重要

人们通常认为人才是创新的关键。然而当年的瓦特、法拉第等人并没有上过大学；当代的比尔·盖茨、乔布斯也没有上完大学，他们却成了全

世界在创新发明中最有成就的人。按照威廉·鲍莫尔在《资本主义的增长奇迹》中的研究，制度比人才更重要，制度可以吸引人才、造就人才、激励人才。他说："正是自由市场将这些技术进步转变成快速的经济增长，而且正是经济增长反过来支持了教育的普及。如果此言成立，虽然人力资本的投资仍然会被认为是巨大的技术进步的必要前提，然而我们可以说是资本主义市场机制对于这个任务来说既是必要条件又是充分条件。这是因为资本主义市场机制不仅提供了大量创新活动所需要的激励，而且刺激了必不可少的人力资本投资。"

那么，为什么是市场机制呢？首先是激烈的竞争和短暂的超额利润使得企业不得不率先创新，不创新就难以生存。率先创新者固然可以获得超额利润，但这种超额利润会随着众多加入者的涌进被迅速平均化，于是又有了下一轮的创新。这个过程表现为不断在一个更高的层次找到创新的均衡点，又打破了这个均衡点，走向更新的均衡点，恰如一场军备竞赛。其次是经济周期中危机阶段特有的强制性的淘汰、重组、创新是走出危机的契机，再一次占领市场必须是新的、是先进的。更次是平等进入保证了平等竞争。最后是市场经济不拘一格和推崇企业家，推崇创新的社会氛围。

靠机制吸引、而不是靠补贴吸引人，这是市场经济与计划经济在思维惯性上的鸿沟。靠补贴的工程式地吸引人才最大的弊端是已经先入为主地假定谁是人才了，你不能补贴所有的人，你不能给人们提供激发才能的社会氛围。染文道在他所著的《常识》中写道，新加坡就很能够吸引人才了，但比起美国还是略逊一筹。"美国更吸引人的地方在于他的制度和开放。例如一个非洲移民的第二代能当总统，那还有什么不可能呢？只要看看它各行各业高端人才分布的那种族群纷杂肤色参差的景象，便能发现美国始终是一个移民传统深厚的国家"；"美国诺贝尔奖得主乃世界之冠，其中起码有一半是移民，或者移民者的第二代"。

当前我国经济发展的主要问题是怎样由大到强。相对于仅仅是做大、做强的任务更为艰巨，制度建设方面的任务更为繁重。对于做大而言，我们本来就是一个速度型模式：自下而上的从属关系、主要靠政府推动的发展模式、发展之初相对宽松的环境和相对丰富的资源，以及以 GDP 为考核内容的风向标。所有这些在追求速度时具有优势的制度安排，在追求创新，在由大到强时却并不具有优势。创新，由大到强有更多的风险，是更大的范围的实验或试错，需要更为专业的知识和信息，所有这些都必须企业去识别、判断、尝试。我们应当继续向市场经济体制前进。我们曾经靠计划经济体制中的要件推动了市场化的改革，然而，这些要件今天却成为进一步深化市场经济体制改革的阻力。在《共产党宣言》里，马克思、恩格斯曾经充分肯定"资产阶级在它的不到一百年的阶级统治中所创造的生产力"，他们认为，要有这样的生产力，必须进行改革。他们写道："资产阶级赖以形成的生产资料和交换手段，是在封建社会里造成的。在这些生产资料和交换手段发展的一定阶段上，封建社会的生产和交换在其中进行的关系，封建的农业和工业组织，一句话，封建的所有制关系，就不再适应已经发展的生产力了。这种关系已经在阻碍生产而不是促进生产了。它变成了束缚生产的桎梏。它必须被打破，而且果然被打破了。"我们需要创新，创新需要相应的制度安排，这就是结论。

可以肯定的是，计划经济体制延留下来的审批机构的存在是不利于市场经济体制的建立的。

可以肯定的是，官本位的、泛行政化的科研、教育体制是不适合创新的。

可以肯定的是，补贴式的人才工程计划对于造就人才和激励人才，其作用是十分有限的。

既有的制度安排是一个靠政府推动的速度型的制度安排，为了由大到强，我们必须进行相应的制度变革。这是一场深刻的革命。

原载《读书》2013 年第 2 期

从更深层次上认识转变经济发展方式

《中共中央关于第十二个五年规划的建议》（以下简称《建议》）指出，加快转变经济发展方式是我国经济社会领域的一场深刻变革。据此，我们对转变经济发展方式应该有更加深刻的认识，否则就难以有效地转变经济发展方式。

一、加快转变经济发展方式既是生产力的提升，也是生产关系的调整和变革

马克思主义的基本原理告诉我们，生产力决定生产关系，生产关系反作用于生产力，生产力和生产关系的关系是对立统一、相互作用的关系。据此，我们必须认识到转变经济发展方式不仅是生产力的提升，而且是生产关系的调整和变革。

转变经济发展方式首先是生产力的提升和调整。生产力的提升最具有代表性的表现是产业结构的调整和提升。产业结构是一个社会生产力水平高低的生动表现。当作为第一产业的农业在经济结构中占主导地位时，通常还处在以农业为主的经济发展的阶段。当第二产业作为经济增长的主力军时，就进入了通常所讲的工业化时代；而知识经济、信息化、现代服务业等现代产业体系的占比增加，表明一个社会的生产力达到了现代的、更高的水平。对于产业结构的调整和提升，党的十七届五中全会指出，要发展现代产业体系，提升产业

核心竞争力，改造传统产业，加快发展服务业，加强现代能源产业和综合运输体系建设，全面提升信息化的水平，发展海洋经济。按照这样的要求，我们的产业结构将更高、更趋合理，战略性新兴产业将成为"十二五"期间经济发展的主要引擎。因而，这是一个具有较高生产力水平的产业结构。为了实现这样的产业结构调整目标，《建议》指出，要增强科技创新能力，深入实施科技兴国战略和人才强国战略。所有这些都标志着生产力水平的提升，因为按照马克思主义关于生产力的基本规定，人、人力资本是其中最活跃的因素。

当然，产业结构的调整，要充分考虑到我国有13亿人口，农民占80%，各地发展很不平静的实际情况。各地的产业结构调整规划，既要有前瞻性，又要符合本地实际。

其次，转变经济发展方式同时也是生产关系的调整和变革。生产关系是随着生产力的提升和变化而进行的调整和变革，是一个不断进行的过程。在我国当前进行的转变经济发展方式中，生产关系的调整有着特别重要的意义，涉及的内容相当丰富。

第一，坚持把保障和改善民生作为转变经济发展方式的根本出发点和落脚点。

保障和改善民生是《建议》特别强调的。大家知道，社会主义生产目的是满足广大人民群众日益增长的物质文化需要。然而，一个时期以来，事实上存在的单纯追求经济增长的思维和行为，使有限的资源尽可能地投向了生产性领域，社会保障、医疗、教育、住房等领域投入相对不足，挤压了人民群众的消费能力，影响了生活水平的提高，造成了经济发展与社会事业的失衡。转变经济发展方式必须回到社会主义生产目的的基本规定，增长必须服从于保障民生，服务于保障民生。

第二，立足于富民，构建扩大内需的长效机制。

一个时期以来，经济增长主要是靠外需拉动的。靠外需拉动的经济增长模式的直接后果是中国人生产、外国人消费，中国人储蓄、外国人借钱，经济发展态势仰仗于世界经济的波动。此次由美国次贷引发的危机对我国经济发展的影响就是典型案例。靠外需拉动经济增长的卖点在于便宜，即靠资源、环境、劳动力便宜。实际上劳动者都是双重身份，即既是生产者又是消费者，当国外对我们的产品需求减少，国内的劳动者又因为工资水平低买不起的时候，本来并不发生在我国的危机就会对我国经济发展影响甚大。我们所以强调内需，不仅在于立足于内需可以使我国经济发展相对主动，还在于我国是一个大国。按照亚当·斯密的论述，作为大国的中国不仅应当重视国与国之间的贸易，而且应当重视省与省之间的贸易，即国内贸易。故此，我们虽然毫不放弃外需，但必须更加重视内需。

要把内需作为长效机制，必须富民，不富民就没有购买力，就不能转变经济发展方式。以往国民收入分配服从于增长，有意无意地向国家税收和企业利润倾斜。为了保障和改善民生，初次分配要努力提高居民收入在国民收入分配中的比重，提高劳动报酬在初次分配中的比重，再分配要加大社保、医疗、教育等公共事业的支出，更加注重公平。

第三，坚持公平正义，统筹兼顾。

坚持公平正义，一直是中国共产党人追求的目标。转变经济发展方式就是要使发展成果公平地惠及于所有的人民群众，公共资源应当均等化地享受，政府公共服务应当均等化，保证每个公民依法行使各种权力等。

公平和正义，不仅包括对发展成果享有的公平性，尤其是参与经济发展机会的公平性，这同时也是市场经济所以有效的真谛。这里的有效，主要是资源的最佳配置。现实中收入差距的拉大等很大程度上在于参与的不公平。缺少公平的进入的机会，难以参与利润的平均化是其主要原因。如虽然颁布了非公有制经济可以平等进入的条例，但却由于垄断而难以落实。劳动不能平等进入，致使行业收入差距过大。为此，《建议》指出，要营造各种所有制经济依法平等使用各种要素，公平参与市场竞争，同等受到法律保护的体制环境。

上述分析说明，调整生产关系是转变经济发展方式的重要内容，不调整生产关系，就没有达到转变经济发展方式的全部目的。

二、转变经济发展方式是一切深刻的发展思维和路径的变革，而不是简单的上项目

1. 转变经济发展方式就是要建立起消费型社会，或者说建立起主要以消费拉动经济发展的模式

以消费拉动经济发展是市场经济的显著特征和根本要求。在生产、分流、流通、消费等环节中，消费是最后一个环节，是投资和生产的最终目的，是检验先前投资效果的环节。马克思说，商品生产者（投资者）所生产的产品如果不能被消费者或社会所接受，就难以实现所谓的"惊险跳跃"。在现实生活中，投资如果不能最终转化为消费，就会造成产能过剩，资源浪费。正是因为如此，科尔奈才深刻地指出："投资或是不投资，这是资本主义企业最大的难题之一。如果风险太大，即使这个企业暂时已得到必要的金融保证，他也可能自愿地放弃投资打算。"

恩格斯在《资本论》第一卷英文版的序言中写道，在市场经济中，"生产力按几何级数增长，而市场最多只按算术级数增长"。恩格斯这里所讲的市场即一个社会的消费能力。"消费能力"是市场经济下的经济发展的重要杠杆。为此，必须培育我们的消费能力，这样既符合社会主义生产目的，又可以使我们的经济发展不因过于依赖外需而被动。

计划经济是以投资推动经济增长为特征的，且存在着近乎本能的、永远不可满足的投资饥渴。这种投资饥渴由于"约束软化"，缺少相反方面制约的力量。扩张性的投资饥渴直接导致了低效和浪费。几乎由于同样的原因，即由于约束软化，可以享受投资带来的辉煌，而不必要、也不可能从财产方面承担投资失败的责任，个别地方政府确实存在着投资饥渴，不惜举债地追求亮点和辉煌，进而把转变方式理解为简单地上项目。21世纪

的今天上的项目肯定比此前的技术含量高，但如果还是不计成本、不算经济效益的"铺摊子"，就依然是到处"铺摊子"的粗放经营。我们并不反对上项目，政府要上更多的民生性项目，生产性、竞争性项目则更多地由企业去上。企业对于竞争性项目有着特殊的敏感和投入产出的比较。

2. 转变经济发展方式，创新必须成为新的发展方式常态的、内生的力量

我们既有的经济发展模式除了过度依赖外需，另一个特点是多数竞争性产业处于产业链的低端，自主创新能力不强，附加值不高。这种模式一开始有它存在的合理性，原因在于改革开放初期我国经济发展空间大，资源、环境、劳动力都可以承受，按照世界产业发展的路径亦步亦趋地就可以发展起来。在这个阶段，相关技术对我们来说都是外在的。当前国际经济形势已经有了一定的变化，我国的经济也有了长足的发展，面对新的经济格局的时候，创新必须成为我们欲要转换的经济发展方式的内生力量，是一个内生的而不是外来的因素，内生的技术创新的经济发展模式，是现代发展经济学所一再倡导的。对于发展战略性新型产业，技术创新必须成为其内在因素。

马克思曾经指出，企业率先采用了新的技术，包括使原有产品劳动生产率更高和生产了新的产品，就可以获得超额利润。世界产业发展的顺序是某种创新造就了某个产业，然后其他企业紧随其后，利润遂于平均，并且有了规模经济和品牌效应，然后是新的创新，新的产业。在这个过程中，谁处于领先地位，谁就可以处于利润丰厚的产业链的高端。在我国的经济发展已经进入新的历史阶段的今天，我们一定要使创新成为我国经济发展的内生变量。我们不仅要支持创新，更要转变和提升创新机制，使其更符合市场经济的要求。

3. 转变经济发展方式的主体是企业，政府的功能在于创造必要的条件和环境

我们习惯于政府直接上阵拼经济，其实，新的发展方式的要旨应当是主要由市场拉动经济发展。转变经济发展方式既不是异想天开，也不是一厢情愿，说到底是企业根据资源约束状况的变迁在盈利目的驱使下作出的反应。这首先在于企业的约束条件是硬的，会本能地谨慎和灵敏。其次，只有企业和企业家才会遵循基本的经济原则，即投入和产出比较的原则。最后，企业家对产业机会、投资机会的敏感程度优于一般的人。所以我们必须明确，企业是转变经济发展方式的主体。当然，我们说企业是转变经济发展方式的主体，并不排除在我国特殊的体制背景下，对于战略性新兴产业国家还是要给予必要的政策支持的，只是这种支持应当符合市场经济的基本要求。

政府不直接扮演市场主体的角色，不等于政府在转变经济发展方式中无足轻重。从一定意义上讲，转变经济发展方式就是要转变政府职能。政府在转变经济发展方式中也有自己的优势，可以而且应当发挥无可替代的作用。首先，政府可以对产业发展发挥适当的指导作用，但最好不要直接干预企业，不直接支持一般意义上的具体产业，而是通过必要的政策和信息影响市场，进而影响企业的选择。其次，有效的市场是公平竞争的市场，是转变经济发展方式的必要条例，而创造公平竞争的环境是政府的优势。再次，政府应不断完善社会主义市场经济体制，让市场价格灵敏而准确地反映资源和环境的稀缺程度，并在此基础上提供解决外部性问题的制度安排。最后，政府应倾其主要精力于民生，这是政府责无旁贷的责任。

原载《人民日报》2011年6月2日

论与转变经济发展方式相应的转变

经济发展方式是一个系统，要转变经济发展方式必须有相应的转变。若无这些相应的转变，就很难转变经济发展方式。

一、转变经济发展战略，及时走出传统的"比较优势"的思维局限，走核心技术等高级生产要素的立国之路

长期以来，我们的经济发展战略是建立在资源、环境、劳动力的传统的"比较优势"的基础上的。我国经济增长中的一切成就和问题都与此有关，已有的增长成绩得益于此，然而现在看来，经济发展中的创新能力不足，缺少核心技术，资源环境代价太高，GDP大而不强，内需严重不足（因为劳动力便宜），在很多关键性产业，如大飞机制造、关键性装备制造业缺少竞争力或竞争力下滑也缘由于此。要转变经济发展方式，必须及时走出传统的"比较优势"的思维局限。原因在于以下几个方面。

第一，传统的"比较优势"赖以存在和发挥作用的条件已经发生了深刻的历史性变化。

在人类经济发展史上，不同时期发挥关键作用的生产要素是不一样的。亚当·斯密是在1776年出版的《国民财富的

性质和原因》中提出"比较优势"原理的，那时的产业层次比较低，产业比较粗糙，科学技术不发达，也不是经济发展中的至关重要的因素，起重要作用的是分工以及决定分工的自然资源的比较优势。在当代，科学技术、创新已相当发达，并且在经济发展中替代自然资源起着关键性作用，于是人们看到那些缺少自然资源的比较优势的国家和地区由于调动了人民群众的激情和创造性，由于"人力资源"等高级生产要素的发达，创造了新材料、新能源，经济反倒比资源丰富的国家发展得好。人们还看到更多的贸易发生在自然条件相当或要素禀赋没有多大差异的发达国家。迈克尔·波特在他的《国家竞争优势》里，在进行了多国、多地区的比较后，以大量生动的事实告诉人们，一般型的、初级生产要素的竞争优势，通常会被创新流程所取代。生产自动化将使人工无用武之地，而新材料更将取代传统资源的优势。此外，创新通常也有降低成本的效果。它所形成的高级生产要素对产品的不良率，提升产品质量方面的作用，更是难以估量。如果对这种变化缺少清醒的认识，继续陶醉于传统的自然资源的"比较优势"，就会陷入"比较优势陷阱"，就只能是人家造飞机，我们做衬衣了。固化于这种思维定式和发展模式，就会阻碍我们的技术进步，就只能处于产业链的低端。

第二，传统的"比较优势"另一表现是劳动力便宜，其竞争"优势"也仅在于便宜。

与便宜相联系的缺点是：（1）劳动密集型产业受劳动力素质的限制，通常难以创新，缺少核心技术，处于产业链的低端，挣很少的加工层面的利润，受国际经济形势的波动影响甚大。（2）劳动者工资低，消费能力有限，直接影响启动内需。（3）靠劳动力便宜吸引国际投资，一旦劳动力便宜的优势不在，或者有更便宜的地区出现，先前的投资者就会撤走，例如在此次危急中撤走的一些韩资企业等。日本等国的成功，就在于劳动力还有便宜的优势的时候，及时摆脱，步入了技术立国和差异化的道路。

第三，传统的"比较优势"原理更适合在一国范围内，在国际范围内的应用是有条件的。

比较优势原理最早是发达国家英国的经济学家提出来的，有意无意地代表了发达国家的心态，反映了发达国家的利益。德国当年经济相对落后，德国经济学家李斯特敏锐地察觉了这一点：如果发达国家与欠发达国家各自发挥比较优势进行没有保护的自由贸易，当时的发达国家英国就会成为一个发达的工业帝国，这对相对欠发达的德国、法国极为不利。德国必须对关键性产业有所保护，把保护当作一个发展的条件，发展的过程，当这些产业与发达国家差不多的时候就可以自由贸易了。这些分析说明，一旦引入国家利益，传统的比较优势原理在国际上的应用就是有条件的。现实的情况是，我们虽然发挥了所谓的比较优势，用一系列的低成本给发达国家提供到了低廉的消费品，但发达国家从来也没有用他们的具有比较优势的高新技术和我们交换，因为这涉及国家安全。第二次世界大战后很多国家，如日本、韩国，都是靠自己的力量发展关键性产业。新中国成立初期，我们也是靠自己的力量，集中有限的人力、物力、财力建成了比较完整的工业体系和国民经济体系。

第四，我国经济发展进入了新的历史阶段。

新的历史阶段的显著特点是：（1）资源环境压力不堪重负，资源约束状况的改变要求经济发展方式作出相应的调整。（2）世界经济格局发生了变化，美国等国打算回复实体经济，并且要加强出口。（3）随着经济的发展，我们已经有了一定的积累，具备了调整经济发展战略、转换经济发展方式的基本条件，及时走出传统比较优势，转变经济发展方式正当其时。

二、转变经济发展方式必须转变衡量标准与考核标准

经济发展不同于经济增长，经济增长更多的是数量的增长，经济发展不仅包括数量的增长，而且包括经济结构的改变和提升，以及生态环境、文化卫生、生活状况、社会公平正义等各方面的内容。基于经济增长与经

济发展的不同，转变经济发展方式必须有不同的衡量标准和考核标准，这是一个相当于高考指挥棒的制度安排。

衡量经济增长的指标是 GDP，然而由于 GDP 本身的局限性，用 GDP 去衡量经济发展是远远不够的。实际上，GDP 只是一个营业额，它的局限性在于：（1）作为一个总量指标，GDP 没有反映国民经济中的物质内容。马克思指出，商品是价值和使用价值的矛盾统一体，而且构成人类财富的是使用价值。衡量一国经济发展，不仅要看商品的价值量，尤其要看商品的使用价值，看价值的物质承担者。同理，我们不仅要看一国的 GDP 总量，更要看 GDP 的构成和质量。历史的教训是，清朝时我们的 GDP 占世界近 1/3，英国的 GDP 只占世界的 5%，清朝军队又有 100 多万人，结果还是被迫签订了割地赔款条约。原因在于英国的 GDP 构成是工业革命的产物，清朝的 GDP 是茶叶、蚕茧、瓷器等。（2）灾害等严重的外部性对 GDP 是正的效应。在西方经济学教材里，车祸对 GDP 都是正的效应，因为随之而来的是救护车、医生、护士、意外事故服务中心、道路的修理、都是有偿服务，都可以增加 GDP，虽然所有这些行为都没有提高生活水平，甚至蒙受了巨大损失。同理，环境污染、把大楼炸了建，建了再炸都可以增加 GDP。（3）GDP 数值中的另一项值得注意的是出口，由于这些出口货物并未在制造过程被消费，而用于出口的所得再去偿还债务国的债务和利息，会使出口国的经济发展更加被动，资源环境状况更加不堪重负。

按照转变经济发展方式的要求，考核和衡量标准首先要提升产业、产品结构，由此提升 GDP 的技术含量。其次，能够反映国民的总福利水平和幸福指数，具体包括生产和消费的商品及服务的质量，人们享有的环境质量，包括空间、能源、自然资源以及动植物的物种、人们用于休闲的时间和比例、工作条件的好坏、就业的难易、分配的公平、法制的公平、教育的公平、受教育的程度、健康状况、医疗状况、文化活动、居住状况、政府的服务水平等。

三、必须转变"官本位"的科研创新体制

转变经济发展方式的关键是创新,创新的要害并不在于经费,而是在于体制。历史上那些名垂青史的著作没有几个是有经费的,好的创新体制可以使有限的经费收到最佳的效果。

现在的科研创新体制处处渗透着"官本位"。这里仅以社会科学的研究项目的运行为例。首先是项目的申报,这个环节重要的是有一个学术带头人,由于许多曾经专事研究的学术带头人纷纷步入仕途,或者干脆由行政领导充当学术带头人。这些带头人能够支配大量的资源,可以把申请报告做得很好,把各方面的关系打点的很好。其次,一旦项目申报成功,有行政背景的学术带头人则有条件组织一个团队,由团队的众多成员、而不是学术带头人来完成项目。事实上,团队式的研究有优势也有缺点。工程性质的研究可能更适合团队协作,而对于学术性质的,则更需要独立思考,团队式的研究容易扼杀独立思考的火花。团队式的研究还由于团队成员近似于给团队负责人"打工",容易产生"公有地的悲剧"的现象,影响研究质量。于是我们看到了无数的研究成果,却缺少名垂青史、影响深远的学术著作。最后是结项,通常是由带头人出面,邀请一帮熟知的同行,然后就凯歌高奏,获奖的也多是行政领导。基于这样的运行模式,虽然经费和成果都不少,但却难有惊世之作。

为了使科研创新体制与转变经济发展方式的要求相一致,新的科研创新体制:(1)要双轨,不仅要对体制内的项目给予重视,对于来自市场的项目,来自于社会评价的学术成果更要给予高度重视,很多市场选定的项目、在社会上发表的论文更有生命力。(2)即使是体制内的项目其运行方式也可以进行更为有效的改革,例如,采取招标的方式,项目的成果由发包方随机组成的专家评审,硬性规定一定的淘汰率。经费不能一次性拨付,验收完成后再行拨付。还应当有对发包方监督和监察的机制。(3)大多数

应用性研究都可以由企业担当主体,这是一种世界性的趋势。企业担当主体的研究项目更有市场生命力,更讲投入产出的比较。(4)一个社会的"英雄崇拜"对社会经济发展的影响相当大,故此,要大力度提高科研人员的地位,甚至可以使科研人员的地位超过行政管理人员,倡导对科研人员的向往和推崇,着力避免优秀人员对当官趋之若鹜的现象,放任这种现象,只会浪费有限的科研力量。

四、至为关键的是转变资源配置方式和政府职能

市场经济和计划经济表面上看是效率的差别,深层次看是资源配置方式的不同,资源配置的效果如何,对经济发展效果,经济发展方式的转变至为重要,以致现代经济学把研究的对象确定为如何有效地配置稀缺资源。

实践证明市场在配置资源中是高效的,珠三角、长三角地区的成功,都是市场在资源配置中起主导作用,是靠市场的力量、产业的纽带形成的富有特色的区域经济。历史上的诸多产业,从福特的汽车到比尔·盖茨的微软,以至中国的李书福、马云所从事的产业都是市场选择的结果。三次伟大的工业革命都发生在市场经济国家,也证明了市场的力量。亚当·斯密在《国民财富的性质和原因》里写道:"关于可以把资本用在什么种类的国内产业上,其生产能力有最大价值这一问题,每一个人处在他当时的地位,显然能判断得比政治家或立法家好得多。"现代经济学进一步认为,市场经济较计划经济更能有效地、更低成本地利用社会上所有的知识和信息。而计划经济特有的纵向从属关系,不仅难以利用社会上所有的知识和信息,其特有的纵向从属关系还可以使信息扭曲。人们包括计划者在内,虽然都是理性的,然而这种理性毕竟是有限的。在现实经济生活中,由于行政力量在配置资源中还发挥着一定的、甚至是主要作用,一些地方政府就不顾经济规律追求更大、更靓、世界第一的政绩工程,不惜污染环境和低层次的重复建设。为了有效地转变经济发展方式,必须切实转变资源配

置方式，这也是社会主义市场经济的内在要求。

要转变资源配置方式、进而转变经济发展方式，就必须转变政府职能。首先，政府不能扮演市场主体的角色。政府一旦扮演了市场主体的角色，就会自觉不自觉地增加生产性投资，忽视公共服务和公共产品投资，如对教育、医疗、社保等方面的投资，结果是这些方面的投资欠账很多，直接影响了群众的消费，影响了社会主义经济发展目的的实现。其次，政府扮演市场主体的角色，国民收入分配容易向财政收入，企业利润转移，而不是劳动者的收入，因为这样可以促进经济的进一步增长，进而把增长当作目的。再次，政府扮演市场主体的角色，会有意无意地偏向国有企业，忽视其他经济成分。最后，政府既当运动员，又当裁判员，不利于建立良好的经济秩序。

转变政府职能的总的思路是政府只当裁判员而不是既当运动员又当裁判员。具体而言：（1）政府应提供充分的公共产品，着力于高级生产要素的培育。公共产品具有鲜明的正的外部性，这些领域投资的好处会超过单一企业和个人，惠及整个社会，单个企业缺乏投资的积极性。这些领域包括教育、人力资源、环境质量、某些能提高许多生产力的研究、基础科学、经济信息、发展趋势报告及基础设施等。政府做好了这些，就为经济发展方式转变做出了无与伦比的贡献。（2）政府应提供有效解决外部性问题的制度安排。很多污染问题，环境问题都是因为污染者和私人成本没有反映社会的真正成本，污染者把私人成本外部化，让社会负担，政府应提供能反映社会真实成本的制度安排，以利于企业把由社会负担的成本内部化，并由此转变经济发展模式。（3）政府应着力创造公平竞争的环境。创造公平竞争的环境要一视同仁地对待国有企业和民营企业，最大限度地限制垄断。垄断会破坏公平竞争的环境，对市场经济而言，公平竞争的环境比什么都重要。没有公平竞争的环境就阉割了市场经济最本质的东西。况且，垄断者的利润通常以影响全局的经济发展效益为代价。而且一旦打开封闭，在开放的环境里竞争，垄断者的先天不足就会暴露无遗。创造公平竞争的环境，还要尽可能地减少直接补贴企业和产业。直接补贴企业和产业会扭曲信号，一方面会造成产能过剩；另一方面由于依赖于政府的补贴难以建立起良好的产业基础。

原载《光明日报》2010年6月22日

只有破除 GDP 崇拜经济社会才能健康发展

只有破除 GDP 崇拜，中国经济才能有效地转方式，调结构，经济社会才能健康发展。

一、GDP 掩盖了太多的、甚至是不好的东西

当人们倾心于、崇拜于 GDP 的增长的时候，殊不知 GDP 掩盖了太多的、甚至是不好的东西。

第一，单纯的 GDP 的数量的增加，不能反映一国经济发展的强弱。

例如，如果 GDP 可以用称秤，单位美元的 GDP 是中国 GDP 的重量重呢？还是美国 GDP 的重量重？正确的答案是中国 GDP 的重量重。原因在于 GDP 的物质构成，中国的 GDP 的构成其中相当部分是附加值很低的制造业，一些招商引资的项目虽然名为高新技术产业，但在我们这里进行的只是产业链的低端。此外还包括大量的房地产业，而房地产业里又不断出现的鬼城。在我们的产业结构中，农业、文化产业、高新技术产业是相对的短边。而美国的 GDP 的构成是知识产权产品、高精尖的制造业以及文化产品。一旦讲到文化产品，就不仅仅是好莱坞的电影，还包括大量的科技和理论书籍。历经 30 年的快速发展，当代中国经济更需要的是做强，过分的 GDP 崇拜会扭曲我们前进的方向。

第二，忽略了自给自足的部分。

例如，GDP只包括在餐馆的费用，却不包括自己在家里做饭的劳动支出；包括在商业修车处修车的费用，却不包括自行修理的费用；包括雇保姆、临时工的费用，却不包括自我服务自己做家务的费用。再如，与城市相比农村自给自足程度高，虽然农民货币收入低，但农民生活水平并不低。现在农民进城了，但并不代表农民生活水平提高了。虽然农民的货币收入增加了，然而农民的所有消费都得用钱买，自给自足部分没有了，事实上，农民的生活水平有可能是降低了。我们千万不要为农民货币收入的增加而迷惑。如果考虑到失地农民今后的生活，问题将更加严峻。

第三，自然资源和环境的贡献没有被充分估计。

在GDP中，自然的价格被忽略了。如矿藏，化石燃料，森林以及土壤的价格被大大低估了。英国经济学家查理德·杜恩韦特在其《增长的困惑》中指出："一个国家砍伐掉所有的树木作为木材销售，并将得到的钱在赌博中挥霍一空，根据国民核算，以人均GDP计算，该国可能更为富裕。"杜思韦特写道，1977年出版了由荷兰记者沃特尔·范·代瑞等写的《自然的价格》，他们认为，如果核算自然资源的货币价格，将会使整个工业社会为之震惊，从而暂停对自然资源的破坏。环境的道理亦是如此。GDP并不反映环境污染，环境污染、资源浪费对GDP是正的效应。换言之，虽然环境的污染导致了各种疾病的增加，但GDP却增加了。人们再去治病，又可以增加GDP。

第四，出口虽然增加了GDP，但不等于提高了人民生活水平。

杜思韦特指出，GDP数值中另一项歪曲的是出口，这些出口物从未在制造这些商品的国家消费。由于高额出口，某些第三世界国家往往显示出较高的GDP增长速度，然而，由于出口所得往往被用于偿还外债的利息，其国民境况会变得更加糟糕。

我们的情况也与之相类似。我们用廉价的资源、廉价的环境、廉价的劳动力制造了便宜的商品，靠便宜的商品出口带动了GDP的增长。我们积累了大量的外汇，这些外汇只能在国际市场上用。在国际市场上买高新技术产品通常人家不卖，于是又只好把这些外汇投资于发达国家的国债。如果这些外汇的币种发行国有意实行通货膨胀政策，我们的外汇储备真实价值将会大大贬值。这是一种十分尴尬的境况，这种状况必须改变。

第五，某些 GDP 带给人们的福祉是负面的。

人们的有些行为虽然可以增加 GDP，但对于人们的福祉而言却是负面的，因而是被迫而为的，是无奈的选择，是非自愿消费。这一方面的例子可以说比比皆是。例如，淘气的小孩不小心打破了邻居家里的玻璃要买玻璃给予赔偿，这种购买行为是可以增加 GDP 的，然而买玻璃的钱本来是要给爷爷看病的。再如，居住在机场附近的居民为了防止噪声，不得不购买隔音的双层玻璃，这也会使 GDP 增加，但却是无奈的选择。又如，严重的雾霾使人们不得不购买空气净化器，或为了新鲜的空气远离本来的居住地，这同样可以增加 GDP，但这样的做法实在是被迫的。

第六，有些 GDP 对人类的福祉是有害的。

有些对人类福祉是有害的行为，却可以增加 GDP。例如，严重的车祸比在公路上平安无事的行驶的车辆对 GDP 贡献大。严重的车祸需要修车、修路、抢救受伤人员，这些对人们的福祉造成严重损害的行为，却是可以增加 GDP。

第七，虽然 GDP 增加了，但如果消费品价格提高，社会财富分配不公，就会造成总体社会福祉的下降，特别是弱势群体福祉的下降。

暂存社会分配不公不论，GDP 的增加，并不表明人们的收入增加了，甚至掩盖了收入的降低。正确的做法是 GDP 中用于收入部分的增加必须快于物价的提升。如果物价的上涨快于人均收入的增加，增加的消费能力很可能被提升的消费品价格耗尽。如果分配不公，一些弱势群体的利益就会蒙受损失。杜思韦特写道："一个古老的类比可以很好地说明这一问题，如果剧场中每个人都站起来以期看得更加清楚，则人人都没有优势。如果某些人——退休金领取者或失业人员——因为收入增加的少无法'站'起来时，此时他们的状况会变得非常糟糕。即使他们较以前的钱更多一点，但他们仍然无法维持先前的生活水平。"

作为对单纯追求经济增长的反思，越来越多的学者开始关注到底怎样才能提升人们的福祉，而不是单纯对 GDP 的追求。从 20 世纪 60 年代末开始，荷兰经济学家吕菲·休丁就认为，如果发展中国家的产出减少，其国民的境况可能会更好。他列举了 7 个决定生活质量的因素：

（1）生产和消费的商品及生活的质量。

（2）人们享有的环境质量，包括空间、能源、自然资源以及动植物的物种的多样性。

（3）人们用于休闲的时间的比例。

（4）可动用的收入的分配是否公正。

（5）工作条件的好坏程度。

（6）获得工作的难易程度、好坏程度。

（7）未来的安全性。

杜思韦特又续了 5 条：

（8）人们的健康水平如何？

（9）文化活动水平，教育水平及享用权。

（10）住宅的质量。

（11）形成令人满意的信仰或精神生活的几率。

（12）家庭及其幸福。

上述标准体现了人们对既有发展模式的深刻反思，我们应当认真汲取，切实破除对 GDP 的崇拜。

二、对 GDP 的崇拜影响了中国经济持续健康的发展

马克思曾经论述过商品拜物教，货币拜物教，指出由于对商品和货币的简单而痴情的追求，严重扭曲了人们的行为。同理，对 GDP 的崇拜同样

扭曲了人们的行为,特别是一些地方政府的行为,影响了转型升级和结构调整,影响了中国经济持续健康的发展。

GDP崇拜表现为:

第一,一切为了增长。

社会主义生产的目的是为了满足广大人民群众日益增长的物质文化需要,其内容是丰富的,是多方面的,然而对GDP的崇拜完全扭曲了这样的目的,为了增长而增长,对GDP数字的关心超过了对人本身的关心,见物不见人。GDP数字单项指标独进,造成了一系列的严重的失衡,如:经济发展与社会事业的失衡,经济发展与环境的失衡,造成了严重的生态问题、环境问题。所以会有这样的失衡,是因为经济发展的收益更多地进一步被用于发展,而不是人们的福祉。

第二,GDP崇拜形成了地方政府的GDP竞赛。

在市场正常运行的情况下,GDP应当是有质量的,因为约束硬化的企业其产品和服务必须得到社会的承认,必须实现马克思所讲的"惊险的跳跃"。然而在GDP崇拜的情况下,特别是GDP的增长直接表现为官员的政绩、并影响到官员的乌纱帽的时候,GDP在一定的情况下就可以被有意识地制造出来,就可以被有意识地夸大。于是,我们看到了各种亮点工程,看到了高耗能和低层次的产能过剩难以调整(难以调整的重要原因在于地方保护),看到了一些地方政府有意无意地与污染企业站在一起,忘记了为人民群众、为子孙后代看护好美好环境的天职。GDP崇拜使得转变经济发展方式至今难以有重大的成效。

第三,对GDP的崇拜还表现为痴情的、不分经济发展阶段、不分青红皂白的招商引资。

从经济学的角度讲,所谓招商引资,就是用我们不能移动的、相对充裕,交换别人可以移动的、对我们而言相对稀缺的。例如,用我们不可移动的土地、不可移动的环境、不可移动的税收交换别人可以移动的资本和技术。既然是交换,就应当坚持等价交换的原则,就应当有是否划算的问题。改革开放之初，我们的资本和技术相对稀缺，大举承接外来产业转移是有其合理性的。今天我们的资本已变得并不稀缺，又处在产业升级的关键阶段，我们对招商引资应当有一个认真的反思。实践证明，招商引资从来招不来先进的技术。个别地方政府给被招项目相当优惠的条件，违背了等价交换的原则，严重损害了人民群众的利益。他们一方面倾心招商引资的过程；另一方面严重忽视了当地本身的制造业和民族产业。这方面的例子在当今中国比比皆是，应当引起社会各阶层的足够重视。

第四，GDP崇拜还表现为政府要为GDP的增速设定一个最低的底线，一旦低于这个底线，似乎就超越了人们的心理承受能力，甚至来自于社会的无形的压力会迫使政府采取刺激措施。

在技术条件不变的情况下，刺激措施只能平面复制原来的产业结构，造成更严重的产能过剩，不仅错失产业结构的调整，转变经济发展方式的良机，而且进一步会产生更为严重的问题。这里有一个怎样看待经济危机的问题。我们可以这样提出问题，到底是快速的经济发展，单纯地追求GDP破坏了经济秩序和经济结构呢？还是经济危机破坏了经济秩序和经济结构？正确的答案应当是：单纯地追求GDP快速的经济增长，破坏了经济秩序和经济结构，经济危机阶段只不过是市场机制的一种自我修正和自我调整，反映了过度的经济刺激阻断了市场机制的自我修复，只会使问题更为复杂。经济学家熊彼特曾经深刻地指出，对于危机只有让它自己治愈自己才是可取的，任何人为地恢复都会令那些在萧条中未能调整的剩余问题更加严重，从而会产生出新的问题，再造成另一次更严重的商业威胁。

社会对GDP增速的心理承受程度不能来自30年快速增长的暗示和一些不负责任的说教。一旦在人们心目中把GDP的增速忽悠得太高，就会产生极为复杂的问题，政府就会进行迫不得已的刺激，并在不知不觉中违背经济发展的规律。由是，我们应当清楚地告诉人们GDP的真正含义，以及GDP掩盖了什么。要清楚地认识我国经济发展的阶段性特征，认识一国经济特定发展阶段的自然增长率。所谓自然增长率，是指一个国家或地区的经济在发展的一定阶段，在一定的技术水平，产业结构，知识水平和制度环境下，不受紧缩政策或扩张政策等外来因素的干扰，本身固有的增长率。这样的增长率是与既定条件相协调的，是决定条件下的一种均衡。改变自然增长率的关键是技术条件和组织变革。我国经济已经进入了经济发展的新常态。

经过 30 年的快速发展，我国经济已经进入了一个必须做强的历史阶段。我们已经有了一个与发达国家大体相当的产业布局，但我们技术层次偏低。进一步的发展应当通过技术创新，提升产业层次，转变经济发展方式来实现，是必须坚持质量、速度、效益的统一，而不是 GDP 单兵独进，GDP 崇拜将会扭曲正确的前进方向，贻误中国经济社会发展的美好前程。经济发展有结构效应和水平效应。所谓结构效应就是通过创新，提升产业结构，向纵深发展。所谓水平效应，就是片面复制已有的产业结构，城市化最多是这样的效果。在中国经济发展的当前阶段，我们应当更重视经济发展。

原载《中国经济时报》2014 年 5 月 26 日

第三部分

学习经济学、发展经济学，自觉遵循经济规律

提高按经济规律治理经济的能力

——深入学习习近平同志关于学好用好政治经济学的重要论述

习近平同志在最近主持召开的经济形势专家座谈会上强调指出,发展必须是遵循经济规律的科学发展,必须是遵循自然规律的可持续发展。各级党委和政府要学好用好政治经济学,自觉认识和更好遵循经济发展的规律,不断提高推进改革开放,领导经济社会发展,提高经济社会发展质量和效益的能力和水平。在我国经济社会发展的关键时刻,习近平同志的讲话对于提升我们治理经济发展和经济运行的能力意义十分伟大。

一、治理经济发展和经济运行的能力,集中体现在对经济规律和自然规律的探索、认识、把握和遵循上

习近平同志2014年2月17日在省部级主要领导干部学习班上的重要讲话指出:"党的十八届三中全会提出的全面深化改革的目标,就是完善发展中国特色的社会主义制度,推进国家治理体系和治理能力现代化。"国家治理体系和治理能力体现在各个方面,包括治理经济发展和运行的能力。

这样的能力所以重要，就在于它可以提升治理的效益，使我们的经济社会发展少走弯路，更为科学、更为持续和更为健康和谐，发展的成果能够高质量地惠及于人民群众。

虽然操作层次也可以反映治理经济的能力，但从国家层面而言，体现经济治理能力的主要是对大的趋势的把握、是对规律性东西的探索、认识和遵循的程度。改革开放 30 年来，我国经济所以能够持续高速发展，就是因为我们遵循人类经济发展的一般规律，在寻寻觅觅中选择了社会主义市场经济。对此，习近平同志有着充分的肯定，他在《关于〈中共中央全面社会改革若干重大问题的决定〉的说明中》指出："1992 年党的十四大提出了我国经济体制改革的目标是建立社会主义市场经济的体制，提出要使市场在资源配置中起基础性作用。这一重大理论突破，对我国改革开放和经济社会发展发挥了极为重要的作用。"与此形成对照的是计划经济体制。人们之所以最终淘汰了计划经济体制，是因为计划经济体制虽然也有优点，但总体而言是低效的。低效的重要原因是违背经济规律。计划经济下，思维方式是"人有多大胆，地有多大产"，人们在知识有限和信息不完全的情况下，片面和过度地夸大自己的能力，失去了起码的规律意识，用行政力量推动的运动式的发展经济的模式不断违背经济规律，最终由于经济的低效而淘汰了计划经济体制本身。而经济的低效就是治理能力的低效。即使搞了市场经济，在没有把握和遵循规律的情况下的某些行为，如一些地方政府的亮点工程和政绩工程，就会造成进一步的产能过剩和经济波动。

经济规律需要遵循，自然规律同样需要遵循。在当下一些地方不计自然成本，片面追求 GDP，血拼 GDP 的做法则违背了自然规律，严重的污染造成的对自然环境的破坏和对人们健康的影响就是对违背自然规律的惩罚。

上述分析说明，为了我国经济健康持续的发展，我们必须提升治理经济发展和运行的能力。而要提升治理经济的能力，就要在探索、把握和遵循经济规律和自然规律上下功夫。

二、学好政治经济学，可以使我们更好地理解、遵循经济发展的一般规律，探索和把握社会主义市场经济相对独有的规律

经济学的研究揭示了规律的特质。规律深藏在现象的背后，在无数偶然中展示着必然，在无序中潜藏着有序。人们对规律的认识通常是事后的，是在经历了之后的认识，是对成功或失败的分析和总结基础上的认识。从这个意义上讲，在先期步入市场经济的国家的经济实践中诞生和发展的政治经济学，见证、记录、概括、总结了市场经济运行的一般规律，像数理化等自然科学的成就一样，是人类宝贵的精神财富。学习已有的政治经济学，对我们而言无异于免费午餐。感觉到了的东西我们不能深刻地理解它，只有理解了的我们才能更深刻地感觉它。

马克思主义是我们的指导思想。马克思的政治经济学不仅揭示了资本主义社会发展的一般规律，而且揭示了市场经济运行的一般规律。在《资本论》里，马克思论述了劳动价值论。马克思的劳动价值论有利于我们理解价值的本质，有利于我们把握正确的分配指向。马克思经济学证明，商品生产者要在竞争中处于不败之地就必须创新。马克思区分了个别劳动时间和社会必要劳动时间，商品生产者欲在竞争中处于优势必须通过创新提高劳动生产率使自己的个别劳动时间低于社会必要劳动时间。马克思论述了相对剩余价值的生产过程。先是个别商品生产者为了获得超额社会回报率先创新以提高劳动生产率，超额回报随着其他商品生产者的跟进而平均化。又有商品生产者再一次率先打破新的平衡，实现更新的再平衡。这是一个不断进行的过程，并由此使创新成为一种常态，进而引领经济不断发展和升级。马克思认为货币是从商品交换中分化出来、固定充当一般等价物的特殊商品。他引用威廉·配第的话说，货币不过是国家躯体的脂肪，太多会妨碍躯体的灵活性，太少会使它生病。马克思从宏观层面论述了社

会总资本的再生产，强调总量平衡和结构平衡，强调资本有机构成的提高和生产资料的优先增长。马克思认为平均利润是市场经济高度发展的表现，其前提是资本和劳动能在各产业、各部门、各地区自由劳动。马克思从运行层面揭示的市场经济的一般规律，对于刚刚步入市场经济的我们特别具有建设意义。

政治经济学伴随着市场经济国家的实践而发展。亚当·斯密直接见证了最初的分工带来的效益，推崇典型的自由市场经济；凯恩斯面对古典经济学解释不了的经济危机，主张更多地使用财政政策进行宏观调控；而针对凯恩斯主义的负面效应滞涨，货币主义主张在稳定的货币政策的基础上，让市场自己解决问题。供给学派则主张通过减税让经济实实在在地发展。这实际上是一个紧密联系实际的、宏观经济理论发展的过程。而微观经济学更是研究了以均衡价格为枢纽的价格机制。

针对快速的经济发展带来的严峻的环境问题，经济学研究了人类如何遵循自然规律，与自然界和谐相处、和谐发展的问题。1972 年，罗马俱乐部的报告《增长的极限》震惊世界。此后，政治经济学对这一问题进行了继往开来的研究，认为人与自然是一个大系统，丰富多彩的自然界本身就是人类的福祉，破坏了自然界就损减了人类福祉。发展应当是绿色的、可持续的。

习近平同志 2014 年 3 月 17 日在省部级干部学习班上的重要讲话中指出："中华民族是一个兼容并蓄，海纳百川的民族，在漫长的进程中，不断学习他人的好东西，把他人的好东西化成我们自己的东西，这才形成我们的民族特色。"学习已有的政治经济学理论，我们可以弄清某一经济理论和经济政策发生的条件、旨在解决的问题以及可能产生的负面影响，使我们的经济政策设计更为周全、科学。学习政治经济学，我们还可以在借鉴别人的东西的前提下探索我们自己的规律性的东西。较之先期步入市场经济的国家的二百多年的市场经济的历史，我们的社会主义市场经济才搞了30 多年，很多具有规律性的东西还没有充分展示出来，还需要继续探索。

我们要进一步探索我国经济发展的长远的规律性的东西和阶段性特征，以及二者的契合；要进一步探讨社会主义市场经济条件下的公平与效率，以及在初次分配和再分配中的体现；要进一步探讨创新怎样才能成为人民群众的自觉行动和我国经济发展的内在机理；要进一步探讨宏观调控与市场自我调控的有效结合，以使经济平稳运行，避免大起大落；要进一步探讨地方政府在社会主义市场经济条件下的科学定位和应有作用，以便使其行为既能促进当地经济的发展，又符合基本的市场经济的规律的要求；我们还要探索在当代中国"看不见的手"和"看得见的手"怎样才能更为科学地组合，更好地发挥作用。当我们探索、把握并遵循了社会主义市场经济的独特规律的时候，我们在治理经济运行方面就会不断从必然王国到自由王国。

三、用科学的制度安排保证对经济规律和自然规律的遵循

只有遵循经济规律和自然规律，才能提升治理经济发展和经济运行的能力。然而实践证明，仅仅有主观愿望并不能保证对规律的遵循。当人们发现计划经济体制的低效时，也曾经试图通过自觉利用价值规律加以解决，但结果却是以违背价值规律而告终的，其中的原因，一方面在于从主观能动性到主观唯心主义仅仅是一步之遥；另一方面在于计划经济体制下靠个人或行政力量主导发展经济为主观唯心主义，如为"人有多大胆，地有多大产"的行为模式提供了体制基础。历史的教训说明我们必须以相应的制度安排保证在治理经济运行中循序经济规律和自然规律。

习近平同志在2014年5月26日中央政治局集体学习时强调："提出使市场在资源配置中起决定性作用，是我们党对中国特色社会主义建设规律认识的一个新探索，是马克思主义中国化的一个新阶段。"从市场经济体制的特点来看，它为遵循规律提供了体制基础，提供了相应的制度安排。

市场经济体制通过"看不见的手"配置资源，就是通过科学的市场价格反映资源的稀缺程度，引导资源的合理流向。在市场经济下，分散的市场主体无力左右经济大势，不可能为所欲为。于是，分散的市场主体只能顺应、只能在市场价格的诱导下，根据投入和产出的比较，各种要素价格的比较进行经济活动，并由此推动产业结构的调整和升级，于是在无意识中、在冥冥中遵循了经济规律。在市场经济中，规律是强大的、处于支配地位的。对此，马克思在《资本论》中生动地写道："在交换者看来，他们本身的社会运动具有物的运动形式。不是他们控制这一运动，而是他们受这一运动控制……在私人劳动产品的偶然的不断变动的交换关系中，生产这些产品的社会必要劳动时间作为起调节作用的自然规律强制地为自己开辟道路，就像房屋倒在人的头上时重力定律强制为自己开辟道路一样。"好的制度安排可以使人们的行为更为理性。

　　正确处理政府与市场的关系，厘清二者的合理边界，是在治理经济运行中遵循规律的另一基本制度安排。在市场与政府或者说和"看不见的手"与"看得见的手"的关系中，政府是矛盾的主要方面，只要政府的职能限定在合理的边界内，不扮演市场主体的角色，不任意干预市场，维护而不是破坏竞赛规则，就为遵循规律创造了基本的制度条件。而政府在它的职能范围内，考虑大的方面的走向，制定游戏规则，政府不仅相对超脱，而且具有比较优势，其决策就会比职能错位时更容易遵循经济规律和自然规律。政府与市场的关系是有机结合的、不可互相替代的，它们各自在自己具有比较优势的领域更好地发挥作用，就能更好地遵循经济规律和自然规律，就能提升治理经济发展和运行的能力。

原载《人民日报》2014 年 12 月 10 日

对影响中国经济的若干经济理论的评析

改革开放以来，一些广为人们接受的经济理论对中国经济的发展影响甚大。然而面对当前的农产品价格上扬，沿海一带一些两头在外的企业的大量倒闭、转移，有必要反思这些理论的约束条件、适应背景、发挥作用的机理和效果，以使我们的经济发展能够获得更为科学的理论指导。

一、关于经济发展的目的、手段及衡量标准

经济发展的目的到底是什么？这是一个带着有根本性的问题。对这个问题的不同回答，会导致不同的增长方式，会产生不同的社会效果，会使用不同的衡量标准。

我们是在国民经济面临崩溃、人民生活极度贫困的情况下开始改革开放的，其目的是为了人民生活水平的提高，经济增长只是提高人民生活水平的手段。对此，党的文件曾经做过明确的阐述：我国社会当前的主要矛盾是广大人民群众日益增长的物质文化需要与落后的社会生产力之间的矛盾，社会主义生产的目的是满足广大人民群众日益增长的物质文化需要。

然而，如果没有经济发展，社会主义生产目的就不能实现。于是，我们必须强调发展，强调发展是硬道理。但毫无疑问的是，这里的发展只是提高人们福祉的手段，是服从和

服务于提高人民的福祉的。从这样的选择出发，在整个发展过程中，就会拒绝片面地追求GDP，拒绝资源浪费、亮点工程和环境污染，拒绝一切不利于社会和谐的但却有利于单纯增长的手段、举措和思路，因为这一切与提升人民的福祉，与社会主义生产目的并不协调。

由于增长的重要性，党必须考核干部对经济增长的贡献，并以此为标准选拔和任命干部。为了简便易行，GDP通常成为衡量经济增长的主要指标。对于GDP，德国学者厄恩斯特·B·冯·魏茨察克和两位美国学者艾墨里·B·洛文斯在他们合著的《四倍跃进》中曾经做过深刻的剖析，他们生动地写道："乡间小路上，两辆汽车静静驶过，一切平安无事，它们对GDP的贡献几乎为零。但是，其中一个司机由于疏忽，突然将车开向路的另一侧，连同到达的第三辆汽车，造成了一起恶性交通事故。'好极了'，GDP说，因为随之而来的是救护车、医生、护士、意外事故服务中心、汽车修理和买新车，法律诉讼、亲属探视伤者，损失赔偿，保险代理，新闻报道，整理行道树等等。所有这些都被看作是正式的职业行为，都是有偿服务。即使任何参与方都没有因此而提高生活水平，甚至有些还蒙受了巨大损失，但我们的'财富'——所谓的GDP依然在增加。"基于以上的分析，三位学者深刻地指出："平心而论，GDP并没有定义成度量财富或福利的指标，而只是用来衡量那些易于度量的经济活动的营业额。"[①]

布坎南曾经指出，人就是人，人并不因为是一个达官或贵人，是一个总经理或者部长，就会改变他的经纪人本性。不管人在什么地方，不管他是在私人企业里领薪水，还是由政府发给工资，他还是他，他都会在给定的条件下选择最有利于自己的方案。于是，当并非能反映经济增长质量的GDP成为衡量和选拔干部的标准时，GDP就成了各级政府官员的痴情追求。由此而来的是一方面忽视或者弱化了作为政府基本功能的公共服务；

[①] [德]厄恩斯特·冯·魏茨察克、[美]艾默里·B·洛文斯、[美]L·亨特·洛文斯著，北京大学环境工程研究所等译：《四倍跃进——一半的资源消耗创造双倍的财富》，中华工商联合出版社2001年版，第359～360页。

另一方面则是不惜成本地追求亮点或辉煌。于是就有了最大然而却是效率最低的机场，有了最漂亮的城市广场，有了最广阔的、但却通不了几辆车的城市马路。

率先发展的国家也曾经讨论过发展的目的到底是什么的问题。美国经济学家加尔布雷思在其所著的《经济学和公共目标》中，针对经济发展过程中出现的种种问题，明确提出经济学应当关心人，应当关心社会公共目标。加尔布雷思批评道，在正统的经济学理论中，以及受正统的经济理论的影响和一般公民的思想里，"经济增长成了不可动摇的目标和信念，'无论如何不应当妨碍经济增长'成了一把保护伞，遮盖了许许多多不好的事情和做法，对经济增长的数字的关心超过了对人本身的关心，对'物'的注意超过了对'人'的注意。这种片面追求经济增长的现象带来了一系列消极后果：'从商品生产和消费两个方面都会发生对环境的影响，由此产生的氖对视力的影响，制药厂对左近湖泊的影响，汽车对肺部的影响……'"加尔布雷思的结论是，应当把对物的关心转移到对人的关心、对"公共目标"的关心上。如果不重视这个问题，不突出"公共目标"，那么，任何旨在缓和社会矛盾的政策都是无济于事的。[①] 诺贝尔经济学奖获得者、印度学者阿玛蒂亚·森同样强调发展应当落脚于人们的福祉，落脚于人的自由。他说："发展可以看作是扩展人们享有自由的一个过程。聚焦于人类自由的发展观于更狭隘的发展观形成了鲜明的对照。狭隘的发展观包括发展就是国民生产总值的增长，或个人收入的提高，或工业化或技术进步，或社会现代化等等观点。"[②]

根据以上分析，我们应当把思想统一到科学发展观上，真正认识到发展只是手段，是服务于人民群众的。坚持从以人为本的要求出发选择发展

[①] ［美］约·肯·加尔布雷思著，蔡受百译：《经济学和公共目标》，商务印书馆1983年版，第282页。

[②] ［印］阿玛蒂亚·森著，任赜等译：《以自由看待发展》，中国人民大学出版社2002年版，第1页。

手段和发展路径,凡是不利于资源节约和环境保护,不利于促进社会和谐和增进人民福祉的思路、做法、措施、项目等等,都应当坚决摒弃。全面推进经济建设、政治建设、文化建设、社会建设,使经济发展的成果最大限度地体现在民生上,体现在保障人民群众的经济、政治、文化、社会权益上,体现在促进人的全面发展上,真正实现可持续发展。

二、关于二元经济和片面城市化

二元经济理论及与之相关的城市化理论被我们广泛接受,但却存在着一定的误解。

二元经济理论是阿瑟·刘易斯首创的。刘易斯认为,在欠发达国家发展的初期,存在着二元经济。按照刘易斯的论述,二元经济的基本特征有三:一是二元经济通常包括工业和传统农业两个部门。现代的、资本主义的或者说市场化的工业部门是从传统的、维持生计的农业部门不断地吸取剩余劳动力而得以发展的。二是在提供同等质量和同等数量的劳动力的条件下,非熟练劳动者在现代部门比传统部门的工资高。三是在现行工资水平下,对现代部门的劳动力供给超过了这些部门对劳动力的需求。换言之,发展之初非熟练的劳动力是充裕的。刘易斯强调,所谓劳动力无限供给的含义是指传统部门的劳动力价格仅能够维持最低水平的生活的工资。只要按照这种价格提供的劳动力的供给超过需求,劳动力的供给就是无限的。这种无限的供给的劳动力的存在,即使在经济发展中出现了新的工业或经济的巨大发展,也不会缺少不熟练的劳动力。

刘易斯认为,所谓经济发展,就是现代部门不断发展、壮大,不断吸收传统部门无限供给的剩余劳动力的过程。现代部门的发展和壮大,被我们理解为城市化。

现在看来,我们对二元经济理论,对在二元经济理论指导下的经济发展和城市化,起码存在着以下的误解:(1)忽视了农业的发展是工业发展和转移农村剩余劳动力的条件。刘易斯指出:"除非农业生产也同时得到增加,否则生产日益增多的工业品是无利的。这也是工业与农业革命总是同时进行的原因,是农业停滞的经济中看不出工业革命的原因。"① 刘易斯的这一论述对我们的经济发展具有现实意义,由于在农业生产的技术水平不变的情况下大量转移农村劳动力,使农业的发展受到了影响。此外,如果农业不发展,农民不增收,工业品就很难有足够的市场,这在当前我国经济发展中表现为内需不足。(2) 对城市化的误解。真正的、科学的城市化是有产业支持的,是有需求拉动的,并能真正地转移农村剩余劳动力。由于对二元经济的误解,并在此基础上把经济发展简单地理解为通过所谓的城市化转移农村剩余劳动力,致使追求城市化像追求 GDP 一样的时髦和功利。

一旦把城市化作为一个地区经济发展的衡量标准,在现行干部选拔制度的驱使下,对城市化的推进发生了一系列扭曲:一是通过简单地消除农民身份推进城市化。一些地方试图在短期内消除农民身份,消除农村,拔苗助长,违背市场规律地搞城乡一体化。其基本做法是通过圈地,通过消除农村户口,消除农民身份,进而把农村变成所谓的城市。这样的城市化没有产业支持,广大农民在得到非常微薄的补偿之后,成了没有土地、没有工作、没有社会保障的"三无农民",其前景是非常堪忧的。二是把城市化仅仅理解为城市建设。在"经营城市"的口号驱使下,不少地方把稀缺的资源投在城市亮点工程的建设上,投在没有多少实际内容的新区建设上,投在城市框架的拉大上。这样的城市化,对于解决"三农"问题,更是南其辕北其辙了。

面对当前的经济态势,必须澄清对二元经济的片面理解,必须认识到农业的基础性地位是不可动摇的。事实上,农业本身也可以成为亮丽的经

---

① [美] 阿瑟·刘易斯著,施炜等译:《二元经济论》,北京经济学院出版社 1989 年版,第 31 页。

济增长点。舒尔茨在《改造传统农业》中指出:"美国农业生产的成功戏剧性地表现为产品过剩,大量出口以及提出各种减少产量的政府计划。尽管这样,在1960年到1961年间农业产量仍然增加了50%,而耕种的土地大约减少了10%,在农业中就业的劳动力减少了大约2/5。因此,农业劳动生产率的提高几乎是工业的3倍。目前还看不到美国农业的终点。"① 舒尔茨的模式是在农业内部解决农业问题,是通过改造传统农业,使农业成为现代农业,成为产业化的农业,而不是在外部解决"三农"问题。为此,必须加强对农业中人力资本的投资,使农业像工业一样成为经济增长的重要推动力量。在我国不少省份,如山东、海南已经出现了这样的农业。这种模式可能对我们更为现实和更为有效。

三、关于内需和外需

改革开放以来,我国经济发展的显著特点是融入世界经济一体化。在经济发展的起始阶段,由于资本稀缺,我们像众多的国家一样,实行着古老的重商主义政策,形成了巨大的顺差,积累了巨额的外汇,大大提高了综合实力和国际地位。

然而,一旦外需成为拉动我国经济发展的主要力量,也同时产生了与之相关的一系列问题:(1)经济发展极易受世界经济波动的影响。例如,2004~2007年,世界经济处于一个较快的发展时期,对中国产品有着较大需求,我国经济亦处于一个较快的发展时期。当前,由于美国次贷危机,世界经济普遍放缓,并立即影响到我国产品的出口和我国的经济发展。(2)原材料在外、核心技术在外、产品销售在外的经济发展模式,不仅世界性的经济波动影响着我们的经济发展,国际上的通货膨胀,上游产品,

---

① [美]西奥多·W·舒尔茨著,梁小民译:《改造传统农业》,商务印书馆1987年版,第17页。

特别是原材料价格的上涨更是影响着我国经济的发展。(3)巨额贸易顺差形成了流动过剩,加大了通货膨胀的压力。(4)在国际贸易中处于逆差的一方,会要求保持顺差的国家货币升值,以缓解本国经济压力。当前的典型就是美国一方面使美元贬值;另一方面要求人民币升值,进一步加大了我国产品出口的难度。

显然,我们需要启动内需拉动经济增长,但由于一个时期以来分配向财政收入和工业利润转移,以及社会保障方面的问题,使得内需不足,拉动力度有限。

事实上,一个大国的经济发展模式应当不同于中小国家的经济发展模式。早在1776年,亚当·斯密就在《国民财富的性质和原因的研究》中就深刻指出:"中国幅员辽阔,居民是那么多,气候是多种多样,因此各地有各种各样的产物,各省间的水运交通,大部分又是极其便利,所以单单这个广大的国内市场,就能支持很大的制造业,并且容许很客观的分工程度。……假如能在国内市场之外,再加上世界其余各地的市场,那么更广大的国外贸易,必能大大增加中国制造品,大大改进其制造业的生产。"[①]在斯密的论述里,中国这样的大国首先是国内贸易,其次才是对外贸易。斯密的这些论述在今天仍极具现实意义。我们并不否认在一个开放的背景下对外贸易在拉动经济发展中的重要性,但任何时候我们不仅不应当忽视,而是必须充分重视国内需求对于经济发展的作用,这一方面是因为中国幅员辽阔,国内市场广大,忽视了国内市场的开发仅仅依靠对外贸易拉动是不符合作为一个大国的中国的实际情况的;另一方面是一旦忽视了国内需求,遇到世界经济波动,我们将会非常被动。

为了有效地启动内需,应当在国民收入分配中适当地向劳动转移。在一国经济有了一定的发展时,收入向劳动转移有一定的规律性。通常对于

[①] [英]亚当·斯密著,郭大力、王亚南译:《国民财富的性质和原因的研究》(下),商务印书馆1972年版,第247页。

一个发展中国家来说,在经济发展的起始阶段,资本比较稀缺,收入分配会向资本倾斜,因为稀缺的资本是值钱的,市场会给其以较高的标价。然而经济发展意味着资本的积累,相对充裕的资本自然会使资本的价格下降。相比之下,劳动则由于选择空间的增大变得稀缺,而劳动力的价值也由于一个社会人文条件的变化而增大,基本生活资料的范围会拓展。作为对这种变化了的情况的市场反应,其价格会自然上升。这既是理论的分析,也是我国当前的实际情况。据此,我们首先应当加强对劳动的保护,在国民收入分配中适当向劳动转移。其次,在财政政策上可考虑减税,让人民群众可以有更多的收入用于消费。最后,建立和健全社会保障制度,让人民群众敢于消费。所有这些,既是启动内需的需要,也是建设和谐社会的需要。

四、比较优势与比较优势陷阱

劳动密集型产业遇到了挑战,有必要反思一下比较优势"理论"的背景、适应条件等。

亚当·斯密所处的时代,是工场手工业的时代,这样的时代科学技术对经济发展并不显著,相反,是在给定技术背景下的分工和专业化对经济发展起了重大作用。斯密的研究就从分工开始。那么,分工的原则是什么呢?答曰:比较优势。他举例说:"在狩猎或游牧民族中,有个善于制造弓箭的人,他往往以自己制成的弓矢,与他人交换家畜或兽肉,结果他发现,与其亲自到海外捕猎,倒不如与猎人交换,因为交换所得会比较多。为他自身的利益打算,他只好以制造弓矢为主要业务,于是他便成了一个武器制造者。"[①]

---

① [英]亚当·斯密著,郭大力、王亚南等译:《国民财富的性质和原因的研究》(上),商务印书馆1972年版,第14页。

斯密的论述告诉我们：（1）所谓的比较优势，就是在诸多可以从事的事业中，择其最擅长者或效率最高者。（2）在一个交换的社会中，自己最擅长的工作不是孤立的，是需要社会接受、社会承认的。（3）作为上述判断的推理，离开了市场经济，"比较优势"就没有什么意义，以比较优势为基础的分工，是市场经济的基础要件。

在斯密的比较优势理论的基础上，大卫·李嘉图提出了比较成本学说，瑞典经济学家贝蒂尔·G·俄林提出了要素禀赋理论。这些理论强调，由于各国的比较成本和要素禀赋的不同，各国应发挥自己的要素优势，生产适宜出口的商品，同时进口自己在要素上不具有优势的产品，因而无论在穷国和富国之间，还是在发展中国家和发达国家之间，都存在着国际贸易的可能性，都可以给不同发展阶段的国家带来利益。

1990年，美国学者迈克尔·波特在其《国家竞争优势》一书中对斯密的"比较优势"理论系统提出了挑战。波特认为，生产要素的比较优势理论所以能在18~19世纪产生巨大影响，与当时的产业粗糙密切相关。在当代，传统的"比较优势"理论已经不能解释由于科技进步所带来的一系列的新的现象：（1）不能解释自然条件处于不利地位的区域或国家为什么能变不利为有利并成为竞争的佼佼者。如黄沙满天的以色列，农业及与农业相关的技术却相当发达。（2）不能解释更多的与要素禀赋无关的产业的兴起。例如需要精密技术或熟练工人的新兴产业。而这些产业又是一个国家兴旺发达的重要组成部分。（3）不能解释为什么全球绝大多数贸易发生在条件相当或者要素禀赋没有多大差异的发达国家。在这些国家，新材料、新能源被源源不断地创造出来，市场需求大，产品具有互补性。

波特认为，18~19世纪产业粗糙，是低级生产要素在起作用，是静态的竞争优势。在当代，高级生产要素的作用越来越大，是动态的竞争优势。由此他提出了"钻石理论"。波特的"钻石理论"由四个方面的因素构成一个有机体系，即：（1）高级生产要素；（2）需求条件或需求的力量；（3）相关产业或支持性产业；（4）企业的战略、结构和竞争对手。这四个因素分布于一个菱形的四角,恰如一枚钻石,故称"钻石理论",它反映一个国家的动态竞争优势。

波特告诫发展中国家不要陷入比较优势的陷阱。波特指出:"以劳动成本或天然资源为优势的产业,往往是资金周转率低的产业。这类产业的进入障碍不高,所以是许多国家优先考虑的产业发展项目,同时也引来了很多竞争者(以及过多产能的投入),当越来越多的新手被这类产业吸引时,它们随即会发现,除了优势不断消失之外,还因为资产的投入被套牢。"[1] 他认为,日本之所以发展得比较好,就是因为迅速摆脱了劳动密集的、比较优势的陷阱。

当前,我国东南沿海一带的以廉价的劳动力吸引资本、原材料、技术、市场在外的企业倒闭、转移,其背景是这一增长模式曾经存在的条件,如劳动力廉价、世界经济发展看好、对中国制造有巨大的需求等发生了巨大的变化。在变化了的条件下,我们的思维方式也必须变迁:要认识到劳动密集型产业通常是靠人力的增加,在一个技术平面上扩展经济规模,而其中的创造性往往不足,劳动密集型产业通常是靠便宜的价格进行竞争而不是靠产品技术含量推陈出新。劳动密集型产业有着自己独特的适应条件,一旦当条件发生变化的时候,必须转换经济模式,以免陷入"比较优势"陷阱。鉴于中国人口众多,经济发展很不平衡,劳动密集型产业在一些地区还有存在的空间,但无论如何,发达地区应当率先转变经济增长模式。

原载《新华文摘》2008 年第 9 期

---

[1] [美]迈克尔·波特著,李明轩译:《国家竞争优势》,华夏出版社 2003 年版,第 14 页。

论经济理论研究对经济政策设计的意义

我国的经济转型和经济体制改革正处在关键时刻，关键时刻的经济政策设计和改革举措迫切需要科学的经济理论指导。如果缺少科学的经济理论作为依托和指导，操作层面的经济政策设计往往容易捉襟见肘，顾此失彼。

一、经济史证明，经济政策设计是在经济理论指导下的经济政策设计

历史告诉我们，经济理论的研究在逻辑上是第一层次的，经济政策设计一般会遵循基本的经济理论逻辑。对此，我们将通过先期步入市场经济国家的典型案例加以证明。

1. 重商主义的经济理论和经济政策

重商主义产生于西欧封建社会晚期，资本主义发展的初期，产生于先行发展的英国和法国。重商主义从一开始就同时既是一种经济理论，又是一种经济政策主张。重商主义针对当时的对外贸易，发现了黄金的极端重要性，他们由此直观地认为金银是财富的唯一代表，并且来自流通中的多卖少买。当时英国的重商主义思想的代表人物托马斯·孟在他1664年出版的《英国得自对外贸易的财富》中指出："对外贸易是增加我们的财富和现金的通常手段，在这一点上我们

必须时时谨守这一原则：在价值上，每年卖给外国人的货物，必须比我们消费他们的为多。"托马斯·孟发展了贸易差额理论，为当年英国制定对外贸易政策提供了理论指导。

当时法国也实行重商主义的政策。其代表人物安·德·孟克列钦1651年发表了《献给国王和王后的政治经济学》，认为商业利润是正常的，应当把流通领域置于首要地位。当人们普遍接受一种经济理论或经济思想时，这种思想就会成为经济政策的指导。法国另一重商主义的代表人物是时任路易十四的财政大臣柯尔贝尔。柯尔贝尔不仅认为一国拥有的货币、即贵金属的数量决定着国家的财富，而且把这种理论付诸实践。柯尔贝尔建立了许多"皇家手工工场"，以支持多卖少买。

重商主义是把直观的观察上升到思想，上升到理论，再到经济政策的典型案例。需要指出的是，重商主义政策的实施，从流通中获得的是黄金、贵金属，与我们从对外贸易中获得纸币美元是不一样的。

2. 市场经济国家的宏观干预政策与凯恩斯主义

市场经济国家的宏观干预经济的政策的实施与经济理论中的凯恩斯主义的关系是先有市场经济国家的政府针对经济危机，对自由市场经济的经济运行在摸索中的干预，再有经济学理论发展中的凯恩斯革命，再在凯恩斯理论的指导下，更多的市场经济国家实施的更为普遍的政府对经济运行的干预。

以美国为例，在20世纪30年代美国经济大萧条之前，政府一直奉行并实践着亚当·斯密的"看不见的手"的学说。"看不见的手"即自由市场经济为美国带来了活力和财富。然而，1929年在美国爆发的经济大危机是"看不见的手"始料未及的。经济危机造就了罗斯福新政。1933年3月，罗斯福面对着惊涛骇浪的经济萧条的严峻形势，就任美国总统并宣布着手治理经济萧条，宣布实行以需求管理为核心的新政，公布了相应的法案和法规，建立了相应的、旨在加强管理的机构，如联邦紧急救济署，公共事业振兴署和农产品信贷公司等。新政的具体做法很多,其基本特征是:(1) 一反自由放任,强调国家计划和需求管理。(2) 举办公共工程,旨在增加就业。(3) 摒弃了传统的财政平衡的观点。(4) 扩大信贷,增加流通中的货币量,刺激私人投资。(5) 向国外转嫁危机,包括宣布美元贬值,组织美元集团等。新政的实施,带来了初步的经济恢复,尽管恢复得比较慢,而且后来又出现了反复。

凯恩斯不是从理论上解释罗斯福新政,作为英国的经济学家,他是在完全独立和自由的环境下对经济学进行科学的研究的。1936年,凯恩斯出版了《就业、利息和货币通论》,对经济危机进行了全新的说明。凯恩斯不同意古典经济学"供给会自动创造需求"的论述,认为所以发生危机是因为有效需求不足。凯恩斯具体用三大心理规则去说明有效需求不足。第一,边际消费倾向递减规律。所谓边际消费倾向递减是指在收入增加的时候消费也随之增加,但所占比例是递减的。富人的边际消费倾向低于穷人的边际消费倾向。第二,资本边际效率递减,即资本的边际收益不足,直至崩溃。第三,面对危机,人们愿意保存更多的货币,即灵活偏好。三大心理规律说明,消费与投资不足是产生经济危机的根本原因,而且是市场本身的力量自发形成的,要解决这些问题,必须进行政府干预。于是凯恩斯提出了一系列扩张性的政策建议,例如可以通过政府直接投资,可以实行赤字预算和轻度的通货膨胀政策,认为此举可以发挥乘数效应。此外,扩张性政策要鼓励消费,且鉴于穷人的边际消费倾向较高,富人的边际消费倾向比较低,故可以通过累进所得税的办法,增加穷人的收入以刺激消费。

凯恩斯主义后来成为政府经济学的圭臬,成为其看家武器。实践中的罗斯福新政与作为经济理论的凯恩斯主义是一种什么关系呢?美国经济学家赫伯特·斯坦在其《美国总统经济史——从罗斯福到克林顿》中深刻地指出:"如果没有凯恩斯,特别是其追随者对凯恩斯的解释,扩张性财政政策也许只是一种偶然的应急措施,而不会成为一种生活方式。"凯恩斯主义使得后来的各国政府一遇到危机一般会轻车熟路地选择扩张性的刺激性政策。这就是理论的力量。

3. 对凯恩斯主义负面效应的反思

货币主义主张依靠"简单规则",重新回到市场经济的传统,供给学派则主张通过减税解决滞涨问题。

长期的凯恩斯主义政策实施的结果出现了滞涨,特别是20世纪60~80年代,不仅经济学必须对滞胀问题给出令人信服的解释,里根、撒切尔等政治人物也在思索如何解决滞胀问题的政策设计。

此次经济理论与政策设计,不同于罗斯福新政和凯恩斯主义,而是先有理论上的探索,再有实践中的政策设计,其典型是货币主义的代表人物弗里德曼对滞涨的解释与政策主张。在弗里德曼看来,影响就业不是通货膨胀的绝对水平,而是通货膨胀的不稳定性和易变性。例如,通货膨胀每年递增都在20%左右,国家不进行干涉,20%的通货膨胀完全可以和经济活动的稳定发展并存。但如果通货膨胀今年是10%,后年又变成了30%,结果就完全不同了。通货膨胀的速度越不稳定,失业人口就越多。据此,弗里德曼主张"单一规则",即为了保持物价稳定,国家应尽量减少对经济生活的干预,政府需要采取的唯一政策是把货币供应量的年增长率,长期固定在同预期的经济增长率基本一致的水平。弗里德曼估计,美国每年需要增加货币1%或2%以配合人口和劳动力的增长,再加上年产量平均增长约为3%,以及考虑到货币流通速度会随实际收入增长而放慢的趋势等因素,美国货币供应的年增长率可定在4%~5%,这样以静制动,其他的让市场去解决,就可以克服滞胀,使经济平稳健康地发展。

弗里德曼通过他的"简单规则"回到了市场经济的基本要求,在稳定的货币政策之下让市场机制充分地发挥作用,由其是使不少国家成功地控制了通货膨胀。1979年,以撒切尔夫人为首相的英国保守党政府将货币学派的政策建议付诸实施,效果甚好。美国里根总统上台后提出的"经济复苏计划"中,也把弗里德曼的货币主义思想作为主要内容,瑞士、日本等"成功地控制了通货膨胀的国家"也自称实践了弗里德曼的思想,弗里德曼成了反通货膨胀的旗手。

此外,在里根竞选总体时,其竞选班子的经济顾问们提出的通过减税藏富于民、藏富于企业,从供给方面解决问题,也对里根后来的经济政策产生了直接的影响。

二、经济理论与经济政策的演绎给我们的启示

回顾先行市场经济国家经济理论与经济政策的演绎过程,厘清二者的关系,对于我们重视经济理论或经济学的研究,并在此基础上进行科学的经济政策的设计,有着极其重要的启迪及现实意义。

1. 必须像重视基础科学研究一样,重视基本经济理论的研究

以上案例说明经济理论是重要的,相对于经济政策设计是第一层次的。经济理论或者说经济学所以重要,就在于经济理论针对特定体制,特定问题给出了有说服力的经济思想,旨在解决特定的问题。经济理论的重要性还在于他不仅提出了关键性的经济思想,还在于使用了科学的研究方法,有自己独有的范畴、概念、体系和逻辑,在一定层面、一定角度反映着经济运行的规律,并且被当时或者后来的实践证明在适用范围内是有科学性的。经济理论的核心要件在于其独到的经济思想,以及对这种思想的系统性表述。经济理论相当于基础科学,经济政策设计相当于应用科学。鉴于感觉到的东西我们不能深刻地理解它,只有理解了的东西我们才能更深刻地感觉它,我们必须重视经济理论的研究,以使我们的经济政策设计更为科学。没有经济理论指导的经济政策设计容易捉襟见肘、顾此失彼、违背经济学常识的政策设计,必然会遭到经济规律的无情惩罚。这是一条颠扑不破的真理,我们必须吸取历史的教训。

应当指出，我们对经济理论的研究是不够的，相当多数的研究只是去解释政策，用凯恩斯的话讲，只是杂凑，并没有切入到经济理论的真谛。在这种情况下，急功近利的政策设计很难收到理想的效果。为了使我们的政策设计更为科学，我们必须给政策设计以科学的理论指导。

2. 必要的继承和科学的"综合"是十分重要的

我们在寻寻觅觅中选择了社会主义市场经济，市场经济不仅有其特殊性，更有其共同性。先行市场经济国家的经济学家对于经济理论做出了卓越的贡献。从一定意义上讲，只有火热的市场经济的实践，才能谈得上反映这种实践的经济理论研究。马克思当年所以选择在英国而不是在他自己的国家研究商品经济，是因为英国的商品经济发达。马克思说："到现在为止，这种生产方式的典型地点是英国。"一旦当我们选择了市场经济的时候，我们应当像继承一切人类遗产那样有选择地加以继承，并且给予科学的"综合"，为我所用。经济学说史上发生了三次伟大的综合，每一次综合都是一个划时代的进步。例如，马歇尔把边际效用理论与古典经济学综合到一起，形成了均衡价格。萨缪尔森则实现了新古典理论与凯恩斯主义的综合，建立了一个能够反映各流派经济理论卓越的贡献的现代经济理论体系。我们应当通过综合，借鉴其理论，借鉴其政策，实行最适合最贴切的"混搭"，为我所用。

3. 中国经济学家有可能的原创性贡献

马克思在《资本论》第一卷第二版跋中指出："政治经济学在我国缺乏生存的基础。它作为成品从英国和法国输入。"我们和这种情况多少有点儿相似，但又不完全一样。当代中国的经济发展和火热的改革，提供了经济学研究的肥田沃土。中国经济学家置身于这种火热的实践，最有可能对一个大的发展中国家的经济发展，做出最深入的研究。这需要科学地继承，需要深入中国经济发展和改革的实践，需要了解中国的历史，需要进行科学的抽象。如果我们的经济理论研究达到这样的境界,我们的经济政策设计就不仅会着眼于眼前,而且会放眼长远,会更加游刃有余。

原载《光明日报》2013 年 10 月 11 日

新中国 60 年中国经济学发展分析

改革开放前,在高度集中的计划经济体制下,经济学的服务对象主要是中央政府。相当一段时期,整个社会如同马克思所预言的是一个社会化的大工场,没有宏观和微观的区别。占社会主流的价值取向主张限制甚至取消商品货币关系。经济学(主要是政治经济学)研究的目的是如何做好计划经济工作。

改革开放至今,经济学服务的对象和研究目的发生了天翻地覆的变化。这种变化集中体现在我们选择了社会主义市场经济,整个社会以经济建设为中心,企业成为经济发展的微观主体,市场在配置资源中起着基础性作用。这就使得经济学不仅要为中央政府服务,也要为区域经济、企业发展服务。在当代,经济学服务的目的是促进区域、企业以及整个社会的经济发展。社会更需要"临床"经济学,需要解决实际经济问题。

一、经济学研究内容的变迁

新中国成立初期到改革开放前,经济学(主要是政治经济学)研究的内容充分反映了那个时代的特点,主要是证明向公有制过渡的必然性和正确性。政治经济学的社会主义部分主要阐述有计划按比例规律、按劳分配规律及社会主义基本经济规律。在学术层面则讨论生产劳动和非生产劳动、价值理论、如何自觉利用价值规律和贯彻按劳分配原则等。

改革开放以后，经济学主要研究中国改革、经济体制的演进、经济增长模式的选择、对外开放和宏观调控以及资本市场等。在此时期，经济学的划时代贡献就是证明和选择了社会主义市场经济。从此，中国经济开始了波澜壮阔的发展。伴随着对体制变革和体制选择的研究，在微观层面，经济学对国有企业的放权让利和企业股份制改造、对民营企业发展、对所有企业的良性运行和品牌建设也做出了深入研究。在当前，经济学更是全力以赴地研究如何应对危机、如何转变经济发展方式、提高经济增长的质量、研究经济的科学发展。

二、经济学研究方法和武器的演变

尽管马克思在《资本论》第一卷的序言中曾经深刻地指出："分析经济形式，既不能用显微镜，也不能用化学试剂。二者都必须用抽象力来代替。"然而，改革开放前的经济学，特别是新中国成立初期的经济学更多的不是对实际经济现象的归纳和抽象，而是从马克思在《资本论》里的既定结论出发，从公有制必然优越和人们必然大公无私，以及同志式的互助合作关系等这些天然假设出发的演绎和推理。这种研究方式的关键是前提正确。如果前提有问题，推论的过程再正确，结论都会存在不同程度的问题。从科学哲学的层面讲，演绎式的研究很难有大的创新，从实际出发的归纳，或归纳和演绎的结合才可能有创新和发展。经济学发展到今天，更多是从实际出发，是规范和实证的结合、归纳和演绎的结合、历史和现实的结合，既有理论的归纳，也更重视操作层面的研究。

经济学研究方法的演变同时伴随着经济学武器的演变。从一定意义上讲，中国的经济学武器都是舶来品。这是因为现代经济学是与商品经济、市场经济相伴而生的，是对市场的各种关系和市场健康运行规律的理论抽象，因而最先是发端于英国的古典经济学。威廉·配第、亚当·斯密、大卫·李嘉图等古典经济学的代表人物和马克思不约而同地研究了英国最初的商品经济。但由于立场不同，观察角度不同，得出的结论也不一样。没有商品经济和市场经济这样的经济基础是产生不了现代经济学的。

新中国成立初期和改革开放前的经济学武器是马克思的经济学，是马克思的《资本论》和以其为基础的政治经济学。那时经济体制设计是以马克思经济学得出的结论为蓝本的，不仅是计划经济，而且认为只有生产物质产品的劳动才是生产劳动，才创造社会财富，文教、卫生、服务等部门不过是对生产性劳动所创造的社会财富的再分配。国民经济的核算体系严格由此出发，没有 GNP、GDP 这样的概念。古典经济学以外的西方经济学被称为庸俗经济学。大学的经济学教学中以马克思经济学为主体进行课程设计，少有西方经济学的地位。即使介绍了西方经济学的某些观点，也只是为了用马克思的经济学加以批判。

改革开放以来，随着经济学面临的任务的变迁，经济学所使用的武器也在相应地变化。首先，马克思经济学依然在发挥着指导性作用，但研究的问题发生了变化，更着重于现实问题，着重于挖掘其中关于市场经济运行的一般性规律，并提出要结合中国的实际发展马克思的经济学。其次，苏联、东欧经济学也曾经被借鉴，特别是在讨论分权、计划与市场的关系、如何看待和认识传统计划经济体制下的短缺问题时。苏联、东欧经济学是介于计划经济和市场经济之间的设想，具有过渡性。随着苏联的解体以及中国选择了社会主义市场经济，苏联、东欧经济学成为短暂的学术过渡。最后，西方经济学大量被用来研究中国的现实问题。其原因，一是在于中国人民在中国共产党的领导下最终选择了社会主义市场经济；二是反映经济运行的一系列基本范畴和统计指标已与世界接轨，例如 GNP、GDP 等；三是世界经济越来越一体化，越来越面对着共同的问题；四是我们正在进行旨在建设社会主义市场经济体制的改革。新制度经济学的研究方法有利于我们研究人类行为与经济制度的对应关系，有利于研究经济改革。

三、经济学的研究氛围与经济学的教学

改革开放前,包括在"实践是检验真理的唯一标准"讨论之前,受当时政治气氛的制约和研究对象、研究任务的限制,经济学研究氛围并不宽松。即使经济理论和经济现实之间存在着明显差距,更多时候也不是认为理论有问题而是认为实践有问题。对这种差异的解释是教条主义的,是从本本出发的。当时的中国经济学家提出"利润"概念,提出"把计划和统计放在价值规律的基础上"已经是那个时代的进步了,根本谈不上对体制本身的怀疑和研究。

随着改革开放,随着解放思想的推进,以及研究对象本身的变化和丰富多彩与世界经济的一体化,经济学研究氛围空前活跃。中国经济学家有了对问题的争论,有了不同观点的碰撞,有了流派。经济学研究队伍也开始分化,有了服务于不同对象的群体。宽松的研究氛围产生了丰硕的成果,例如对社会主义市场经济,现代企业制度,民营经济的发展等的深入研究。

经济学研究的氛围也反映在经济学教学上。改革开放以前经济学的教学比较单一,教材也不丰富,缺少竞争。现在,经济学教学越来越与国际接轨,而且不同的高校经济学的教学具有不同风格,有了不同风格之间的竞争。

四、60年来中国经济学发展给我们的启示

第一,实践永远是经济学取之不尽、用之不竭的源泉。

最早的古典经济学所以发生于英国,是因为英国商品经济发达。后来的美国学者所以多次获得诺贝尔经济学奖,是因为美国经济的发展。中国经济学在不同时期的表现也是因为时代特点使然。今天,蓬勃发展的中国经济给中国经济学研究提供了广阔的思考空间。中国经济学有了做出杰出

贡献的经济生活的基础，需要的是深入实践，忠于实践，忠于科学的理论概括。在笔者看来，中国经济学有可能的原创性贡献就是充分利用已有的经济学武器研究中国经济现实，并做出经得起实践检验的理论说明和理论前瞻。

第二，经济学家应当有正确的价值取向。

经济学家的价值取向应是促进经济学的发展，促进最佳经济体制的选择和经济本身的科学发展。经济学家为之努力的应当是对经济问题某一领域做出经得起历史检验的理论说明，提出相应的学术观点、操作举措。这也理所当然地应当成为社会对经济学家的评价标准。当代中国的自主创新和经济发展必须构建有利于创新的研究系统，必须能够把真正有研究能力的人吸引到研究队伍中来，而不是对"仕"趋之若鹜。据观察，研究成果的优秀与否并不在于有没有钱，很多诺贝尔经济学奖获得者的研究是在没有"钱"的情况下进行的。

第三，大力提高智库的研究水平。

智库研究是经济学的应用性研究在当代的体现。智库研究要求对经济发展中的问题有前瞻性、预见性，措施必须有针对性。智库像医生一样，要对自己的"处方"负责任。中国的智库研究存在不少值得思考的问题：如存在一定的功能错位，使得智库的研究缺少前瞻性。又如缺少独立的第三方研究，许多是从现象到现象。这些都是值得关注并加以校正的。

第四，经济学家应当加强学习。

经济学家的学习，首先是用先进的经济学武器装备自己。在借鉴经济学研究的成果时应弄清适应条件，避免新的教条。在中国经济学家感兴趣的西方经济学理论中存在着诸多误解，如简单发挥传统比较优势以致陷入比较优势陷阱的问题；以为二元经济理论就是向城市转移农村劳动力，以致简单的城市化并影响了农业发展的问题等。其次，应当学习我国的历史、文化，了解中国经济的"路径依赖"，经济学不是一把放之四海都能用的"螺丝刀"，它是一个开放系统，是在借鉴其他科学的研究成果中丰富和发展自己的。

第五，解放思想，造就人才，创造宽松的研究氛围。

在这个世界上，我们已经认识的事物只是其中的很小一部分，解放思想的过程就是对未知世界不断认识的过程，这个过程永远不会完结。越善于超越自我，就越会走在时代的前列。作为指导社会经济发展的社会科学，尤其需要解放思想。经济学研究需要时代英雄，应当不拘一格降人才。科学的评价标准和人才流动机制是经济学研究人才脱颖而出的有效机制。经济学研究涉及各种观点。有了各种观点的碰撞才可能科学，才可能发展，政府在决策时才有可供选择的比较。故此，宽松而活跃的研究氛围始终是经济学发展的良田沃土。

60年的中国经济学虽然取得了辉煌的成就，但依然任重道远，面临的任务十分艰巨。例如经济、社会如何科学发展，社会主义市场理论体系如何深化，如何建立以消费拉动的、内在的、良性运行的发展机制，如何加强经济形势的预期与科学有序的宏观调控以最大限度地避免经济大起大落，如何建立自主创新机制、提升产业结构，如何使区域平衡发展、使社会财富分配有利于社会稳定及和谐发展等问题，都值得深入研究。我们有理由相信，有了60年丰富经历的中国经济学未来一定会做出无愧于时代的伟大贡献。

原载《光明日报》2009年9月15日

凯恩斯革命之革命

回顾凯恩斯革命以及随后发生的针对凯恩斯革命之革命，其历史贡献或历史教训对我们而言无异于免费午餐，可以使我们的经济政策设计更为科学。

一、20世纪30年代的经济大危机造就了凯恩斯、其理论很快为各国政要所接受，并经久不衰

以亚当·斯密为代表的古典经济学，奠定了市场经济理论，认为市场经济是人类富裕的康庄大道。斯密崇尚自然哲学，推崇自由竞争，认为每个人追求个人利益的同时，因其产品必须得到社会的承认从而使社会利益最大化，认为"看不见的手"会把一切调节得很好，不会发生经济危机。政府的职能在于提供最基本的公共产品，如公共安全、法律秩序以及最基本的公共工程等。今天当世界上更多的国家选择了市场经济的时候，我们进一步认识到了斯密的伟大。

然而，1929年首先发生在美国的经济危机，是自由市场经济理论始料未及的。历史需要对经济危机给出新的解释，历史造就了凯恩斯。对于危机的反映首先是政策性的、实践性的。时任美国总统胡佛，进行了一系列的干预，如扩大公共投资、限制工资下调、颁布贸易保护的法令等。1933年罗斯福就任美国总统，进一步实施了一系列旨在启动经济的新

政。罗斯福新政就实质而言与胡佛的政策如出一辙，其具体内容大致包括：（1）一反自由放任，强调国家计划和需求管理；（2）抛弃了传统的财政平衡的做法，接受了财政赤字或扩张性财政政策的观点；（3）扩大信贷，扩大流动中的货币量，刺激投资；（4）向国外转嫁危机。

凯恩斯适时地出现了。他的出现是里程碑式的。可以这样说，如果没有凯恩斯的出现，扩张性政策就可能只是一种偶然的应急措施，而不会成为一种生活方式，更不会成为此后各国政府长期的经济政策选择。凯恩斯把扩张性政策上升到了科学层面、理论层面，使扩张性政策有了普遍意义，使之成了一旦遇到危机时政府几乎不假思索的选择。凯恩斯在革古典经济学的命。

1936年，英国经济学家约翰·梅纳德·凯恩斯出版了《就业、利息和货币通论》，对经济危机给予了自己的说明。凯恩斯不像马克思，马克思认为经济危机在于资本主义的经济制度，在于市场经济，只有消灭资本主义的制度才能消除危机。凯恩斯认为资本主义制度本身并没有问题，之所以发生危机是有效需求不足，加之危机带来的对未来预期的不确定，人们不敢投资、不敢消费。基于上述对危机发生根源的判断，凯恩斯认为靠市场自身是难以恢复的，不要指望复苏是一个自然过程，只有借助政府的干预才能恢复。他认为促成复苏的应当是财政政策。他的政策主张大致包括：首先要扩大政府的直接投资，兴办公共工程。他认为政府的直接投资会发生乘数效应，即一定数量的政府投资可以带动更多的民间投资，一个就业岗位可以连带地创造出更多的就业岗位。他甚至说财政部可以把钱装在瓦罐里，埋在废弃的煤矿里，让资本家雇人去挖也可以启动经济。其次是政府可以更多地举债，特别是可以发放国债，可以多发货币。他主张降低利率，降低利率的办法是制造更多的货币。他认为萧条期间社会缺少货币，虽然这样做有通货膨胀的倾向，但只要发行的货币能够把闲置的资源带起来，产品可以源源不断地生产出来，就不用担心通货膨胀。最后是鉴于收入低的群体边际消费倾向高，凯恩斯主张通过收入的重新分配，具体可以通过向富人征税和转移支付制度等，以提升整个社会的边际消费倾向。

郝伯特·斯坦在《美国总统经济史》中指出，新政是否治愈了大萧条，这还是有疑问的。然而1933年以后，经济确实开始复苏了，尽管速度缓慢。到了1939年，总产量虽然低于1929年的水平，复苏经济经历了10年时间。

自此，凯恩斯的经济理论特别受各国政治精英的青睐。其原因概而言之：（1）如果"新政"是成功的，那么，凯恩斯则为新政的做法，即花费更多的货币启动经济提供了理论依据。（2）政府直接扩大支出，向社会注入大量的货币以启动经济，在短时间内收效明显。在短时间内收效明显，符合一切人、包括政府官员的行为模式——人们都具有短期行为。（3）政府通常由社会精英组成，社会精英通常认为自己具有超常的能力，喜欢最大限度地展示自己的才华，发挥自己的作用。凯恩斯经济学为政府直接发挥作用提供了理论基础，是一种让政府大有作为的经济学，因而是几乎任何政府都愿意接受的经济学。

二、凯恩斯经济政策之负面效应，催生了凯恩斯革命之革命

然而，凯恩斯经济理论所倡导的政策并非一帆风顺，到了20世纪70年代，滞胀发生了，即通货膨胀与失业交替上升，通货膨胀上去了，经济却没有实实在在地发展。1976年9月28日，当时的英国首相卡拉汉在工党大会的一次讲演中深有感触地说："我们习惯于设想，你可以花钱摆脱一场衰退，以及靠减税和扩大开支来增加就业。我坦白地告诉你们，那个主意不复存在了，而且在它曾经存在的时候，它能起的作用也是靠将更大剂量的膨胀注入经济，然后第二步接着是更高水平的失业。那就是过去20年的历史。"实际上，当凯恩斯的经济理论所推崇的政策刚刚开始的时候，就有人注意到了它潜在的危险。雅克布·怀纳在对凯恩斯与众不同的评论中

指出："凯恩斯的经济理论会造成在印刷机和工会之间的赛跑。"

经济理论界开始了对凯恩斯理论的挑战，首先是以弗里德曼为代表的货币主义。弗里德曼直指凯恩斯主义赖以存在的前提，即通货膨胀和失业之间可以互换，认为通货膨胀和失业之间可以互换是不全面的。通货膨胀和失业可以替代是英国经济学家菲利普斯揭示的一种统计现象。按照这种替换关系，如果要解决危机期间的失业问题，就可以注入更多的货币，以恢复经济，创造更多的就业岗位。然而弗里德曼发现，通货膨胀和失业之间并非一种简单的替换。他认为在现实经济生活中失业和通货膨胀之间存在三种情况或三个阶段：第一阶段二者之间负相关，即此消彼长的阶段。第二阶段，由于弗里德曼提出的所谓正常的经济运行情况下都会存在的"自然失业率"的存在，由于人们已经根据通货膨胀调整了自己的预期，无论通货膨胀有多高，失业率都不变。第三阶段，如果政府实行错误的干预政策，自由市场机制受到了干扰，通货膨胀与失业之间成了相互加剧的关系。弗里德曼的结论是：在短期内，失业和物价之间的关系是成反比的，具有替代关系，但在长期内这种关系却会消失，再要实行扩张性政策，结果只能是滞胀。凯恩斯式的政策所以出现了滞涨，就是因为长期地看，这种替换不存在了。

在上述分析的基础上，弗里德曼进而认为，影响就业（通常把就业状况看作是经济运行状况的指标）的不是通货膨胀的绝对水平，而是通货膨胀的不稳定性和易变性。例如，通货膨胀每年递增都在20%左右，政府不进行干涉，20%的通货膨胀率完全可以和经济活动的持续发展并存。但如果通货膨胀今年是10%，后年又变成了30%，结果完全不同了。通货膨胀的速度越不稳定，失业人口就越多。他确信，国家对经济的干涉没有什么好处，国家最好不要插手经济政策，唯一可以实行的是所谓"单一规则"，即政府需要采取的唯一政策，是把货币供应量的年增长率长期固定在同期的经济增长率基本一致的水平，剩下的问题市场自然会有效解决。

弗里德曼所讲的人们根据通货膨胀调整自己的预期，以及失业和通货膨胀之间不能替代，后来以卢卡斯为代表的理性预期学派有了进一步的细致说明。他们指出，在知道并相信货币供应量已经变动的情况下，人们断定价格水平将上升，当即调整他们的商品价格或工资。例如，假定政府年初宣布将提高货币供应量5%，那么，名义总产值也将增加5%。在合理预期的情况下，人们将立刻据此修正他们对价格水平和通货膨胀率的预期。厂商认识到增加5%的名义总产值，将被成本增加5%所抵消，工人知道生活费用将增加5%。因而要求名义工资至少也要增加5%。这样，名义总产值的增加，将立刻转化为通货膨胀，而不会降低失业率。这就是说，如果没有实实在在的增长，仅靠注入货币，只能是滞胀。

弗里德曼的经济政策主张，曾经使不少国家成功地控制了通货膨胀。1979年，以撒切尔夫人为首相的英国保守党政府将货币学派的理论付诸实施，奉行了一整套完整的货币政策；美国总统里根上台提出的"经济复苏计划"中，也把弗里德曼的货币主义思想作为主要内容。瑞士等成功地控制了通货膨胀的国家，也自称实践了弗里德曼的思想。弗里德曼成了反通货膨胀的旗手。

面对凯恩斯主义政策产生的滞胀的负面效应，不仅诞生了货币主义，还诞生了供给学派。以拉弗为代表的供给学派认为经济发展是一个微观层面的问题，主张通过减税刺激微观经济主体，实实在在地发展经济。著名的拉弗曲线告诉人们，如果税率太高，如100%，政府实际上收不到税，因为当把所有收入当作税收上交的时候，人们会不愿意生产。当然，在税率是零的时候，政府也收不到税。拉弗认为税率在100%和50%之间适当地降低税率，可以扩大税基，政府可以收到更多的税。基于此，供给学派主张通过减税给人们以更大的刺激，促使人们更努力地工作、更多地投资、更好地发明创造、更勇于承担风险、更敢于消费。他们认为，人们的这些行为会切实地提高生产效率，切实地增强经济实力，降低通货膨胀，并且由于经济发展而能够增加就业。供给学派主张从供给、从微观层面解决问题。

当我们俯瞰历史的时候，不仅直接针对滞胀的货币主义和供给学派应当给予足够的重视，预见过扩张性政策必然会导致滞胀的奥地利学派更值得重视。奥地利学派有两个著名的代表人物，一个是哈耶克，另一个是冯·米赛斯。在计划与市场的争论中，他们坚决地站在市场经济一边。冯·米赛斯认为，离开了市场价格，你将不知道资源的稀缺程度，不知道资源如何分配。哈耶克则特别推崇一切自然的东西，反对人为设计的东西。他们认为20世纪30年代的那场大危机，是因为扭曲了资源配置信号，使整个社会的投资过度扩张，投资了一些原本不该投资的项目，特别是一些重工业、房地产等资金密集型产业。哈耶克反对通过过于宽松的货币供给人为地制造繁荣，因为人为地过于宽松的货币供给，会导致相对价格的扭曲，即价格不能反映资源的稀缺程度和供求的真实情况。他坚决反对刺激消费需求，提供公共工程和维持价格水平的宏观经济政策。在他看来，市场是会自动矫正的。面对萧条，政府所采取的任何政策效果都不会好。由于货币在短期内不是中性的，稳定措施将会适得其反，而温和的不加管理的政策可能危害最小。除了冯·米赛斯和哈耶克，另一位奥地利背景的经济学家熊彼特更是深刻地指出，对于危机只有让它自己治愈自己才是可取的，任何人为地恢复都会令那些在萧条中未能调整的剩余问题更加严重，从而又会产生出新的问题，再造成另一次更严重的商业威胁。

历史似乎能够佐证熊彼特的观点。据郝伯特·斯坦在《美国总统经济史》中的研究，1929年的那次危机，虽然有新政的刺激，但恢复的时间却经历了10年，且在1933年开始复苏不久，第二次衰退又在1937年来临了，且是有史以来最急剧的一次衰退。甚至有人认为，如果不是一系列的政府刺激，那次危机不会持续那么长时间。近期的案例则有此次由美国次贷引发的危机。由次贷引发的危机与2001年互联网泡沫的破灭有关。当时泡沫破裂，美国经济陷入衰退，但那次衰退的时间很短，实际上只有一个季度，原因在于美联储通过降息刺激地产基金而刺激美国经济，进而阻击衰退，但代价是美国次贷危机这种更大的泡沫和更大的衰退。

三、危机是一个自然过程，是一个杠杆

凯恩斯试图通过人为地刺激避免萧条，凯恩斯革命之反革命们，例如货币主义特别是奥地利学派则强调顺其自然，让市场经济机制发挥作用。这里的关键是如何看待危机。

迄今以来的人类历史就是一波接一波、一个接一个周期地向前发展，没有周期的发展是不可理喻的。在马克思的经济学里，经济周期通常表现为危机、萧条、复苏、高涨四个阶段。这几个阶段是周而复始的，所不同的是有时候周期长一点，有时候周期短一点，有时候这个阶段长一点，另外的阶段短一点。当然，人们都希望高涨阶段越长越好，最好永远是高涨阶段更好。然而正如一年四季不可能永远都是夏天一样，经济发展也不可能永远都是高潮。

我们经常讲市场经济的机制，事实上，危机本是就是市场经济的机制。市场经济下在经济快速发展的时期，那些引领快速发展的产业领域，通常会吸引大量的投资，人们高歌猛进，其中不乏泡沫，危机就是为快速前进的经济列车踩刹车，就是把快速发展时期积累的问题集中地、一次性地加以解决，就是强制性地挤出泡沫，强制性地淘汰落后，调整和提升结构，刺激创新。马克思曾经指出，固定资本的更新是资本主义走出危机的契机，讲的正是这个意思。从一定意义上讲，没有经济周期中危机阶段的强制性淘汰，或许不会有成熟市场经济国家的科学技术、经济社会的不断发展。市场经济国家所以能够不断创新，大概就在于危机的强制性。危机与创新的交替形成了周期。

有时人们把危机当作不好的事情，马克思曾经以鲁宾孙的一切在社会范围内的重演，以社会将有计划地分配社会劳动予各个部门的取消市场经济的设想消除经济危机。然而，实践中由于计划者的知识和信息有限，加之特别强烈的主观价值取向，结果人为地制造了更大的危机。人们所以最

终通过几十年的计划经济的实践的比较中选择了市场经济，就是因为相比较而言，市场经济的社会组织成本更小。

凯恩斯的整个设想就是要通过政府扩大支出，注入货币刺激复苏。然而经济危机所以爆发，这其中通常有结构问题、产能过剩问题。大量货币的注入只能"平面"地恢复，只能在更大规模上复制原来的产业结构，甚至使结构问题、产能过剩问题更严重了。应当认识到淘汰的积极作用，没有淘汰就没有调整和重组。凯恩斯的经济政策主张是一种淡化淘汰的平面复苏，取消淘汰的更大规模的复苏只能是滞胀。这样的复苏是靠外力打强心剂恢复起来的，一旦停止过于宽松的货币政策这种强心剂，经济就会二次跌入低谷。

危机的意义如此，接受了市场经济就得接受市场经济的机制，危机就是市场经济的一种机制。凯恩斯主义的问题在于没有认识到这一点，或者说对此点认识不够。既然危机如同人体感冒发烧一样，就应当以平常心对待危机，千万不能反应过度。感冒本来是排毒，是人体的自然调整，感冒一来就上抗生素，表面上看好了，其深层次的矛盾却被掩盖。西方成熟市场经济国家的历史以及经济理论的演绎，或者说凯恩斯革命之革命，正是说明面对危机不能反应过度，过度的反映可能会人为地制造短暂的复苏和繁荣，但接下来的必定是滞胀。有学者曾经做过如此的评论：自从凯恩斯主义诞生以后，西方民主政府再也不用担心由于经济萧条导致本届政府的下台了，他们完全可以花钱制造一场繁荣，然而紧接着而来的是滞胀。面对由美国次贷危机引发的危机，我们多少有点儿反应过度，然而紧接着就是通胀。人们不要反映过度，给市场机制发挥作用留下必要的时间和空间。我们应当做的是健全和修补市场，尊重市场，而不是频繁的宏观调控。这就是西方宏观调控理论遗产的现实意义。

原载《读书》2011 年第 4 期

马克思经济学与西方经济学的比较优势
——基于比较经济学的分析

经济学有各种流派，各种流派都有自己的特点及解释问题和解决问题的特定领域。马克思主义在中国无疑是指导思想。即使退一步，从纯粹经济学的角度看，马克思经济学也有自己鲜明的比较优势。

一、研究对象和揭示问题层次的比较优势，以及中国经济学家最有可能的原创性贡献

关于马克思经济学的研究对象，马克思在《资本论》第一卷的序言中开宗明义地指出："我要在本书中研究的，是资本主义的生产方式，以及和它相适应的生产关系和交换关系。"① 而当代西方经济学则研究资源配置，研究经济运行，研究正常的经济运行所需要的微观基础，以及宏观经济政策和社会政策，研究人们的行为和选择。对照分析表明，无论从历史的还是现实的角度看，马克思关于政治经济学研究对象的规定都颇具比较优势。

马克思所研究的生产方式，即人们如何获取物质资料的方式。资本主义生产方式就是普遍化的商品生产，这是一个

---

① 《马克思恩格斯全集》第23卷，人民出版社1973年版，第8页。

特定的历史阶段。这个特定历史阶段的到来，取决于对前资本主义社会的生产关系变革，变革的关键是劳动力成为商品。马克思在《资本论》第三卷关于商人资本的历史考察，关于高利贷资本的作用的论述中，在《资本论》第一卷关于资本的原始积累中以翔实的资料对于劳动力成为商品的过程进行了细致的考察。在考察商人资本的时候，马克思指出："商人资本的任何一种发展，会促使生产越来越具有以交换价值为目的的性质，促使产品越来越成为商品。"① 就是说，商人资本可以在更大的范围内把产品变为商品。而高利贷资本则有两重作用："第一，总的说来，它同商人财产并列形成独立的货币资产。第二，它把劳动条件占为己有，也就是说，使旧劳动条件的所有者破产，因此，它对形成产业资本的前提是一个有力的杠杆。"② 在商人资本和高利贷资本的共同作用下，完成了劳动者同生产资料的两种不同层次的分离。首先是劳动者脱离了人身依附，成为自由的人，其次是劳动者丧失了生产资料的所有权，自由的一无所有。正是这些生产关系层面的变革，才使劳动力成为商品，才有了商品生产占统治地位、不生产商品就等于什么也没有生产的资本主义生产方式。而被马克思称为用血和火的文字写入人类编年史的资本的原始积累则加剧了这一变革的过程。劳动力一旦成为商品，就迎来了商品生产的普遍化：作为领取工资的工人、劳动者必须在市场上购买自己的生活资料，进而尽可能地把一切都纳入了交易的范围，并且促使劳动者通过自己的努力，从低层次的酬劳对应，上升到高层次的酬劳对应，这本身是一种激励。从今天的观点来看，劳动力成为商品就是与市场经济相适应的自由劳动。如果没有自由劳动，市场经济的生产方式是绝对建立不起来的。

马克思研究资本主义生产方式和与之相适应的生产关系，是寓其于经济运行中的，贯穿于三卷《资本论》始末的鲜活生动的研究。在《资本

---

① 《马克思恩格斯全集》第 25 卷，人民出版社 1975 年版，第 366 页。
② 《马克思恩格斯全集》第 25 卷，人民出版社 1975 年版，第 690 页。

论》第一卷，马克思研究了剩余价值的生产过程、生产方式，特别是在协作、工场手工业和机器大工业等几章中，生动地揭示了资本主义生产力和生产关系发展的历史进程。第二卷研究了资本的循环、周转、剩余价值的实现，以及当不能确保社会总资本再生产所需要的条件时，就会产生经济危机。第三卷研究了剩余价值各得其所的分割。所有这些，涉及的都是生产关系的调整和变革。没有这些变革，资本主义市场经济的制度就不能确立，当代西方经济学所研究的资源分配和经济运行，也就失去了必要的制度载体。

马克思研究资本主义生产方式以及与之相适应的生产关系和交换关系，旨在揭示更深层次的问题。（1）通过物的关系揭示人与人之间的关系。他指出："这里涉及的人，只是经济范畴的人格化，是一定阶级关系和利益关系的承担者。"[①]（2）揭示社会的经济运行规律。他说："本书的最终目的就是揭示现代社会的经济运行规律。"[②]

不仅马克思的政治经济学研究生产关系，实际上早期的（政治）经济学大家无一不研究生产关系：亚当·斯密的《国民财富的性质和原因的研究》研究分工和交易，研究市场与政府的边界及各自应当发挥的作用：著名的"看不见的手"之所以能够发挥作用是因为政府作用的范围受到了限制，只扮演"守夜人"的角色，只提供公共产品；大卫·李嘉图把研究的重点放在利润，或者说剩余价值的分割上，认为新生的工业资产阶级是推动生产力发展的主要力量，分配应当有利于新生的工业资产阶级；魁奈认为只有农业领域才是真正的生产性领域，经济政策应当有利于农业中的社会财富的创造者；马尔萨斯则代表地主阶级的利益；等等。至于把研究的重点放在经济运行，那是因为资本主义市场价经济体制已经确立，与之相应的生产关系已经确立，资源配置的任务提到了重要的历史日程上。此时

[①]《马克思恩格斯全集》第23卷，人民出版社1973年版，第12页。
[②]《马克思恩格斯全集》第23卷，人民出版社1973年版，第13页。

的政治经济学也就演化为经济学。当政治经济学演化为纯粹的经济学，人们又努力地将其作为工具的时候，它的解释面就窄多了。

当代西方经济学研究经济运行，然而所有的经济运行无一不涉及经济利益的调整，如劳资关系问题、企业制度问题、政府要不要援助设置了许多迷局、濒于破产的金融企业、向穷人收税还是向富人收税、社会福利制度的救助对象等问题。所有这些，都是生产关系范畴的问题，也就是说，不涉及生产关系的经济运行实际上是不存在的。只不过西方经济学用"制度安排"替代了生产关系的调整而已。可能正是因为如此，西方经济学中的新政治经济学才更多地回到了政治经济学的传统。政治经济学比经济学的解释面宽。

我国正在向社会主义市场经济过渡。从传统的计划经济向社会主义市场经济体制过渡，涉及大量的生产关系的调整，如所有制关系的变革、各种所有制的均衡发展、产权问题、企业制度、分配关系的变革、"三农"问题、政府职能的重新定位等。没有对诸如此类的问题的正确理解和有效调整，社会主义市场经济体制就难以确立。即使就全国人民普遍关心的转变经济发展方式而言，也并非一个简单的产业、产品结构调整和提升的问题，其中同样涉及大量的生产关系调整问题。例如，欲要启动内需，必须调整国民收入的分配结构，分配必须向劳动倾斜。要使创新成为常态，调整产业结构，必须打破垄断和封锁，各种经济成分一视同仁地进入和竞争。要科学发展，就必须纠正快速发展中的一系列失衡，如产业结构的失衡、农业成了经济发展的短边、经济发展与社会事业的失衡。还有政府和企业、市场在转方式中各行其道的问题。所有这些，都属于生产关系的内容，没有生产关系的调整，转变经济发展方式就难以成为现实。现实生活中经济发展方式迟迟难以转换的原因也正在于此。

马克思在《资本论》第一卷的序言中，除了指出他"要研究的是资本主义生产方式以及和它相适应的生产关系和交换关系"之外，还强调，"到现在为止，这种生产方式的典型地点是英国"。在马克思那个时代，英国的资本主义、商品经济最为发达。当时德国比较落后，作为德国人的马克思为了研究资本主义生产方式及其生产关系变迁而来到英国，在英国亲历和感知商品经济的实践，阅读了当时关于英国研究的大量资料，历经40年的研究，写就了《资本论》。他之所以不在他的故乡进行研究，原因在于当时德国落后，并不存在产生政治经济学的基础，不存在揭示资本主义经济发展规律的可能。

中国的改革开放和蓬勃的经济发展为中国经济学家研究中国经济，丰富和发展经济理论提供了得天独厚的肥田沃土。中国经济学家最有可能的原创性贡献，就是把已有的经济理论和中国的经济实践结合起来，对中国的经济发展作出经得起实践检验的理论概括。中国经济学家理所当然地应当为中国经济的健康发展做出贡献。中国经济学家把拥有13亿人口的、GDP居世界第二的中国经济问题研究好了，概括出经得起实践检验的经济理论，就是对世界经济理论做出了贡献。

二、马克思关于政治经济学的研究方法的比较优势

在《资本论》第一版的序言中，马克思写道："分析经济形式，既不能用显微镜，也不能用化学试剂。二者都必须用抽象力来代替。"而当代西方经济学则特别推崇数学方法，推崇建立模型，应当说各自都有自己的比较优势，而且马克思的抽象方法依然具有现实意义。

马克思所讲的抽象法是从简单的范畴开始，从大量的现象出发，经过归纳总结、改造制作，从中概括和抽象出规律性的东西。这一切，诚如马克思所言，"本书的最终目的就是揭示现代社会的经济运动规律。"[①]

《资本论》通篇贯穿着抽象法。马克思开宗明义地指出："资本主义生产方式占统治地位的社会财富，表现为庞大的商品堆积，单个商品表现为

[①] 《马克思恩格斯全集》第23卷，人民出版社1973年版，第13页。

这种财富的元素形式。因此，我们的研究就从商品开始。"① 从商品这个资本主义最简单的范畴出发，马克思揭示了商品的内在矛盾、商品生产和商品交换存在的原因、资本主义的商品经济和剩余价值的生产、社会总资本的再生产、剩余价值的分配、虚拟资本的形成及其特点。马克思通过对资本主义商品经济的市场运行方式鲜活生动的论述，运用抽象法，由外而里，由现象而本质，概括出了资本主义经济运行规律和社会发展的规律。没有抽象法，资本主义的生产和各种社会矛盾，就可能只是一堆杂乱无章的材料，是一种现象。

当代西方经济学在研究方法上着重于数学方法，着重于建立模型，其原因在于时代背景和面临的任务的变迁。时代背景的变迁是西方市场经济国家已经建立起了成熟的市场经济体制，而这样的背景变迁使得西方经济学把自己的任务定位于研究经济运行，追求近似于自然科学的精确。经济学似乎变成了纯技术层面的工具。然而早年的经济学，无论是亚当·斯密、大卫·李嘉图、马歇尔、凯恩斯在研究中都没有数学化，原因在于这些经济学家更着重于一种理论体系的建设，而当时的社会也正处在体制变革之中，不用数学就可以完成，用了数学恰恰适得其反。因为人们可能根本不知道在这样的理论体系中怎样使用数学，人们甚至找不到切入点。试想，马克思的《资本论》的理论体系怎样数学化？亚当·斯密的《国民财富的性质和原因的研究》又该怎样数学化？如果试图对这两部著作数学化，那就只能南其辕北其辙了。而在当代，当市场经济的体制已经建成，经济学的研究更着重于经济运行，需要研究健康运行的条件，适当地运用数学，建立模型，如果假设条件成立，也是有其积极意义的。但如果不加分析地东施效颦，甚至把经济学当作数学，那就失之偏颇了。

数学方法、建立模型，可以把经济研究精确化，甚至自然科学化。但建模也需要提出合适的经济学范畴，需要科学的假设。毕竟建模只是一种

---

① 《马克思恩格斯全集》第23卷，人民出版社1973年版，第47页。

手段，不是为了建模本身，而是为了反映一种经济思想、一种理论体系，需要提出自己的经济范畴。而这种范畴和假设的提出本身就需要抽象。如果假设有问题，模型和计算再精确，其结论也是经不住实践检验的。不少著名西方经济学家看到了数学方法的这种不足，对过度数学化持保留甚至批评的态度。数学成绩极好的凯恩斯就尖锐地指出："把一组经济分析用符号的假数学的方法变成公式，加以形式化，其最大弊端，乃在这些方法都明白假定：其讨论的各因素绝对独立；只要这个假设不能成立，则此等方法之力量与权威便一扫而净。近代所谓'数理经济学'，太多一部分只是杂凑，其不精确一如开头所根据的假定；而其作家，却在神气十足，但毫无用处的符号迷阵中，把现实世界中之复杂性与信息相通性置诸脑后了。"[1] 哈耶克也反对过分使用数学，他认为过分地使用数学已经给人带来了一种幻想："我们能用这种技术来决定和预测那些数量的数值，并且这已导致对定量和数值劳而无功的搜寻。他们描述市场均衡模式的方程体系是如此构筑的，如果我们能填补抽象公式的所有空白，也就是如果我们知道这些方程的一切参数，我们就能计算销售的一切商品和劳务的价格数量。现代经济学那些令人惊异的先驱们，16世纪的西班牙书院教师们，事实上已经看到了主要之点，他们着重指出，所谓的数学价格取决于这么多具体情况，以致人们永远不能知道它，只有上帝知道它。"[2] 经济学家罗宾逊夫人更是深刻地指出，当经济学家发现他们不能分析现实世界中出现的问题时，就创造一个能够把握的假想世界。

当代中国正处在从计划经济体制向社会主义市场经济体制过渡时期，正处在转变经济发展方式的关键时期，我们更需要探索规律性的东西，需要建立科学的理论体系，因而更多地需要运用抽象法。当然，我们在一些

---

[1] [英]凯恩斯：《就业、利息和货币通论》（中译本），生活·读书·新知三联书店1957年版，第253页。

[2] 王宏昌编译：《诺贝尔经济学奖金获得者演讲集》（上），中国社会科学出版社1997年版，第224页。

问题的研究上也可以运用数学的、建模的方法，但一定要努力做到前提正确、假设正确、过程正确，从而保证结论正确。切不可东施效颦，为数学化而数学化。著名而影响深远的奥地利学派同样着重文字的逻辑，不是照样对经济学的研究做出的巨大贡献吗！我们应当继往开来，把两种研究方法的比较优势有机地结合起来。

三、马克思经济学具有立体感和历史透视力

美国学者 E. 雷·坎特伯里在他所著的《经济学简史》中指出："历史是研究思想的基础……在经济学家中，历史从来都不会被忽略。"[①] 就此而言，马克思的经济学无疑是一个标杆。马克思经济学坚持历史与逻辑一致的原则，具有立体感和历史透视力。在《资本论》第一卷第八章"工作日"中，马克思详细论述了围绕着工作日的长短和工作环境的好坏，个人与资本家，以及政府博弈的过程。马克思指出："英国的工厂法是通过国家，而且是通过资本家和地主统治的国家所实行的对工作日的强制限制，来节制资本无限度地榨取劳动力的渴望。"[②] 如果没有这种限制，资本主义的正常经济运行就不能进行。马克思的这些分析告诉我们，市场经济的一系列制度安排，是在特定历史条件下各种力量不断博弈的结果，这个博弈过程永远不会完结。在《资本论》第一卷第四篇"相对剩余价值的生产"中，马克思按照历史发展的进程，依次考察了协作、分工和工场手工业，机器和大工业等相对剩余的价值生产的几个阶段，证明只有当机器大工业统治了社会生产的时候，资本主义生产方式才居于统治地位。相对剩余价值的生产是通过个别资本家率先创新，获得超额剩余价值实现的。因此，市场经济本身是一个不断通过创新提高劳动生产率的过程，创新是市场经

[①] E. 雷·坎特伯里著，礼雁冰等译：《经济学简史》，中国人民大学出版社 2011 年版，第 2 页。
[②] 《马克思恩格斯全集》第 23 卷，人民出版社 1973 年版，第 267 页。

济下的常态。

在马克思的笔下，转变经济发展方式也是一种自然历史过程，也是立体的。据马克思考察，粗放经营向集约经营的转化是因为土地资源变得稀缺，是稀缺的土地资源逼迫的结果。他指出，早在资本主义以前的各种方式下，"牧羊业或整个畜牧业中，几乎都是共同利用土地，并且一开始就是粗放经营"①。粗放经营向集约经营的转化，是"由于耕作的自然规律，当耕作已经发展到一定水平，地力已经相应消耗的时候，资本（在这里同时指生产的生产资料）才会成为土地耕作上的决定因素"②。换言之，此时的资源约束条件发生了变化；土地稀缺了，资本和技术变得相对充裕，资本和技术可以替代土地的稀缺，于是，经济增长方式发生了由粗放经营向集约经营的转变。今天，我们面临的资源约束条件已经发生了变化，转变经济发展方式是历史的、必然的趋势。

马克思的历史与逻辑一致的方法，揭示了资本主义生产方式的形成条件、历史背景以及可能走势。马克思认为商品的生产的普遍化只存在于资本主义社会，当我们今天也选择了市场经济的时候，我们起码从中可以借鉴市场经济所需要的一些条件。

当代西方经济学是平面的、缺少立体感。实际上由于各国的历史、文化不同，即使都选择了市场经济，也必然会有自己的"路径依赖"。正是因为如此，经济史学家道格拉斯·诺思又把历史带回到了经济理论中。当年德国历史学派甚至认为经济学家的基本功在于对历史资料的掌握，这并非没有道理。

马克思经济学研究中的立体感和历史透视力告诉我们经济学不是一把简单的螺丝刀，不是放在美国能用，放在中国也能用的。我们不可能隔断历史，隔断体制沿革。从哲学层面看，任何优秀的都是相对的，在彼条件下是优秀

---

① 《马克思恩格斯全集》第25卷，人民出版社1975年版，第756页。
② 《马克思恩格斯全集》第23卷，人民出版社1975年版，第756页。

的，在此一条件下就不一定优秀了，在给定的条件下有着特定的优秀。把历史和现实结合起来，寻找自己的优势，而不是片面地照搬别人的优秀，这才是最难的。一句话，我们要了解中国国情，为中国经济发展服务。

四、马克思经济学在研究实体经济方面具有比较优势

由美国次贷危机引发的危机从反面启示我们，一国经济的健康发展，其根基在于实体经济的健康发展。而一旦讲到对实体经济的研究，马克思的经济学则具有明显的比较优势。

在马克思经济学看来，实体经济是一国经济的基础，是真正创造社会财富的经济形态。马克思指出："不论财富的社会形式如何，使用价值总是构成财富的物质内容。"[①] 马克思这里所讲的使用价值是作为物质产品的商品的使用价值。由这样的前提出发，马克思认为生产物质产品的劳动才是生产性劳动，其他的劳动都是非生产性劳动。在资本主义社会，生产性劳动不仅要生产物质产品，而且是要生产剩余价值的劳动。马克思经济学中的社会总产品和社会总产值概念都是反映实体经济的经济学范畴。社会总产品是指一个生产周期内两大部类所生产的全部产品的总和。而社会总产值，即全部产品的价值的总和。同理，马克思经济学中的国民收入被严格限制在物质生产部门，即在总产品的价值中，扣除掉一年内消耗掉的生产资料的价值后余下的那部分价值，亦即当年创造的新价值，可分为 V + M 两个部分，其中作为 V 的部分是物质生产部门的劳动者为自己的消费创造的价值，M 中用于积累的部分是要进行再分配的，参与再分配的有社会所需要的非生产部门。马克思所研究资本循环、资本周转、社会总资本的再生产、剩余价值以平均利润的形式各得其所的分割都是对实体经济的探讨。

马克思称为虚拟资本的资本是服从于、服务于实体经济的。这是虚拟

[①] 《马克思恩格斯全集》第 23 卷，人民出版社 1975 年版，第 48 页。

资本发挥正常功能的边界。超过这种边界其作用可能就是负面的。马克思警示，虚拟资本容易造成泡沫，并在此基础上产生危机。

马克思把资本的所有权证书即纸质复本叫做虚拟资本。虚拟资本一旦作为相对独立的形态就有了相对独立的运行。马克思指出：“作为纸质复本，这些证券只是幻想的，它们的价值额的涨落，和它们有权代表的现实资本的价值变动无关，尽管它们可以作为商品来买卖，因而可以作为资本价值来流通。”①

马克思观察到，作为虚拟资本的运行并非像实体经济那样清晰和简单，而是因为虚拟而带有赌博的性质。他说，由这种所有权证书的价格变动而造成的盈亏，以及这种证书在铁路大王等人手里的集中，就其本质来说，越来越成为赌博的结果。赌博已经代替劳动，并且也代替了直接的暴力，而表现为夺取资本财产的原始方法。②虚拟资本构成了银行和私人资本的相当部分。

市场经济离不开信用，信用为综合利用社会资源提供了有力的杠杆。然而，信用的膨胀会使信用的功能适得其反。信用的膨胀使信用失去了扎实的实体经济的基础，并且把想象中的实体经济不断放大，最终在某一个环节突然断裂，危机随之爆发。

那么，虚拟资本是如何借助于信用迅速膨胀的呢？信用是在以为有"信用"，信用是在反复存贷中膨胀的。马克思以一张500磅的银行券为例生动地描述了这个过程："A今天在兑付汇票时把这张银行券交给B；B在同一天把它存在他的银行家里；这个银行家在同一天用它来为C的汇票贴现；C把它支付给他的银行，这个银行再把它带给汇票经纪人；等等。"在这无数的既存又贷的链条中，一个支付行为是以另一个支付行为的确实无疑的完成为前提的，只要其中的一个环节出了问题，整个支付行为就会中

---

① 《马克思恩格斯全集》第23卷，人民出版社1975年版，第540~541页。
② 《马克思恩格斯全集》第23卷，人民出版社1975年版，第541页。

断，就会产生经济危机。

当前的经济危机就是由美国过度的"金融创新"脱离实体经济、信用膨胀、天马行空而产生的。马克思经济学的分析告诉我们，一定要扎实抓好实体经济，只要实体经济结构合理，健康发展，就会在任何条件下都有了抗衡危机的基础。

西方经济学中反映宏观经济运行的概念是GDP。GDP是在一国或一地区的本国（本地区）居民和外国（外地区居民）居民在一定时期（通常为一年）内，以现行价格计算的，只管生产出来不管卖出去的一切产品和劳务的价格总和，不仅包括实体经济，也包括非实体经济。GDP的概念掩盖了实体经济与非实体经济的区别和贡献，环境污染、资源浪费、信用膨胀乃至泡沫经济对GDP的贡献都是正的效益。单纯以GDP作为衡量标准，容易超越产业发展现实，甚至过度地使经济虚拟化、过度金融创新，形成诸多金融衍生产品，以致雾里看花，经济结构头重脚轻。我国个别地方所谓的虚拟经济走得更远，严重脱离实体经济，成了"空手套白狼"式的赌博。这是必须予以认真纠正的。

此次美国的次贷危机，正是因为经济过度虚拟化而产生了严重泡沫，华尔街的一系列金融衍生产品绑架了美国经济，并且几乎波及全世界。美国痛定思痛，高调表示要回归实体经济。当我们重温马克思当年关于实体经济和虚拟经济的论述时，我们甚至感到马克思说的正是当下的事情。与美国经济形成对照的是德国实体经济发展良好，经济基础扎实，在经济危机中表现良好。我国经济所以有相对良好的表现，主要还是我国GDP的构成主要在实体经济，实体经济是一国经济的命脉。由美国次贷引发的危机给我们一次免费午餐，我们要下功夫进一步抓好实体经济，抓好装备制造业，提升整个工业的产业链；抓好农业，用现代技术改造传统农业；抓住机遇，积极发展现代产业体系，夯实我们的经济基础。

原载《学术研究》2013年第1期

论经济与文化的耦合与发展

经济与文是一种对应的、互相促进的关系，有什么样的经济体制、经济形态，就应当对应着什么样的文化。我国正处在经济体制和经济发展方式转换的关键时刻，应当特别重视经济与文化的耦合与发展。

一、转变经济体制和经济发展方式，文化建设具有不可替代的作用

我国正处在建立和健全社会主义市场经济体制，转变经济发展方式的关键时期。能否顺利完成上述的"健全"和"转变"，文化建设的意义特别重要，因为经济体制向来不是单纯的经济体制。这里所讲的文化指精神层面的文化，文化产业的问题本文暂不论述。

越来越多的学者着力于从文化的角度解释一个国家、一个地区经济的发展或者不发展，以及为什么是这样一种发展模式而不是另外一种发展模式。其中包括德国学者马克斯·韦伯的《新教伦理与资本主义精神》、美国学者弗兰西斯·福山的《信任——社会道德与繁荣的创造》、法国学者阿兰·蓓蕾菲特从文化角度讨论的《经济奇迹》、美国学者保罗·肯尼迪的《大国的兴衰》等。韦伯认为，西方资本主义国家所以能迅速发展，是拥有被他称为资本主义精神层面的东西，如敬业、诚

信、守时、勤奋、节俭以及百折不挠的进取精神。① 福山更是认为，新古典的市场经济的理论对经济发展的解释最多占 80%，剩下的 20% 必须靠文化去解释。② 阿兰·蓓蕾菲特则指出，在土地和劳动（泛指一切物质生产要素）之外，存在着第三种要素，这就是文化（阿兰·佩雷菲特：《论经济"奇迹"》第 7 页）。保罗·肯尼迪认为，欧洲的经济崛起在于他们笼罩着竞争、冒险和企业家精神（保罗·肯尼迪著《大国的兴衰》第 33 页）。

经济学一开始被叫作政治经济学，包括的范围要广泛得多，解释面要宽泛得多。亚当·斯密是古典经济学的先驱，他研究的范围十分广泛。他首先研究伦理学，写就了《道德情操论》，在此基础上才完成了《国民财富的性质和原因的研究》。《道德情操论》从伦理学的角度、从文化的角度确定了人的本性，才有合乎逻辑的市场经济。没有《道德情操论》就没有《国民财富的性质和原因的研究》。马克思的政治经济学则极具立体感和历史透视力，认为"这里涉及的人，只是经济范畴的人格化，是一定的阶级关系和利益关系的承担者"③。当政治经济学演化为经济学，成为一个纯粹技术层面的工具式的学科时，解释面就越来越窄了。

历史和理论的分析证明：

第一，一种文化、一种价值取向对应着一种经济体制，对应着一种发展方式。我们所以选择了市场经济，是因为我们认识到了作为个体的人是有着自我利益的追求的。这种在法制的规范之下，履行了必要的社会责任，合乎职业道德的追求，是有利于经济社会健康发展的。我们所以选择了市场经济，还在于给自由竞争、市场配置资源以肯定，认识到了计划者所掌握的知识和信息是有限的。

第二，转变经济发展方式，与其说是一种经济层面的追求，不如说是

---

① ［德］马克斯·韦伯著，于晓、陈维刚等译：《新教伦理与资本主义精神》第二章 "资本主义精神"，生活·读书·新知三联书店 1998 年版。

② ［美］弗兰西斯·福山著，李宛容译：《信任——社会道德与繁荣的创造》，远方出版社 1998 年版。

③ 《马克思恩格斯全集》第 23 卷，人民出版社 1973 年版。

一种精神层面的、文化层面的追求，因为说到底，转变经济发展方式是一种思维方式和行为路径的转变。这里的转变经济发展方式，并不是简单地上几个项目的问题，而是要把创新作为原动力、作为一种常态；着力于启动内需，特别是消费性需求；是要着力于提升产业链，着力于经济发展的内生力量而不是政策刺激；合理界定政府发挥作用的范围，让企业家充分发挥创新和提升产业链的激情。转变经济发展方式要使我们的经济发展更为主动、稳健、持续，更有话语权。所有这些不啻是一种价值取向和文化层面的转换和提升。

第三，在一定意义上，一种文化对应着一种产业。新经济所以发生在美国，例如，美国人很容易接受自主、自我改造乃至自我革新的精神，并把这种精神带到商业领域。在这个国家，开拓精神和个人创造性是备受欢迎的。德国、日本之所以传统制造业和现代制造业都特别发达，是因为这两个国家的人都十分推崇权威和秩序。甚至可以说一种文化出一种人，我国的大企业家不管是历史上还是现在，都出现在沿海经济发达地区，原因在于文化是一种传统，是一种氛围，也是一种耳濡目染，沿海经济发达地区有经商的传统和氛围。文化是一国的软实力，我们需要硬实力，同样也要软实力。

二、作为精神层面的文化的特点

作为精神层面的文化具有以下特点。

第一，精神层面的文化是一种上层建筑，是一定的经济形态、经济基础、生活方式的反映，并服务于特定的经济基础。农耕文明有农耕文明的文化，工业文明有工业文明的文化，自然经济、计划经济、市场经济各有与之相适应的文化。在一个封闭的系统中，其生产方式和文化上层建筑会周而复始地循环。例如，自然经济的自给自足以及与之相适应的文化是一种超稳定的经济社会形态。

第二，文化的变迁是随着经济形态和生活方式的变迁而变迁的。在文化的变迁过程中，最先变化的是人们的生活方式、行为方式，其次是价值判断和习俗，最后是深沉的深层心理积淀。文化的变化最先可以从模仿开始，直至观念、道德和心理层面的变化。变迁可能来自最初的模仿、追随，随着在更多的领域的模仿和追随，会发生一定的从量到质的变化。当然，这一切都以生产方式，即经济形态，以及人们获取物质产品的方式为前提。此外，开放带来的冲击通常可以成为文化变迁的契机和杠杆。

第三，文化是一种精神，是通过塑造人而对经济社会发挥作用的。不同文化背景下的人会有着不同的工作态度、生活态度，如严谨还是马虎、拖沓还是迅捷、进取还是停滞、是有原则还是无原则。文化也包括举止言谈，如怎样吃饭，怎样坐公共汽车，怎样待人接物等。文化的作用是潜移默化的，是下意识的，是从来不需要记起、永远也不会忘记的，是近乎条件反射的。文化是行动，不是口号，是融化在人们血脉之中的。很多写在墙上，贴在纸上的文化提炼，实际上仅仅是一种口号。不切实际的口号也是一种文化，是形式主义的文化。纵向从属关系容易产生形式主义的文化。

第四，文化是一种社会资本。弗兰西斯·福山指出文化是一种社会资本。他说："所谓社会资本，则是在社会或其下特定的群体之中，成员之间的信任普及程度"。他还说："社会资本和其他形态的人力资本不一样，它通常是由宗教、传统、历史习惯等文化机制所建立起来的。"文化作为社会资本，对经济社会发展的作用极大。福山写道："一个社会能够开创什么样的工商经济，和他们的社会资本息息相关，假如同一企业里的员工都因为遵循共通的伦理规范，而对彼此发展出高度的信任，那么，企业在社会中经营的成本就比较低廉，这类社会比较能够井然有序地创新开发，因为高度信任感容许多样化的社会关系产生。"[1] 社会资本可以降低交易费用，激

---

[1] [美]弗兰西斯·福山著，李宛蓉译：《信任——社会道德与繁荣的创造》，远方出版社1998年版，第35、38页。

励创新和进取。市场经济国家通常拥有较为丰厚的社会资本。这是软实力之所在。

三、与市场经济相适应的文化

市场经济体制不是纯粹的"经济体制",而是一个系统的工程,其中包括与之相适应的文化。这种文化曾经被马克斯·韦伯概括为资本主义精神。一旦当我们选择了社会主义市场经济的时候,我们同样需要市场经济的文化。这种文化就像数理化一样是共通的。

与市场经济相适应的文化大致包括以下几个方面。

第一,正确对待财富,在对社会贡献大的前提下成为富人是一个人的社会责任。

有意思的是,资本主义走向胜利前在如何对待财富的问题也曾发生过激烈的争论,因为在中世纪,在基督教时代的初期,社会的思想准则是,对金钱和财富的贪婪是令人堕落的罪恶之一,而对荣誉的热爱能够"重振社会价值"。争论的结果达成的基本共识是一个人不可能没有欲望,应当以有益于社会的欲望平衡有害于社会的欲望。赫希曼在《欲望与利益》中指出,"几乎没有比使一个人忙于赚钱更无害的方法";"哪里有善良的风俗,哪里就有商业。哪里有商业,哪里就有善良的风俗,这几乎是一条普遍的规律"。[①] 有了这样的"思想解放",才有经济的迅猛发展和社会财富的快速积累。根据马克思的经济学,商品是价值和使用价值的统一体。商品生产者要得到价值,其商品的使用价值必须为社会所承认。在这样的规则下,谁获得财富愈多者,对社会的贡献就愈大,这样的人愈多,社会就会愈富裕。我们需要反对的是不当收入。基于这样的分析,在法律的规制

[①] [美]艾伯特·奥·赫希曼著,李新华等译:《欲望与利益——资本主义走向胜利前的政治争论》,上海文艺出版社2003年版。

下,成为合乎职业道德的富人,即成为对社会贡献大的人,应当是一个人的正常选择。故此,比尔·盖茨的财富,乔布斯的财富,以及诸如此类的阳光财富,社会是予以肯定的。

第二,社会价值评价和诱导信号对于经济的健康发展十分重要。

市场经济的价值评价和诱导信号的特点是:(1)承认在红绿灯规则的规制下把致富放在十分重要的位置。利润最大化是行为主体的追求,是市场经济的重要推动力,但同时人们又讲究信用,有极强的民间自组织能力。(2)有利于人们在更广阔的范围内发挥比较优势,从事自己擅长的并且喜欢的工作,在更广阔的范围内实现自我价值,并刺激人们通过自我努力,从低层次的酬劳对应上升到高层次的酬劳对应。(3)市场经济体制下明显的特点是不存在"官本位","当官"、"为仕"通常情况下并非人们的首选。人人生而平等,"当官"只是体制健康运行的需要,并不高人一等。这样的价值评价和诱导信号,可以把最聪明的人尽可能地分配到最有利于社会健康发展的岗位上。

第三,浓郁的商业氛围和企业家精神。

浓郁的商业氛围是指深藏在民间的创业、经营精神和经营才能,是一种强烈的致富冲动,通常倾向于自己解决自己的问题。我国浙江的民营经济被人总结为老天爷经济、老祖宗经济、老百姓经济,说的正是这种商业氛围。有了这样的商业氛围,老百姓会千方百计地自己走上富裕之路。

企业家精神被熊彼特高屋建瓴地概括为创新。我们可以把企业家精神概括为:(1)永不安分,总是有着各种奇思妙想,有时甚至是各种怪诞的想法,有着浪漫主义的遐想。(2)敢于冒险,敢于探索未知领域,并且坚韧不拔的追求。(3)永不停止,永远没有尽头。马克斯·韦伯说:"在生活中,一个人是为了他的事业才生存,而不是为了他的生存才经营事业。"[①] 总是会在变化了的形势下发现新的机遇。(4)更推崇个人主义,不

[①] [德]马克斯·韦伯著,于晓等译:《新教伦理与资本主义精神》,生活·读书·新知三联书店1987年版。

囿于传统。熊彼特指出:"典型的企业家,比起其他类型的人来,是更加以自我为中心的,因为他的独特任务——在理论上讲以及从历史上讲——恰恰在于打破旧传统。"①

第四,自由选择、公平竞争、包容失败。

市场经济下的公平竞争是市场经济魅力的真谛。然而竞争必须是公平的。这里的公平特别指给予当事人的自由选择,是一视同仁的进入。进入者有资格、也乐意为自己的选择负责。没有自由的进入,如一些行业国有企业凭借行政力量的垄断,排斥民间资本的进入,就无公平和效率可言。

有竞争就有失败,这一次失败不等于下一次同样要失败。没有破产,没有失败就等于不让市场机制工作。既然有追求成功的自由,就必须有允许失败的自由。这种失败的教训最好是惨痛的,不仅让当事人,而且让当事人之外的人难以忘怀。一个不能容忍失败的经济制度不可能进行竞争和创新。

第五,诚信与职业道德。

诚信与职业道德在一定意义上实际上是一回事,遵守起码的职业道德的人肯定诚信,诚信的人肯定讲职业道德。诚信和职业道德都是一个社会的社会资本,社会资本的丰厚与否直接关系到社会的交易费用和管理成本。缺少诚信,缺少起码的职业道德底线,市场经济就无法运行。

市场经济的文化特征或精神取向等软件,与市场经济的硬件,如独立的真正约束硬化的市场主体,被严格规范的政府职能,以法律条文出现的游戏规则,构成了浑然一体,水乳交融的宏大的制度安排,这样的市场经济体制才是高效的。假如只有市场经济的硬件,没有与之相适应的软件,这样的市场经济体制就是先天不足,就会极大地增加交易费用。

---

① [美]约瑟夫·熊彼特著,何畏等译:《经济发展理论》,商务印书馆1990年版,第102页。

四、对于传统文化必须通过改造，而不是囫囵吞枣地接受

五千年的历史使我们的传统文化不乏精粹，然而传统文化毕竟是自然经济、封建经济相适应并为其服务的。

马克思认为传统自然经济和封建统治最突出的特点是人的依赖关系，"在这种形态下，人的生产能力只是在狭窄的范围内和孤立的地点上发展着"。[①] 建立在这样的生产方式基础上的文化及其特征是：（1）缺少独立人格，存在着各种形式的人身依附关系。与此同时，广大的作为个体的人则尚未，也不可能脱离与他人的自然的血缘联系的脐带，需要依赖和保护。缺少独立人格的直接后果是缺少自由的选择，以及对自由选择负责的能力。在思想倾向上是依赖，而不是"自力更生"。（2）封闭。自然经济是一种自给自足的生产方式，偶然发生的交换也只是小生产者使用价值的直接交换，目的是为了日常低水平的直接消费，在生产的范围和规模上都是十分有限的。这种生产方式缺少优胜劣汰的竞争，难以发挥比较优势和规模优势。封闭的生产方式在文化上亦是封闭的：鸡犬之声相闻，老死不相往来，其极端发展就是夜郎自大、唯我独尊，甚至拒绝先进的东西，继而从封闭走向愚昧。（3）在农耕文明和封建等级制度下，人们实现自我价值空间狭小，社会价值诱导信号单一，难以发挥个人的比较优势，对为仕趋之若鹜有着某种必然性。（4）追求终点平等和安贫乐道的知足常乐，稍富即安，目标层次不高。在消费方式上由于生产规模的限制，崇尚小生产方式的节俭和自给自足是其必然选择，由此又抑制了需求对生产的刺激作用，阻碍了消费对经济发展的拉动作用。（5）推崇"中庸"，冒险和创新精神不够。这种文化推崇安贫乐道，墨守成规，麻醉人的意志，使人不思进取。而它

[①] 《马克思恩格斯全集》第46卷上，人民出版社1979年版，第104页。

所倡导的中庸,则教导人们不要冒尖,更不要冒险,压抑个人主义的浪漫主义想象和创造性。耐人寻味的是,这种文化一方面总是宣传中庸;另一方面又总是充斥着与中庸相悖的嫉妒,这不能不说是一种人性的畸变。
(6) 由于缺少大规模的生产和大规模的交换,难以形成普遍的诚信和契约精神,作为社会资本的"信任"不够。在人际关系上推崇血缘关系,崇尚哥们儿义气,崇尚权术。

当年德国相对于英、法都比较落后,马克思在讲到德国的落后时曾经深刻地指出:"在其它一切方面,我们也同西欧大陆所有其它国家一样,不仅苦于资本主义生产的发展,而且苦于资本主义生产的不发展。除了现代的灾难外,压迫着我们的还有许多遗留下来的灾难,这些灾难的产生,是由于古老陈旧的生产方式以及伴随着它们的过时的社会关系和政治关系还在苟延残喘。不仅活人使我们受苦,而且死人也使我们受苦。死人抓住活人!"① 马克思这里所讲的"死人抓住活人",就是指旧的意识形态的束缚和阻碍。基于此,我们必须从社会主义市场经济出发,审视和改造传统文化,而不是囫囵吞枣地接受,也不是阐精发微的极富想象力的诠释,如把《三国演义》说成现代股份公司,更不是捕风捉影的什么都当作国学,赋予其现代意义。对传统文化的继承是有选择的继承,对传统文化必须进行改造,使之与社会主义市场经济相适应。

从传统的自然经济向社会主义市场经济的过渡,是从农耕文明过渡到工业文明,在一定意义上也存在着文明的冲突,解决的办法就是从社会主义市场经济的要求出发,借鉴先期发展的市场经济国家积累的与市场经济相适应的文化成果,主要是诚信、契约精神、冒险和创新等与市场经济共通的东西对传统文化进行改造。马克思主义的基本原理告诉我们,随着经济基础的变迁,作为上层建筑的文化也会自觉不自觉地发生与新的经济基础相适应的变化。事实上,随着我国的改革开放,随着在经济的市场化,

---

① 《马克思恩格斯全集》第 23 卷上,人民出版社 1972 年版,第 8~11 页。

我们的文化已经在不知不觉地变化，在不知不觉地靠近市场经济。我们需要的是应当积极主动地引导文化的健康发展。我们必须充分地认识到文化建设不是简单地复古，不能像有些地方所做的那样在古人身上下功夫。

我国正处在由计划经济向社会主义市场经济过渡的关键时刻，处在转变经济发展方式的关键时刻，"过渡"和"转变"成功的关键很大程度上在于与社会主义市场经济相适应的文化建设，或者说对于传统文化的改造。我们需要经济与文化的耦合与发展。

原载《经济学家》2012年第6期

应怎样创新政治经济学

如何让马克思主义的政治经济学更切合实际、更能解决当代中国经济发展中的种种问题、更鲜活、更生动、对学生更有吸引力，这是一个迫切需要讨论和解决的问题。

一、在当今社会，马克思主义的政治经济学应当更多地从经济学层面满足社会的需求

在相当多数的学生的心目中，马克思主义的政治经济学被归结为意识形态的学科。学生的这种看法并非不无道理，马克思主义政治经济学确实承担着意识形态教育方面的任务。但显然不能满足于此。如果满足于此的话，那就把解决实际经济问题、把解决经济学层面的问题拱手让给了西方经济学。况且当前社会的主要矛盾是落后的社会生产力和广大人民群众日益增长的物质文化需要之间的矛盾，是以经济建设为中心，马克思主义的经济学必须是从经济学的层次，而不仅仅是从意识形态的层次满足社会的需要。即使要完成意识形态教育的任务，也应当寓其于经济学的教育之中。有为就有位，一个学科的社会地位在于该学科的作用。

社会对经济学的需要包括两个层次：一个是国家或政府的需要；另一个是个体的人的需要。政府对经济学的需要包括社会经济体制的选择，经济体制的变革和改革，宏观经济

政策的制定，产业结构调整，区域经济的发展，公平与效率，经济发展与环境生态的平衡等。作为个体的人对经济学的需求应当包括用基本的经济学知识，处理自己日常生活中的种种问题，如何在给定的条件下选择有利于自己最可行的方案。具体到学生，更为现实的问题是什么样的知识结构有利于找到一份好的工作。无论对政府还是个体而言，经济学的有用性都可以概括为两个层面：一个是相对抽象的层面，包括思考问题的方式、思考问题的角度、广度和深度；另一个是操作层面的，即"临床经济学"。马克思主义的政治经济学要占领经济学的阵地，就必须满足政府和个人在以上两个层面上对经济学的需求。

实际上，马克思本人为我们做出了这方面的杰出表率。马克思的《资本论》就是从满足当时工人阶级的需要出发的，正是因为满足了当时工人阶级的需要，其"有用性"得到工人阶级的广泛认同，才在欧洲大陆和整个世界得到了广泛传播。为达到这样的目的，马克思不仅从运行层面研究了资本主义生产方式，更是由表及里，通过其劳动价值理论和剩余价值理论，揭示了更深层次的诸如工人阶级养活了资产阶级的问题。马克思应用了他的抽象法，是从现象到本质的。

马克思从现象到本质就是从经济运行入手。在谈到《资本论》的研究对象时，马克思说："我要在本书中研究的，是资本主义的生产方式以及和它相适应的生产关系和交换关系。"生产方式也可以理解为经济体制，就是在什么样的经济体制下组织社会生产。我们注意到《资本论》第一卷的副标题是"资本的生产过程"，第二卷的副标题是"资本的流通过程"，第三卷的副标题是"资本主义生产的总过程"，在这里，马克思详细而生动地论述了资本主义市场经济运行的全部运行过程。当马克思仅仅把资本主义等同于市场经济的时候，他实际上揭示了市场经济的一般规律。仔细地研读《资本论》，人们几乎随处可以感觉到《资本论》对我们理解当代市场经济的启迪。例如，马克思关于商品交换是一个"惊险的跳跃"的论述，告诉我们企业必须生产出适合社会需要的商品。马克思的货币理论可以帮助我们预知滥发纸币的危害。马克思关于相对剩余价值的生产是通过超额剩余价值的生产的引领而实现的，超额剩余价值就是对率先创新的回报。微观层面的创新是市场经济下的自觉行动，它需要技术条件和社会条件的变革。马克思特别讲到了平均利润的形成。平均利润的形成可以理解为市场经济成熟的标志，其前提是资本和劳动的自由流动。这些分析说明，《资本论》实际上可以当作一部市场经济论，马克思主义政治经济学要满足当代社会的需要，就要更多地从以往对《资本论》教学和研究中相对注意不够的、从市场经济的角度，从运行层面研读和讲解《资本论》与马克思的其他经济学著作。

二、在发展中坚持马克思主义政治经济学

发展就是生命力，任何学科只有在不断解释出现的新问题而且能够解释新问题的时候才能不断发展，其本身才有生命力，并因此而被坚持。因为理论是灰色的，而生活之树常绿。

对于在发展中坚持和丰富马克思主义政治经济学，恩格斯和列宁做出了典范。马克思在世的时候于1867年出版了《资本论》第一卷，其余两卷在马克思逝世后由恩格斯整理，并分别于1885年和1894年出版。由于第三卷出版的时间相对于第一卷出版已经相隔27年，资本主义的市场经济出现了很多变化，特别是交易所和股市方面的变化，恩格斯对这些新的情况进行了研究，并补充了自己的看法。1917年，列宁写作了《帝国主义是资本主义的最高阶段》，特别研究了生产的集中和垄断、研究了金融资本和金融寡头、资本输出等在马克思所处的自由资本主义时代没有出现的新情况。

学生所以对西方经济学感兴趣，恰恰在于西方经济学在经济实践中的有用性，在于西方经济学是伴随着不断涌现的新的经济现象不断发展的。我们并不否认西方经济学有它的局限性，我们同时认为不能照搬西方经济

学，我们更应当向学生讲清西方经济学的局限性，但我们不能否认它在一定的程度上是有用的，是可以借鉴的。西方经济学的有用性首先在于它是研究市场经济的，是研究人类行为的，而且是在发展中研究的。如果不研究新问题，如果不发展，西方经济学肯定是"死"定了。

西方经济学的发展表现在两个方面：一是纵向的发展；二是横向的扩展。纵向的发展反映了经济社会发展对经济学的时代需要，如对最初的自由市场经济进行理论概括的亚当·斯密的《国民财富的性质和原因的研究》；当亚当·斯密的自由市场经济理论不能解释经济危机问题时，凯恩斯主义的出现；面对凯恩斯主义导致的滞胀应运而生的货币主义和供给学派；等等，这似乎是一个连续不断的永无完结的过程。从横向的扩展而言，西方经济学分化出了有专门研究发展中国家经济发展的发展经济学，有专门研究制度变革的制度经济学，有专门研究产业变迁的产业经济学等等。不仅如此，即使研究同样的问题，其内部也有不同的流派。

从马克思出版《资本论》第一卷到现在已经148年了，近乎一个半世纪，整个世界的经济、科学技术都以异乎寻常的速度发生了始料未及的变化，更重要的是不仅资本主义国家的生产关系在调整，我们也实践了计划经济并且最终否定了计划经济，选择了社会主义市场经济。这种变化是戏剧性的。马克思主义政治经济学要有生命力，要对学生有吸引力，必须研究这些变化了的情况，必须正面地、科学地回答当代中国经济发展中的一系列问题，必须提升自己的有用性和解释力。

三、马克思主义的政治经济学应当像马克思一样的开放

马克思《资本论》的划时代成就，不仅在于他选择了当时商品经济最为发达的英国，直接置身于火热的经济实践中进行研究，而且在于其是一个开放的系统，汲取和借鉴了他当时能够接触到的一切人类文明的成果。在研究方法上，马克思借鉴黑格尔的辩证法。在经济学上吸收了古典经济

学大代表人物亚当·斯密、大卫·李嘉图的劳动价值论，认为劳动二重性原理才是他自己的原创性贡献。他还借鉴了法国重农学派的代表人物弗朗斯瓦·魁奈的社会总资本的再生产理论，认为魁奈参照人体血液循环绘制的再生产运行过程是一个极有天才的思想，在此基础上，马克思创立了自己的社会总资本的再生产理论。正是从这个意义上，我们甚至可以说如果不是开放和借鉴，可能就不会有最初的马克思的政治经济学。

西方经济学也是在开放和竞争中发展的。西方经济学有很多流派，如古典经济学、新古典经济学、凯恩斯主义、货币主义、奥地利学派等，各流派之间不仅互相竞争，以争取政府和个人对其的关注和需要，而且互相取长补短。经济学史上三次伟大的综合，特别是新古典综合的出现，就是取长补短的典范。像市场上所有的商品和服务一样，如果没有彼此之间的竞争，西方经济学绝对不会有今天的成就。应当特别指出的是西方经济学本身的竞争性，不仅表现在其经济思想和政策主张上，而且体现在其教科书的生动、通俗、接地气上。

如果说当代马克思主义的政治经济学只有在发展中才能有解释力，才能吸引学生，那么，马克思主义的政治经济学要发展就必须深入到火热的经济生活中，像马克思一样汲取和借鉴西方经济学一切可以借鉴的东西，包括它们的研究方法，并且努力把教材写得生动、有用、接地气。应当跳出马克思主义政治经济学，从更广阔的视野审视马克思主义政治经济学的研究和教学，应当努力贯彻正面阐述的原则。批判固然重要，但正面阐述比批判更有力。

原载《人民日报》2015 年 4 月 13 日

后　　记

笔者一直认为，经济学的使命在于从经济学本身出发，敏锐地观察现实，前瞻性地发现问题，科学地分析问题，未雨绸缪地化解矛盾和有效地解决问题。在收入本书的各篇文章中，笔者都试图贯彻这样的原则。

在此本书出版之际，我谨向最初发表各篇文章的编辑们，向经济科学出版社、向该社资深编辑王东萍以及为此书的出版付出辛劳的该社其他同仁表示深深的谢意！